Die temporäre Organisation

Martin Elbe · Sibylle Peters

Die temporäre Organisation

Grundlagen der Kooperation, Gestaltung und Beratung

Prof. Dr. Martin Elbe
Professor für Arbeits- und
Organisationspsychologie
HMKW Hochschule für Medien,
Kommunikation und Wirtschaft
Berlin
Deutschland

Prof. Dr. Sibylle Peters
Professorin emeritus für berufliche
Weiterbildung und Personalentwicklung,
OvG Universität Magdeburg,
Gastwissenschaftlerin an der TU
Berlin
Deutschland

ISBN 978-3-662-49400-4   ISBN 978-3-662-49401-1   (ebook)
DOI 10.1007/978-3-662-49401-1

Die Deutsche Nationalbibliothek verzeichnet diese Publikation in der Deutschen Nationalbibliografie;
detaillierte bibliografische Daten sind im Internet über http://dnb.d-nb.de abrufbar.

Springer Gabler
© Springer-Verlag Berlin Heidelberg 2016
Das Werk einschließlich aller seiner Teile ist urheberrechtlich geschützt. Jede Verwertung, die nicht
ausdrücklich vom Urheberrechtsgesetz zugelassen ist, bedarf der vorherigen Zustimmung des Verlags.
Das gilt insbesondere für Vervielfältigungen, Bearbeitungen, Übersetzungen, Mikroverfilmungen und die
Einspeicherung und Verarbeitung in elektronischen Systemen.
Die Wiedergabe von Gebrauchsnamen, Handelsnamen, Warenbezeichnungen usw. in diesem Werk
berechtigt auch ohne besondere Kennzeichnung nicht zu der Annahme, dass solche Namen im Sinne
der Warenzeichen- und Markenschutz-Gesetzgebung als frei zu betrachten wären und daher von
jedermann benutzt werden dürften.
Der Verlag, die Autoren und die Herausgeber gehen davon aus, dass die Angaben und Informationen in
diesem Werk zum Zeitpunkt der Veröffentlichung vollständig und korrekt sind. Weder der Verlag, noch die
Autoren oder die Herausgeber übernehmen, ausdrücklich oder implizit, Gewähr für den Inhalt des Werkes,
etwaige Fehler oder Äußerungen.

Gedruckt auf säurefreiem und chlorfrei gebleichtem Papier

Springer Gabler ist Teil von Springer Nature
Die eingetragene Gesellschaft ist Springer-Verlag GmbH Berlin Heidelberg

Vorwort

Texte verändern sich – das gilt insbesondere für wissenschaftliche Texte. In einem andauernden Prozess wird eine erste Fassung erstellt, die dann mehrere Korrekturzyklen durchläuft und im besten Fall kommt ein so fertiggestellter Text dann zur Verbreitung. Das trifft auch auf das vorliegende Buch zu, das unter einem weniger pointierten Titel im Jahr 2012 konzipiert wurde und seitdem als Lehrbrief am DISC der TU Kaiserslautern eingesetzt wird. Skizzen hierfür reichen jedoch länger zurück. Nach mehrfacher Umarbeitung und Erweiterung liegt nun eine neue Form und ein neuer Titel vor: Die temporäre Organisation.

So wie Organisationen der Temporalität unterliegen, so tun dies auch Texte, aber natürlich auf ihre eigene Art: Die zeitliche Gebundenheit von Texten findet sich in
1. der Verfassung eines Textes in Intention, Diktion, Problembewusstsein und theoretischer Orientierung der Autoren;
2. der Rezeption eines Textes durch die Leser und auch diese ist kontextuell gebunden (z. B. in der Nutzung als Einführungstext, als Diskussionsbeitrag, als Nachschlagewerk oder als Hilfsmittel zur Generierung praktischer Problemlösungen);
3. der Verselbständigung eines Textes, wodurch sich dieser sowohl den Autoren, als auch den aktuellen Lesern entzieht und neuen Lesern in neuen Kontexten zugänglich wird.

An der Erstellung dieses Textes waren zahlreiche Menschen beteiligt, die Anstöße zur Gestaltung gaben (z. B. Dr. Ulrich Erhardt und Frau Christine Albrecht vom DISC der TU Kaiserslautern), inhaltliche Anregungen gaben (Prof. Dr. Jörg von Garrel von der SRH Riedlingen und Dr. Gregor Richter vom ZMSBw Potsdam) oder die abschließende Publikation betreuten (Herr Michael Bursik vom Springer Verlag). Ihnen sei an dieser Stelle gedankt, ganz besonders aber danken die Autoren ihren Familien, die gar nicht wissen können, wie viel von ihnen in diesem Buch steckt.

Und nun möchten wir noch darauf hinweisen, dass wir (auch wenn im Text nur die männliche Form verwendet wurde) die weibliche Form stets mitgedacht haben und möchten Sie als Leser bitten, dies auch zu tun. Nur so können alle Geschlechter kooperieren, Organisationen gestalten oder beraten und damit zur Temporalität der Organisation beitragen.

Martin Elbe & Sibylle Peters
Berlin 2016

Inhaltsverzeichnis

1	**Organisation und Kooperation**	1
1.1	Überblick	2
1.2	Temporalität und Verstehen	2
1.3	Organisationssemantik	3
1.4	Das Problem der Arbeitsteilung	4
1.5	Die Frage der Gemeinschaft	8
1.6	Das Drei-Sektoren-Modell	11
1.6.1	Gemeinschaft und Gesellschaft	11
1.6.2	Der erste Sektor (Markt)	12
1.6.3	Der zweite Sektor (Staat)	12
1.6.4	Der dritte Sektor (Non-Profit-Organisationen)	13
1.7	Lösungsansätze der Rationaltheorie	13
1.7.1	Vertrauen als rationale Lösung	13
1.7.2	Intendierte und nicht intendierte Folgen	14
1.8	Fragen	15
	Literatur	16
2	**Geschichte, Theorien und Moden**	19
2.1	Überblick	20
2.2	„Tempora mutantur …"	20
2.3	Organisation und die entfesselten Wirtschaftskräfte	20
2.3.1	Begriffsgenese und erste theoretische Überlegungen	21
2.3.2	Die Erfindung der Organisation: 1822 bis 1913	22
2.3.3	Das erste Paradigma: Gemeinschaft und Gemeinwirtschaft	24
2.4	Rationalisierung und Legitimation	26
2.4.1	Organisation und Gemeinwirtschaft	27
2.4.2	Organisation als Superwissenschaft	31
2.4.3	Bürokratie und Verwaltung	32
2.5	Tradition und Neuanfang nach 1945	34
2.5.1	Das zweite Paradigma: die Situation	35
2.5.2	Begrenzte Rationalität: Entscheidung und System	36
2.5.3	Zusammenwirken: Akteure und Moden	38
2.5.4	Interpretative Ansätze: Kultur und Lernen	40
2.5.5	Neue Rationalitäten: Mikropolitik und Institutionen	42
2.6	Temporalität: Wandel der Organisationsparadigmen	44
2.7	Fragen	47
	Literatur	47
3	**Gestaltung I: Organisationsstrukturen**	51
3.1	Überblick	52
3.2	Darstellungs- und Handlungsmodus	52
3.3	Aufbauorganisation	53
3.4	Hierarchien	55

3.5	Rechtsform und Makroorganisation	61
3.6	Darstellung und Strukturentscheidung	64
3.7	Fragen	67
	Literatur	67
4	**Gestaltung II: Organisationsprozesse**	**69**
4.1	Überblick	70
4.2	Fluide Strukturen	70
4.3	Ablauforganisation	71
4.4	Die Prozessperspektive	73
4.5	Schnittstellen und Durchlaufzeiten	76
4.6	Business Process Reengineering	78
4.7	Darstellung und Prozessentscheidung	81
4.8	Fragen	85
	Literatur	85
5	**Gestaltung III: Projektorganisation**	**87**
5.1	Überblick	88
5.2	Dynamische Lösungen	88
5.3	Grundlagen von Projektorganisation und Projektmanagement	89
5.4	Temporäre Organisationsformen	92
5.5	Ansätze des Projektmanagements	94
5.5.1	Projektmanagement und alternative Projektformen	94
5.5.2	Systemisches Projektmanagement	98
5.5.3	Virtuoses (konfiguriertes) Projektmanagement	99
5.5.4	Vom agilen Projektmanagement zum Social Project Management	102
5.5.5	Erfahrungsgeleitetes, situatives Projektmanagement	104
5.6	Ressourcen und Grenzen	106
5.7	Projektkulturen: Akteure, Wissensaustausch und Netzwerke	109
5.8	Planung und Ungewissheit	113
5.9	Fragen	117
	Literatur	117
6	**Beratung I: Ansätze der Organisationsberatung**	**121**
6.1	Überblick	122
6.2	Beraten als dritter Handlungsmodus	122
6.3	Temporalität der Organisationsberatung	123
6.4	Organisationaler Wandel	124
6.5	Klassische Organisationsberatung	127
6.6	Organisationsentwicklung	130
6.7	Systemische Beratung	134
6.8	Konvergenz oder weitere Ausdifferenzierungen?	136
6.9	Fragen	137
	Literatur	138
7	**Beratung II: Verstehende Beratung**	**141**
7.1	Überblick	142
7.2	Verstehen als Beratungsgrundlage	142

7.3	Verstehensprozess und Beratungsprozess	143
7.4	Verstehen sozialen Handelns von und in Organisationen	146
7.5	Beratung mithilfe des Modells betrieblicher Sozialisation	148
7.6	Beratungsprozess als Sozialisationsprozess?	150
7.7	Konsequenz für den dritten Handlungsmodus	152
7.8	Fragen	153
	Literatur	153
8	**Zum Schluss**	**155**
8.1	Perspektiven der Temporären Organisation	156
	Literatur	157
	Serviceteil	159
	Literaturverzeichnis	160

Abbildungs- und Tabellenverzeichnis

Abb. 1.1	Temporalität der Organisation	7
Abb. 1.2	Kooperationsschema I	8
Abb. 1.3	Kooperationsschema II	9
Abb. 1.4	Drei-Sektoren-Modell	11
Abb. 2.1	Organisation und Konjunktur	29
Abb. 2.2	Bürokratische Herrschaft	33
Abb. 2.3	Führungsablauf	35
Abb. 2.4	Organisationen als kulturelle Institution	41
Abb. 2.5	Erklärungsschema sozialen Wandels	45
Abb. 3.1	Formale Organisationsplanung	53
Abb. 3.2	Spezialisierung und Aufgabenkomplexität	54
Abb. 3.3	Entscheidungsrechten	56
Abb. 3.4	Verteilung von Weisungsrechten	57
Abb. 3.5	Einlinien- und Stablinienorganisation	58
Abb. 3.6	Matrixorganisation	59
Abb. 3.7	Organisation der überlappenden Gruppen	60
Abb. 3.8	Differenzierung und Integration	66
Abb. 3.9	Zusammenhang zwischen Aufbau- und Ablauforganisation	67
Abb. 4.1	Prozesskategorien	73
Abb. 4.2	Beispiel der Transaktionsdarstellung „Lieferung"	75
Abb. 4.3	Komponenten eines Geschäftsprozesses	77
Abb. 4.4	Ansätze zur Durchlaufzeitenreduzierung	80
Abb. 4.5	Ersatzteilbeschaffung aus prozessorientierter Sicht	83
Abb. 5.1	Projektarten	91
Abb. 5.2	Aufeinanderfolgende Projektphasen	95
Abb. 5.3	Agile Iterations-Wolke	103
Abb. 6.1	Formen der Organisationsberatung	127
Abb. 7.1	Sachlogisch-chronologisches Prozessmodell	144
Abb. 7.2	Prozessmodell verstehender Organisationsberatung	145
Tab. 2.1	Überblick zu den Ansätzen der Organisationsforschung	44
Tab. 3.1	Rechtsformen	63

Organisation und Kooperation

1.1 Überblick – 2

1.2 Temporalität und Verstehen – 2

1.3 Organisationssemantik – 3

1.4 Das Problem der Arbeitsteilung – 4

1.5 Die Frage der Gemeinschaft – 8

1.6 Das Drei-Sektoren-Modell – 11
1.6.1 Gemeinschaft und Gesellschaft – 11
1.6.2 Der erste Sektor (Markt) – 12
1.6.3 Der zweite Sektor (Staat) – 12
1.6.4 Der dritte Sektor (Non-Profit-Organisationen) – 13

1.7 Lösungsansätze der Rationaltheorie – 13
1.7.1 Vertrauen als rationale Lösung – 13
1.7.2 Intendierte und nicht intendierte Folgen – 14

1.8 Fragen – 15

Literatur – 16

© Springer-Verlag Berlin Heidelberg 2016
M. Elbe, S. Peters *Die temporäre Organisation*,
DOI 10.1007/978-3-662-49401-1_1

1.1 Überblick

> **Zusammenfassung**
> Das erste Kapitel bietet eine Einführung in die grundlegenden Konzepte der Organisationswissenschaft. Der Aufbau dieses Buches wird besprochen und Temporalität als zentrale Perspektive eingeführt. Sie lernen Kooperation und Gemeinschaft als wichtige Aspekte organisationswissenschaftlicher Analyse kennen. Mit dem drei-Sektoren-Modell als Verortungsschema von Organisationen wird ein wichtiger Rahmen zur Beurteilung der grundlegenden Rationalitätsvorstellungen in Organisationen eingeführt. Damit wird in diesem Kapitel das Spannungsfeld zwischen der Rationalitätsvermutung, die mit Organisationen verbunden wird und der Notwendigkeit organisationale Phänomene zu verstehen eröffnet.

1.2 Temporalität und Verstehen

Organisationen sind alltägliche Erscheinungen in unserer Gesellschaft. Wir alle haben tagtäglich mit Organisationen zu tun: Wir sind mit Shoppingcentern, Krankenhäusern, mit der Schule oder Hochschule, mit dem Telefonanbieter, dem Sportverein oder auch unserem Arbeitgeber so vertraut, dass wir uns gar keine Gedanken darüber machen, es in all diesen Fällen mit Organisationen zu tun zu haben. „Von der Wiege bis zur Bahre …" – dieses Sprichwort wird gerne ergänzt durch „… Formulare, Formulare" und weist damit auf die bürokratische Seite von Organisation hin, die uns unser Leben lang begleitet, eben von der Geburt (in einem Krankenhaus) bis zum Tod (und der pflichtgemäßen Bestattung auf einem Friedhof). Diese Alltagsperspektive der Organisation ist uns allen geläufig und unmittelbar verständlich. Aus wissenschaftlicher Sicht hingegen kann man mit dem Begriff der Organisation recht unterschiedlich umgehen: Eine *Begriffsbestimmung* kann mit Hilfe von Historisierung, Konkretisierung, Typisierung, Metaphorisierung, Kategorisierung oder durch Definition erfolgen (Elbe 2002). Durch die einzelnen Vorgehensweisen lässt sich zwar die Bedeutungsvielfalt des Organisationsbegriffs einschränken, wodurch dem Bedürfnis nach wissenschaftlicher Begriffsklarheit entsprochen wird, zugleich wird aber die Widersprüchlichkeit der Begriffsbestimmungen deutlich. Oder anders formuliert: Je wissenschaftlich präziser der Organisationsbegriff gefasst wird, desto mehr entfernt er sich vom alltäglichen Erleben der Menschen und den Sinnbezügen, die sie ihrem Umgang mit dem sozialen Phänomen Organisation hinterlegen. Solche Sinnkonstruktionen zu verstehen ist das Anliegen der Phänomenologie oder (allgemeiner gefasst) des wissenschaftlichen Verstehens.

> Mit dem von uns gewählten Titel der „temporären Organisation" haben wir dem vorliegenden Buch einen wissenschaftlichen Subtext hinterlegt, der unsere Sichtweise deutlich macht: diese ist phänomenologisch, verstehend und damit temporär.

Im Sinne der Phänomenologischen Soziologie ist *Temporalität* (Srubar 2008) ein wichtiger Aspekt des Bewusstseinsakts, mit dem sich das Individuum zu seiner Umwelt in Beziehung setzt, diese wahrnimmt und sich zugänglich macht. Dieses „in-Beziehung-Setzen" erfolgt zu einem bestimmten Zeitpunkt und kann zu einem anderen Zeitpunkt eine andere Form annehmen. Allein schon aufgrund unserer Lebendigkeit („von der Wiege bis zur Bahre …") unterliegt unsere Umwelt einer, auch von uns selbst abhängigen, zeitlichen Gebundenheit oder – anders formuliert – beständigem Wandel. Und das gilt natürlich auch für eines der zentralen Phänomene der Moderne: der Ausbreitung von Organisationen. Das Verstehen des Phänomens und der Sinnkonstruktionen, die Menschen damit verbinden ist die Voraussetzung dafür, wissenschaftlich fundierte Beschreibungen, Erklärungen und Gestaltungsvorschläge vornehmen zu können.

Vor dem Hintergrund eines in diesem Sinn verstehenden Ansatzes werden Theorie und Praxis der Organisation in diesem Buch erschlossen: die Grundprobleme und -lösungen werden dargestellt (▶ Kap. 1), den wissenschaftlichen Erklärungsansätzen in der jeweiligen zeitlichen Gebundenheit ist das zweite Kapitel gewidmet, Kapitel drei beschäftigt sich mit Organisations*strukturen* als erstem Gestaltungsansatz und Kapitel vier den Organisations*prozessen* als zweiter Gestaltungsperspektive. Mit der *Projekt*organisation stellt das fünfte Kapitel als dritte Perspektive die Temporalität der Organisation ganz ins Zentrum der Gestaltungsansätze. Kapitel sechs wendet sich einem Handlungsmodus zu, der zunehmend an Bedeutung gewonnen hat: der *Beratung* von Organisation. Das siebte Kapitel setzt dies in den Kontext eines dezidiert verstehenden Ansatzes der Organisationsberatung. Zum Schluss werden die Perspektiven der Temporären Organisation beleuchtet werden.

Im ersten Kapitel dieses Buches sollen nun die Grundprobleme, die mit Organisationen verbunden sind ebenso dargestellt werden, wie die grundsätzlichen Lösungsansätze, die Organisationen für gesellschaftliche (und damit natürlich auch wirtschaftliche) Problem bieten.

1.3 Organisationssemantik

Organisationen werden heute vielfach selbst als Problem unserer modernen Gesellschaft thematisiert: Die Organisationsgesellschaft beschneidet des Menschen Freiheit und zwängt ihn in ein Korsett der Verwaltung und Beobachtung. Dabei wird oft vergessen, dass Organisationen eben erst die Freiheit in der modernen Gesellschaft abgesichert haben. Denn Organisationen (als historische Konstruktionen) haben die Menschen seit dem 18. Jahrhundert aus den Zwängen ständischer Gebundenheit befreit und die Wirtschaft um die Möglichkeit der vertraglichen Abstimmung durch neue, kollektive Akteure bereichert (Coleman 1992). Aus dieser Perspektive sind Organisationen also spezifische soziale Konstruktionen, die helfen, *Abstimmungsprobleme* der Menschen zu lösen – nur entstehen daraus dann jeweils Folgeprobleme. Dieser gegenseitigen Abhängigkeit der Lösung spezifischer sozialer (auch wirtschaftlicher) Probleme und der Entstehung (und Lösung) von Folgeproblemen ist dieses Kapitel gewidmet.

> Der Begriff *Organisation* leitet sich vom griechischen όργανον (órganon: Instrument, Werkzeug) ab und beschreibt eine grundsätzliche Instrumentalität.

Dies bezog sich aus historischer Sicht zuerst einmal auf die Verhältnisse verschiedener Teile des menschlichen Körpers zueinander. In der Renaissance entdeckte die sich neu herausbildende Naturwissenschaft, dass einzelne Teile des menschlichen Körpers instrumentellen Charakter für den gesamten Körper haben, dass also beispielsweise das Herz dafür zuständig ist, Blut zu pumpen. Es konnten nun unterschiedliche Organe (Instrumente mit spezifischen Funktionen) im Körper beschrieben werden, der so im Laufe der Zeit zu einer Art mechanischer Einheit wurde, einer Ansammlung von spezifischen Werkzeugen: einem Organismus. Es ist diese Vorstellung einer biologisch-mechanischen Abhängigkeit, eines instrumentellen Charakters von Teilen zur Gesamtheit, vom Organ zum Organismus, die zuerst in den Naturwissenschaften und seit der Aufklärung auch für die Beschreibung sozialer Zusammenhänge prägend wurde. Organisation wird seit dem 18. Jahrhundert als Begriff für soziale Einheiten verwendet, die wie Körper funktionieren und mit eigenen Organen (z. B. einem Vorstand, Verwaltungs-, Produktions- oder Betreuungseinrichtungen) ausgestattet sind, die bestimmte Funktionen haben und nur diese Funktionen erfüllen und keine anderen.

Eben diese Funktionalität von Organisationen ermöglicht es, ein grundlegendes Problem, das sich den Menschen schon immer stellte, nun einfacher, rationaler zu lösen: das Problem der Arbeitsteilung.

1.4 Das Problem der Arbeitsteilung

Eigentlich haben wir es bei diesem Problem mit einem noch grundlegenderen zu tun, nämlich mit der Frage: Wollen wir kooperieren – und falls ja: wie? Aus wirtschaftlicher Sicht, also wenn es darum geht, die unendlich erscheinenden menschlichen Bedürfnisse durch knappe Güter zu befriedigen, ist *Kooperation* wünschenswert, da Ressourcen aufgrund der Zusammenführung menschlicher Arbeitskraft besser genutzt werden können. Viele Tätigkeiten (z. B. das Bewegen schwerer Lasten) wird nur möglich durch das Zusammenwirken von Menschen. Der Knappheit der Güter kann durch Kooperation besser begegnet werden. Es ist aber die Grundfrage zu klären, ob wir überhaupt kooperieren wollen. Kooperation ist nicht selbstverständlich, und bei vielen Gelegenheiten kooperieren wir nicht mit unseren Mitmenschen, sondern verhalten uns indifferent oder gar konkurrierend (z. B. bei der Partnerwahl).[1] Das Problem der Knappheit von Gütern und anderem, was wir begehren, lässt sich also nicht nur durch Kooperation lösen. Durch Kooperation verspricht die Lösung aber für alle vorteilhaft zu sein, und manche Probleme (darunter insbesondere die komplexeren Problemstellungen wie das Betreiben eines Kraftwerks oder Flughafens) lassen sich nur in Kooperation bearbeiten.

Auf der anderen Seite gibt es Institutionen, die Organisationen ähneln, die aber aufgrund der mangelnden Freiwilligkeit der Kooperation, insbesondere der Beendigung der Organisationsmitgliedschaft, letztlich nicht Ausprägungen der modernen Organisationsgesellschaft sind, sondern Anomalien derselben darstellen. Diese *Zwangsorganisationen* (Etzioni 1961, Pohlmann und Markova 2011, Kühl 2011) haben für der Entwicklung der Organisationsgesellschaft eine große Bedeutung, da die Prinzipien bürokratischer Herrschaft hier besonders herausgebildet wurden, sie selbst sind aber untypische soziale Gebilde in der modernen Gesellschaft, da die Mitgliedschaft nicht freiwillig ist und (was noch bedeutender ist) da das gesamte Alltagsleben durch die Zwangsorganisation geregelt wird. Echte Zwangsorganisationen in diesem Sinn sind Gefängnisse und geschlossene Kliniken. Für militärische Organisationen gilt dies nur insofern es keine Möglichkeit der Wehrdienstverweigerung gibt und für Schulen nur insofern sie den gesamten Alltag regeln (z. B. in Internaten). Goffman (1973) bezeichnet diese sozialen Gebilde als *totale Institutionen*, da alle Lebensäußerungen der Insassen durch die Institution bestimmt, genauer: auf den Zweck der Institution (ggf. mit Zwang) ausgerichtet werden. Damit stellen totale Institutionen keine Organisationen für die Insassen dar und verhalten sich auf im Verhältnis zur Umwelt nicht wie andere kooperative Akteure am Markt. Zentraler Bestimmungsgrund dafür, dass ein

---

1 Die Beispiele, die wir hier verwenden, wechseln, mal beziehen sie sich auf wirtschaftliches Handeln, mal auf andere soziale Kontexte. Dies ist als ein grundlegendes Merkmal der Organisationswissenschaften zu sehen: Obwohl viele Betrachtungen und Untersuchungen in Bezug auf Organisationen wirtschaftsrelevante Themen zum Gegenstand haben, treffen sie auf nicht wirtschaftliche Zusammenhänge (z. B. die öffentliche Verwaltung, karitative Einrichtungen, alle Arten von Vereinen) genauso zu.

1.4 · Das Problem der Arbeitsteilung

soziales Gebilde als Organisation betrachtet werden kann sind somit die freiwillige und zeitlich begrenzte Mitgliedschaft sowie die eingeschränkte Reichweite der Regelung des Verhaltens der Organisationsmitglieder. Die Wirkung von Organisationen auf ihre Mitglieder unterliegt damit einer doppelten Temporalität: Es wird nur ein Ausschnitt der Lebenszeit angesprochen und es wird nur ein Teil der Alltagszeit beansprucht. Die Folgen von Arbeitsteilung und Spezialisierung in Organisationen mögen für den Einzelnen zwar erheblich sein, sie sind aber nicht zwingend.

Spezialisierung und Arbeitsteilung sind auch bei Markttausch zu erreichen, hierfür braucht man nicht dauerhaft zu kooperieren, sondern nur partiell. Spätestens seit Adam Smith ist aber auch klar, dass Kooperation Arbeitsteilung in erhöhtem und dauerhaftem Maß ermöglicht (vgl. Picot et al. 2008; Schmid 1998; Vanberg 1982). Auch das Ausmaß an Spezialisierung, das durch dauerhafte Kooperation erreicht werden kann, ist um ein Vielfaches höher als bei nur partieller Kooperation im Rahmen von marktlichen Tauschprozessen. Nun geht es darum, sich darauf verlassen zu können, dass der Austausch dauerhaft erfolgt, dass ich z. B. als spezialisierter Produzent nicht auf meinem Produkt sitzen bleibe. Es bedarf also einer Form der Sicherung des Kooperationsabkommens. Dieses Problem behandelt insbesondere Oliver Williamson im Rahmen der Transaktionskostenanalyse (vgl. Williamson 1996). Als Lösung sind z. B. Rahmenverträge zwischen den Marktteilnehmern, die auch rechtlich abgesichert werden (durch klare Gesetze und eine starke Gerichtsbarkeit), möglich. Diese Lösung bedingt aber, dass es sich um relativ starke Marktteilnehmer handelt, die ihre Position auch durchsetzen können und eine wirtschaftliche Ausstattung besitzen, die es ihnen ermöglicht, gegebenenfalls länger auf ihren Ertrag zu warten (z. B. aufgrund lang andauernder Gerichtsprozesse). Für die meisten Menschen ist das nicht der Fall. Spezialisierung und Arbeitsteilung müssen also durch einen anderen Mechanismus abgesichert werden: durch eine vertragliche Bindung mit Koordinationsbefugnis. Dies stellt die Beziehung der beteiligten Akteure aber auf eine Dauerhaftigkeit, die es notwendig macht, dass der Kooperation ein entsprechend hoher Wert beigemessen wird.

> Die *Temporalität der Organisation* besteht also zunächst einmal darin, dass zu einem bestimmten Zeitpunkt eine bestimmte Anzahl von Menschen einer Kooperation einen so hohen Wert beimisst, dass sie bereit sind dafür auch die Kosten einer dauerhaften Verpflichtung zu tragen.

Dauerhaftigkeit bedeutet in Bezug auf Organisationen immer: *Mitgliedschaft* für eine begrenzte Zeit oder auf Widerruf. Kühl (2011; in Anlehnung an Luhmann 1964) sieht in der freiwilligen Mitgliedschaft eines der drei zentralen Merkmale moderner Organisationen (neben Zwecken und Hierarchien). Zwecke erscheinen demgegenüber als Vermittlung zwischen dem grundsätzlichen Kooperationswillen und der Anwendung der Kooperation auf spezifische Aufgabenstellungen. Wie Kühl (2011) betont sind Zwecke in Organisationen nie unhinterfragbar, sondern selbst Ausdruck der Temporalität – wobei Organisationen die merkwürdige Tendenz haben ihre ursprüngliche Zwecksetzung zu überdauern: Im Zweifelsfall werden neue Organisationszwecke und -ziele gesucht, um ein Weiterbestehen von Organisationen zu rechtfertigen. Dies hängt mit dem dritten Merkmal, der Hierarchie in Organisationen, zusammen. Hierbei handelt es sich um ein *Folgeproblem* der Lösung des Kooperationsproblems, das durch Arbeitsteilung und Spezialisierung aufgetreten ist und das sich grundsätzlich als *Koordinationsproblem* bezeichnen lässt: Wie soll Zusammenarbeit verlässlich abgestimmt werden? Wie soll Koordination bei Arbeitsteilung erfolgen?[2] Auch hier lassen sich unterschiedliche Lösungen vorstellen.

---

2 Zu den Beziehungsformen sozialer Ordnung ohne Diskurs vgl. Schmid (1998, insbesondere S. 197 ff.).

Die traditionelle Lösung ist die durch ständisch abgesicherte Herrschaft, eine weitere ist die durch charismatische Herrschaft, die sich an persönlicher Überlegenheit (z. B. als Religionsführer oder als Revolutionär) orientiert, eine dritte aber – und diese wird uns im weiteren Verlauf besonders interessieren – ist die formal gesatzte, rationale Herrschaft, die sich beispielsweise in der Bürokratie zeigt, kurz: die Organisation. Hier folgen wir Max Webers Herrschaftstypologie, auf die wir später noch genauer eingehen werden (vgl. Weber 1980). Eben das bezeichnet Kühl (2011) als Hierarchie, es lassen sich aber ebenso organisatorische *Regelungen*, die der Handlungsabstimmung dienen, hierfür nutzen – letztlich sind wir hier im Kern der Organisation angekommen, bei der Handlungskoordination. Organisation lässt sich also folgendermaßen eingrenzen:

> *Organisation bezeichnet strukturierte, dauerhafte und zielorientierte Kooperationsbeziehungen, die sich auf einen spezifischen sozialen Zusammenhang beziehen und vertraglich geregelt sind.*

Aus dieser Definition lassen sich drei Perspektiven auf den Organisationsbegriff ableiten (z. B. Vahs 2009). Die aufgrund der Kooperationsbeziehung notwendige Koordinationsleistung entspricht dem *funktionalen Organisationsbegriff*: Dies beschreibt eine Tätigkeit, einen Prozess: Die Organisation wird gestaltet. Aber auch das Ergebnis dieser Tätigkeit wird als Organisation bezeichnet, das bedeutet: Ein soziales Gebilde ist eine Organisation, in Abgrenzung zu anderen sozialen Gebilden, wie z. B. Familie, Staat oder Freundeskreis (dies ist der *institutionelle Organisationsbegriff*). Und schließlich kann man auch die Regeln der Über- und Unterordnung sowie die Menschen, die Weisungen erteilen und Entscheidungen bindend fällen dürfen, ins Zentrum der Betrachtung stellen – dann spricht man davon, dass eine Organisation eine hierarchische Struktur hat (*instrumenteller Organisationsbegriff*), was sich z. B. in Grafiken, sogenannten Organigrammen (vgl. hierzu Kapitel drei), darstellen lässt. Mit diesen drei Begriffsformen wird deutlich, dass es sich bei Organisation im wirtschaftlich-sozialen Kontext um eine Art Trinität handelt, um drei verschiedene Erscheinungsformen eines einheitlichen sozialen Phänomens. Der christlich-theologische Begriff der Trinität wurde hier verwendet, um einerseits deutlich zu machen, dass es sich bei diesem Konstrukt um eine geistesgeschichtlich vertraute Vorstellung handelt, die Marx (1961) z. B. mit der Trinitarischen Formel auf Kapital, Boden und Arbeit bezog, und andererseits, weil der Organisationsglaube im 20. Jahrhundert teilweise fast religiöse Tendenzen zeigte. ◻ Abb. 1.1 greift das Schild des Glaubens (Scutum Fidei) auf, das als Darstellungsform der Trinität bis ins Mittelalter zurückreicht.

> Damit erhält die Temporalität der Organisation eine *Darstellung*: Die drei Erscheinungsformen (Prozess, Struktur und Institution) sind jeweils Ausdruck der Organisation, sie sind Organisation, aber sie können einander nur begrenzt substituieren.

Zu einem spezifischen Zeitpunkt tritt jeweils eine der Perspektiven in den Vordergrund, so dass Organisation sichtbar und erlebbar wird – zu einem anderen Zeitpunkt ist es eine andere Form des Phänomens, das besondere Bedeutung gewinnt und wodurch eine Organisation sichtbar wird. Ein Ausdruck von Temporalität der Organisation ist also die Wandelbarkeit der Erscheinung in unserem Erleben und damit auch die Perspektive, aus der die Organisation wahrgenommen werden kann. Dies ist eine der Begründungen für die unterschiedlichen Perspektiven verschiedenen Wissenschaftsdisziplinen und Theorien der Organisation. Und doch ist die Organisation aus phänomenologischer Sicht einfach vorhanden und löst in ihrem Da-Sein ein sozio-ökonomisches

1.4 · Das Problem der Arbeitsteilung

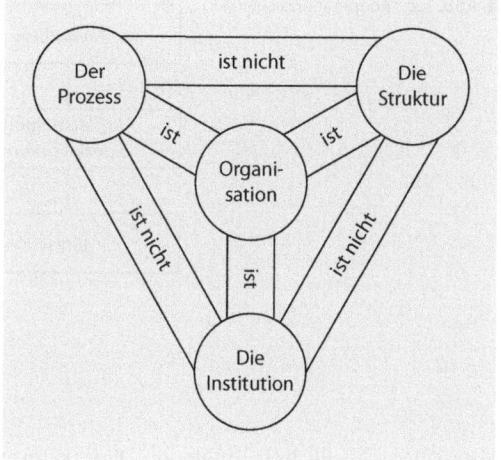

◘ Abb. 1.1 Temporalität der Organisation

Grundproblem: Die Frage nach verlässlicher Kooperation und Koordination. ◘ Abb. 1.1 liefert eine Darstellung der Temporalität der Organisation.

Mit dieser Sichtweise der Temporalität der Organisation gehen wir deutlich über die inzwischen gängigen Ansätze hinaus. Ausgangspunkt hierzu ist insbesondere der Ansatz von Lundin und Söderholm (1995), die „temporäre Organisation" als eng determinierte zeitliche Existenz von (Projekt-) Organisationen entwerfen. Dieser Perspektive ist das dritte Gestaltungskapitel dieses Buches gewidmet, doch ist Temporalität eben mehr als Projektorganisation. Auch Koch und Sydow (2013) gehen davon aus, dass Temporalität bzw. temporäres Management die Organisation zwar in fundamentaler Weise prägen und kritisieren, dass sich Forschung und Praxis bisher aber auf Ansätze des Zeitmanagements beschränken. Doch auch im Sammelband von Koch und Sydow (2013) wird Temporalität nicht zu einer eigenständigen Perspektive auf *das Organisationsproblem* verdichtet. Das nimmt in gewisser Weise Weick (1995) in seiner Betonung der Prozessperspektive der Organisation vor, allerdings scheinen bei ihm die anderen beiden Perspektiven nicht als eigenständige Sichtweisen auf, so dass auch hier wieder ein Blickwinkel (der Tätigkeitscharakter des Organisierens) besonders hervorgehoben wird. Er kombiniert dabei aber wiederum das Zusammenspiel dreier Kräfte: der Gestaltung (als Sprachspiel), der Selektion (der Wahrnehmung) und der Retention (das Dabei-Sein). Organisieren bedeutet dann, dass „ … zu jeder Zeit zahlreiche Gestaltungs-Selektions-Retentions-Sequenzen (GSR) im Gang und über die ganze Organisation verstreut sind." (Weick 1995, S. 335). Da die drei Aspekte aber in der Dauerhaftigkeit der Mitgliedschaft (Retention) aneinander gebunden werden, ist dies der stabilisierende Faktor im Zusammenspiel der Faktoren.

> Organisation ist also eine *relativ stabile* Lösung des Koordinationsproblems, das sich aus der Arbeitsteilung und Spezialisierung aufgrund der Kooperation von Menschen, die die Knappheit von Gütern reduzieren wollen, ergab. Die Lösungen der Probleme haben jeweils zu Folgeproblemen geführt und damit Temporalität erzeugt, die spezifische neue Lösungen verlangt hat. Und auch Organisation selbst (in den drei Formen funktional, institutionell und instrumental) hat ein Folgeproblem: Es fallen *Kooperationsgewinne* an.

So entsteht z. B. aufgrund der arbeitsteiligen Kooperation von Facharbeitern, Ingenieuren, Hilfsarbeitern, kaufmännischen Fachangestellten und unter Einsatz von Maschinen aus verschiedenen

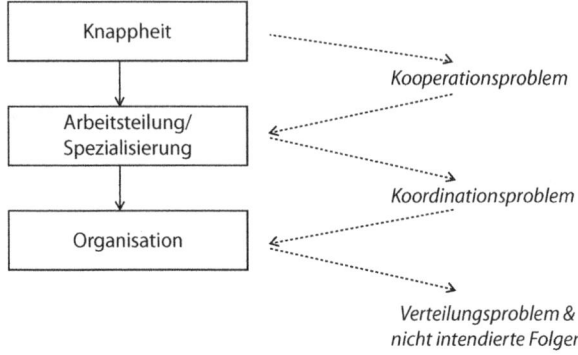

Abb. 1.2 Kooperationsschema I

Materialien schließlich ein Automobil. Dieses kann nur durch das Zusammenwirken all der Menschen und den Einsatz von Technologie (also von Maschinen, für die Kapital beschafft werden musste) produziert werden. Wer darf nun das Auto benutzen? Oder realistischer: Wie wird der Kooperationsgewinn aus dem Verkauf des Autos geteilt? Die Verteilung von Kooperationsgewinnen ist das Folgeproblem, das aus Perspektive der an der Kooperation Beteiligten, also der Organisationsmitglieder sowie der Kapitalgeber (Anteilseigner: Shareholder), entsteht. Wie hoch ist der Lohnanteil und wie hoch der Gewinnanteil? Wie werden die Lohnanteile unter den Angestellten verteilt? Wie kann man sich mehr aneignen, als einem zusteht? Und was steht dem Einzelnen eigentlich zu? Was ist gerecht? Mit diesen Fragen der Verteilungsproblematik beschäftigen sich vielerlei Theorien, unter denen (aufgrund ihrer Verwandtschaft und Gegensätzlichkeit) insbesondere der Marxismus und die Principal-Agent-Theorie hervorstechen.

Darüber hinaus treten auch noch Effekte auf, die gar nicht geplant waren: Durch die Ausweitung eines Produktionsstandortes erfährt eine Region wirtschaftliche und soziale Aufwertung (z. B. Wolfsburg als VW-Standort), durch das Kühlwasser eines Kraftwerkes verändern sich Flora und Fauna eines Flusses. Beide Folgen des Kooperationshandelns in der Organisation waren nicht geplant. Neben dem Verteilungsproblem entstehen also als Folgeproblem der Organisation auch nicht intendierte Effekte. Fassen wir die bisher angestellten Überlegungen zusammen (◘ Abb. 1.2).

1.5 Die Frage der Gemeinschaft

Nachdem wir die grundlegenden Aspekte des Organisationsproblems nun aufgezeigt haben, gilt es, die Arten von Organisationen, die bestimmte Kooperationsprobleme lösen, genauer zu analysieren. Sehen wir uns hierzu das nachfolgende Schema an (vgl. ◘ Abb. 1.3).

Da nicht alle *Güter* knapp sind (z. B. ist Luft ein Gut, das uns im Allgemeinen nicht knapp erscheint), unterliegen die sogenannten freien Güter keiner Bewirtschaftung und sind damit auch nicht Gegenstand der Ökonomie oder der Organisationswissenschaften. Bei den nur knapp verfügbaren Gütern (und das betrifft doch die meisten Dinge, die wir benötigen oder begehren) kann man wieder unterscheiden: Güter, über die Einzelne verfügen oder deren Erstellung keine Kooperation benötigt, nennen wir private Güter – diese können aber bei Bedarf durch den Eigner auf dem Markt getauscht oder verkauft werden. Darüber hinaus gibt es Güter, die nur durch Kooperation erstellt oder bewirtschaftet werden können. Mit diesen Gütern hatten wir uns schon im vorherigen Abschnitt beschäftigt, da diese dem generellen Kooperationsproblem unterliegen. Wir wollen diese *kollektiven Güter* nun weiter spezifizieren: Kollektive Güter,

1.5 · Die Frage der Gemeinschaft

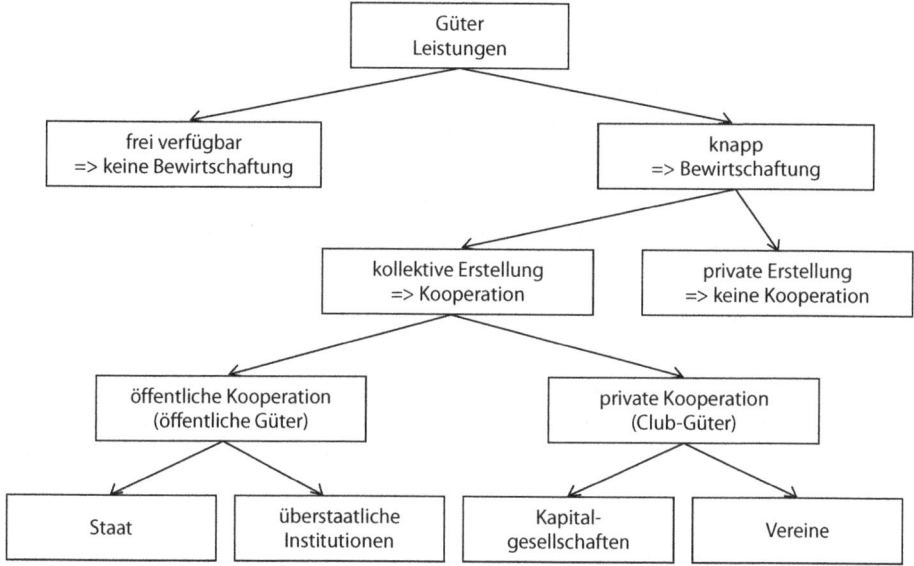

Abb. 1.3 Kooperationsschema II

von deren Nutzung Menschen generell nicht ausschließbar sind (z. B. von der Sicherheit gegen Angriffe von außen oder der grundsätzlichen Nutzung von Straßen in einem bestimmten Gebiet, z. B. dem Staatsgebiet der Bundesrepublik Deutschland), heißen öffentliche Güter. Solche Güter werden von Staaten oder von überstaatlichen Institutionen (z. B. den Vereinten Nationen) erstellt. Das zentrale Kriterium ist die Nichtausschließbarkeit von Menschen aus der Nutznießung des kollektiv erstellten, öffentlichen Guts. Dies ist anders bei privaten Kooperationsmodellen – hier werden sogenannte *Klubgüter* erstellt, da nur diejenigen in den Genuss der Kooperationserträge kommen, die Mitglied in dem Klub, der zur Erstellung oder Bewirtschaftung eines solchen Gutes gegründet wurde, sind. Hierzu gehören alle Arten von Vereinigungen natürlicher Personen (private Vereine, Kooperativen, Genossenschaften, Gesellschaften des bürgerlichen Rechts etc.), aber auch die Kapitalgesellschaften (z. B. Aktiengesellschaften, Gesellschaften mit beschränkter Haftung, vgl. Kapitel drei). In beiden Vereinigungsformen werden die meisten Menschen (auch in einem regionalen Bezug) von der Teilhabe an der Organisation ausgeschlossen.

In Anlehnung an Ostrom lassen sich Klubgüter auch als *Allmendegüter* bezeichnen (Ostrom 1999 sowie Hess und Ostrom 2003). Während öffentliche Güter nur der Gesellschaft bedürfen, bedarf es bei Allmendegütern eines Kriteriums, das andere von der Nutzung der Ressource ausschließt. Allmende bezeichnet das gemeinsame Eigentum einer begrenzten Gruppe von Personen (das nennen wir hier Club), wodurch die typischen Folgeprobleme der Kooperation, insbesondere die Verteilung des Kooperationsgewinns aus gemeinschaftlicher Nutzung, entstehen. Während Ostrom die soziale Grundlage eines solchen Ausschlusskriteriums nicht näher untersucht, sieht Oppenheimer (1998) diese in der *Gemeinschaft* selbst gegeben. Ostrom (1999) entwickelt den Ansatz zur Lösung von Allmende-Ressourcen-Problemen zuerst anhand natürlicher Ressourcen (z. B. Weiderechten, Fischgründen und Wasserregulation), später erstreckt sie diese Analyse auch auf Wissensressourcen (Hess und Ostrom 2003; Rahmen-Zurek 2000). Unter Nutzung institutionenökonomischer Ansätze tritt für die Lösung von Allmendeproblemen dabei die Bildung von Genossenschaften, also (nach heutigem Verständnis) eine spezifische Organisationslösung, in das Zentrum der Analyse. Zur Breite der Diskussion um Gemeinschaftsgüter vgl. Helfrich und Heinrich-Böll-Stiftung (2012).

Für ihre Reformulierung des Allmendeproblems, die Herausarbeitung von Lösungsansätzen und die Ausweitung des analytischen Ansatzes auf verschiedene Kooperationsbereiche erhielt Elinor Ostrom 2009 den sogenannten Wirtschaftsnobelpreis (zusammen mit Oliver Williamson).

Diese Überlegungen lassen sich dahin gehend erweitern, dass Organisationen per se eine Lösung zu *Allmendeproblemen* darstellen und dafür auf Gemeinschaft angewiesen sind. Nun könnte man argumentieren, dass nur ein bestimmter Typus von Organisation als Allmende modellierbar ist, und dann auch nur aus Sicht bestimmter beteiligter Gruppen, so z. B. bei einer Kapitalgesellschaft aus Sicht der Anteilseigner. Für die Mehrheit Organisationsmitglieder (Mitarbeiter) gilt, dass sie in den meisten Fällen von der Nutzung des Clubgutes ausgeschlossen werden. Dabei wird übersehen, dass der Ertrag in modernen Organisationen in der Regel ein monetäres Äquivalent hat, dessen Verteilung dann das Folgeproblem der Lösung des grundlegenden Allmendeproblems (als Kooperationsproblem) darstellt. Gemeinschaft in Organisationen ist aus dieser Perspektive die Sicherungsgrundlage der hohen Investition, sich aufgrund von Mitgliedschaftsregeln an eine Organisation zu binden. Dies gilt sowohl für konjunkte Organisationen (die aufgrund von Ressourcenzusammenlegung entstehen, also den klassischen Allmenden entsprechen) als auch für disjunkte Organisationen (die auf der Basis der Übertragung von Handlungsrechten funktionieren, z. B. moderne Industrieunternehmen) im Sinne Colemans (1992), solange Mitgliedschaft eine dauerhafte Bindung des Einzelnen an die jeweilige Organisation verursacht. Die Problemdifferenzierung zwischen den beiden Arten kollektiver Akteure (disjunkt vs. konjunkt) verliert vor diesem Hintergrund an Bedeutung, da die Mitgliedschaft ein Einlassen auf die Gemeinschaft erfordert, die Gemeinschaftsnormen (die durchaus unterschiedliche Rechtsausstattungen der Mitglieder begründen können) treten in den Vordergrund der Betrachtung. Die gemeinsame, arbeitsteilige Ressourcennutzung in der Organisation erfordert ein Mindestmaß an Gemeinsinn, Organisationen haben aus dieser Perspektive immer einen gemeinwirtschaftlichen Kern.

Die Unterscheidung von Gesellschaft nach öffentlicher und privater Kooperation erinnert an die ordnungspolitische Konzeption nach Ritschl (idealistische Gemeinwirtschaft: Ritschl 1931; vgl. auch Hirsch 1972; Thiemeyer 1972; Tönnies 1998). Aus dieser Perspektive bedarf die korporative Ordnung der Gemeinschaft (Buchanan 1999; Hettlage 1990). Gemeinschaft bezeichnet dabei das emotional gestützte Zusammengehörigkeitsgefühl von Menschen, das mit einer Grenzziehung in Bezug auf die nicht zur Gemeinschaft Gehörigen verbunden ist (Prinzip der sozialen Schließung). Generell lässt sich nach Tönnies (1979) Gemeinschaft (aufgrund unhinterfragter Zugehörigkeit: Wesenswille) von der Gesellschaft (die aus Nutzenerwägungen heraus gewählt wird: Kürwille) unterscheiden, wobei auch bereits Weber (1980) den „gemeinwirtschaftlichen" Charakter nichtstaatliche Bürokratien betont. Geht man davon aus, dass „Gemeinwohl ein normativer Orientierungspunkt sozialen Handelns [ist]; Gemeinsinn wiederum [...] die Bereitschaft der sozial Handelnden, sich an diesem normativen Ideal tatsächlich zu orientieren" (Münkler und Fischer 2002, S. 9), dann wird offensichtlich, dass *Gemeinschaften* ihren Angehörigen aufgrund von Normbildung und Normvermittlung ein Mindestmaß an (scheinbar) altruistischem Verhalten abverlangen. Normen werden hier im Sinne Essers (2000) als sanktionsbewehrte Institutionen verstanden, die über den gemeinschaftlichen Bereich hinausreichen (z. B. Rechtsnormen) und grundsätzlich auch einer ökonomischen Analyse zugänglich sind (Bien 2002), doch bleibt der Kern der Normaushandlung an das Handeln im „engen" sozialen Kontext, an die Interaktion in der Gemeinschaft gebunden. In Bezug auf Organisationen wird dies heute primär aus der Perspektive der Organisationskulturforschung untersucht, womit der Institutionencharakter der temporären Organisation angesprochen ist.

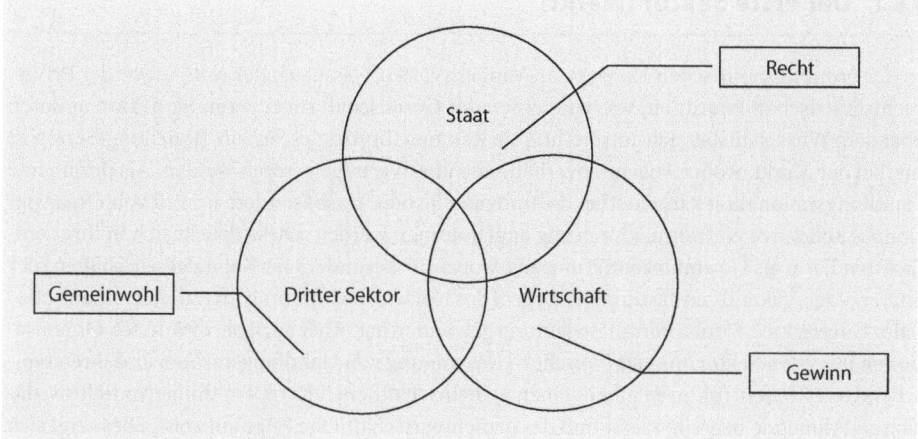

☐ Abb. 1.4 Drei-Sektoren-Modell

1.6 Das Drei-Sektoren-Modell

1.6.1 Gemeinschaft und Gesellschaft

Ausgehend von den Überlegungen, dass Organisationen eine wichtige Integrationsfunktion bei der Vermittlung zwischen Gemeinschaft und Gesellschaft übernommen haben und dass sie aufgrund ihres Allmendecharakters einen gemeinwirtschaftlichen Kern haben, ist natürlich nach dem Verhältnis zwischen Organisationen und den grundsätzlichen gesellschaftlichen Steuerungsmechanismen (Markt und Staat) zu fragen. Im Anschluss an Hayek (1969) und Vanberg (1982) kann dabei nach spontaner und korporativer *Ordnung* (jeweils anhand sozialer Regeln, also Institutionen) unterschieden werden. Gesellschaft im umfassenden Sinn schließt dabei nach Vanberg als grundsätzlich rationales Abstimmungsverhalten korporative Ordnungen (z. B. Staat, Organisationen) mit ein. Über die dualistische Ordnungskonzeption, wie sie Ritschl (1931) oder Vanberg (1982) annehmen, hinausgehend, erscheint aus organisationstheoretischer Perspektive eine Ordnungskonzeption mit *drei Sektoren* sinnvoller (z. B. Eisen 2001; Wex 2004), da die Dritte-Sektor-Forschung hierbei bisher nicht integriert war (z. B. Anheiner et al. 1998 sowie Priller und Zimmer 2001). Ein solches organisationstheoretisches Rahmenmodell lässt sich folgendermaßen skizzieren (☐ Abb. 1.4).

In diesem Modell stellt sich die Frage nach der dominanten Handlungslogik in Organisationen im jeweiligen Sektor (wobei hierbei vorerst die reinen Typen betrachtet werden – die Annahme, dass es auch Mischtypen gibt, zeigt sich in den Überlappungen der Kreise). Als Grundlage staatlichen Handelns kann der Rechtsvollzug gesehen werden, für wirtschaftliche Organisationen steht das Gewinnstreben im Vordergrund, Organisationen im dritten Sektor schließlich sollen letztlich das Gemeinwohl fördern. Vor dem Hintergrund der bisherigen Überlegungen finden sich aber in allen drei Sektoren gemeinwirtschaftliche Tendenzen, deren Gemeinschaftsgrundlage sich für den dritten Sektor aus einer karitativen Gemeinschaft, für die Wirtschaft aus der Gewinngemeinschaft und für den Staatssektor aus der Volksgemeinschaft ableiten lässt. Die Spezifika dieser gemeinwirtschaftlichen Tendenzen sollen im Folgenden herausgearbeitet werden.

1.6.2 Der erste Sektor (Markt)

In der ordnungspolitischen Konzeption Vanbergs (1982) lässt sich der *erste Sektor* der Privatrechtsgesellschaft zuordnen, was zum einen der Gesellschaft im engeren Sinn, zum anderen aber dem Wirtschaftsbereich entspricht. Den Rahmen für soziales Sich-in-Beziehung-Setzen ist hierbei der Markt, wobei Austauschverhältnisse über Verträge geregelt werden. Als dominante Handlungsrationalität kann hierbei die individuelle oder (insbesondere im Fall von Organisationen) kollektive Nutzenmaximierung angenommen werden. Diese drückt sich in ihrer einfachsten Form als Gewinnorientierung aus, wobei (insbesondere für Kapitalgesellschaften) der Shareholder-Value als umfassenderer Begriff der Nutzenmaximierung im Rahmen organisationaler Governance-Strukturen an Bedeutung gewonnen hat. Aber auch bei disjunkten Organisationen im ersten Sektor, mit der typischen Übertragung von Handlungsrechten und ihren typischen Herrschaftsstrukturen gibt es einen gemeinschaftlichen Kern, ein Binnenverhältnis, das sich als Allmende begreifen lässt und das gemeinwirtschaftliche Züge aufweist. Dies zeigt sich noch deutlicher in konjunkten Organisationen in diesem Sektor, die aufgrund von Ressourcenzusammenlegung entstehen. Dies gilt insbesondere für Genossenschaften – vgl. zur Entwicklung und Bedeutung von Genossenschaften Pleister (2001a). Generell ist das Genossenschaftswesen von zunehmender Konzentration der Anzahl an Organisationen gekennzeichnet bei gleichzeitigem Anstieg der Mitgliederzahlen. Genossenschaften sind die klassische Organisationsform bei Allmendeproblemen und sind letztlich durch einen doppelten Shareholder-Value gekennzeichnet: Die Mitglieder profitieren aufgrund des genossenschaftlichen Prinzips in doppelter Hinsicht vom Wert der Organisation (zum einen als Nutznießer des zugrunde gelegten Solidaritätsgedankens, der individuelle und kollektive Investitions- bzw. Konsumvorhaben erst ermöglicht, zum anderen durch die mögliche Wertsteigerung von Genossenschaftsanteilen). Damit ist aber nur eine Aussage über das Verhältnis der Mitglieder untereinander getroffen und ihre Außenwirkung in der Privatgesellschaft – wobei die typischen Genossenschaftsmerkmale (Demokratie, Regionalität, Solidarität, Subsidiarität, Mitgliederorientierung) auch auf den Prüfstand gestellt werden können (Pleister 2001b) –, nicht aber über die Gemeinschaftsbildung im Inneren. Sowohl für die disjunkten als auch für die konjunkten Organisationen im ersten Sektor gilt, dass die Mitbestimmung als Korrektiv so begründeter Herrschaftsstrukturen wirken soll. Inwiefern diese Institution eine besondere Bedeutung für Vergemeinschaftsprozesse in Organisationen hat oder ob andere Institutionen hierbei im Vordergrund stehen, ist später im Text näher zu untersuchen.

1.6.3 Der zweite Sektor (Staat)

In der dualistischen Gesellschaftskonzeption Vanbergs (1982) wirkt der *zweite Sektor* als Leistungs- sowie Rechtsschutzstaat und steht damit zwischen Leistungserbringung und Zwangsausübung. In beiden Funktionen sind staatliche Organisationen aber letztlich an den Rechtsvollzug gebunden. Staatliche Organisationen können damit als grundsätzlich gemeinwirtschaftlich angesehen werden, da sie dem Gemeinwohl des Volkes dienen und ihre Legitimation aus dem Recht selbst ableiten. In der Verfassung der Bundesrepublik Deutschland (dem Grundgesetz) können sie somit als durch die Organe der repräsentativen Demokratie bestellt und kontrolliert angesehen werden. Eben dies hat aber Konsequenzen für die Binnenstruktur dieser Organisationen: Beamte dürfen nicht streiken und unterliegen (u. a. aufgrund der geforderten Verfassungstreue) einem beschränkten Koalitionsrecht. Ebenso unterliegt die Mitbestimmung in öffentlichen Unternehmen besonderen Beschränkungen und spezifischen Problemen (z. B. Püttner 1972). Trotzdem tragen viele Organisationen des zweiten Sektors in besonderem Maß zur Integration von

Gemeinschaft und Gesellschaft bei: Dies gilt insbesondere für Schulen und Hochschulen, aber auch für Organisationen, die aufgrund ihres spezifischen Zwecks Vergemeinschaftungsprozesse im Binnenbereich fördern (z. B. Bundeswehr, Polizei, Gefängnisse). Vor diesem Hintergrund sind auch die Folgen der Entstaatlichung von Organisationen des zweiten Sektors bei entsprechenden Entscheidungen zur Änderung von Rechts- und Kooperationsformen zu bedenken.

1.6.4 Der dritte Sektor (Non-Profit-Organisationen)

In der dualistischen Ordnungskonzeption Vanbergs (1982) oder Ritschls (1931) sind Non-Profit-Organisationen nicht einem eigenständigen Sektor zugehörig. Die wachsende Bedeutung des *dritten Sektors* kann aber aus zwei Tendenzen abgeleitet werden: erstens einer zunehmenden Professionalisierung originär gemeinnütziger Arbeit und zweitens einer gleichzeitigen Neupositionierung des Freiwilligenengagements (Heinze und Keupp 1997). Der dritte Sektor scheint dabei ein eigenständiger Baustein der Organisationsgesellschaft geworden zu sein (Wex 2004), wobei insbesondere die ehrenamtliche Tätigkeit zur Gemeinschaftsbildung im Inneren der Organisationen beiträgt und dies gleichzeitig durch zweckgebundene Arbeit (im organisationalen Rahmen) in die Gesellschaft trägt. Das dabei entstehende „Paradox der Professionalisierung" (Heinze und Keupp 1997, S. 11), das insbesondere aufgrund der Privatisierung von Organisationen im dritten Sektor auftritt (Richter 2002), führt auch hier zu einem Partizipationsproblem, das im Rahmen des „Freiwilligenmanagements" bearbeitet werden soll (Biedermann 2000).

Die Zugehörigkeit zu einem der drei Sektoren oder zu einer der Mischformen unterliegt selbst zeitlichen Effekten, womit der Begriff der Temporalität nicht nur auf die phänomenologische Perspektive auf Organisation im Generellen, sondern auch auf die einzelne Organisation im Speziellen und ihren zeitlichen Wandlungsprozessen bezogen ist. Dabei werden nicht nur die grundlegenden Annahmen der einzelnen Organisation, ihre Rationalität und Kultur Veränderungen unterworfen, sondern auch die Grenzen der Organisation können unscharf werden und Teile der Organisation ändern ihren Rationalitätsmodus, so z. B. die Ausgliederung des professionalisierten Spielbetriebs in der Fußballbundesliga aus grundsätzlich gemeinnützigen Sportvereinen.

1.7 Lösungsansätze der Rationaltheorie

Organisationen können als vermittelnde Institutionen zwischen Gemeinschaft und Gesellschaft angesehen werden, die aufgrund des Schließungsmechanismus bei der Lösung von Allmendeproblemen entstehen. Dies gilt für alle drei Sektoren. Als gemeinsames Problem erscheint dabei die Ausgestaltung der Partizipation, insbesondere in Form von Mitbestimmung, die sich aufgrund der jeweiligen Logik der einzelnen Sektoren aber unterschiedlich ausgestaltet.

1.7.1 Vertrauen als rationale Lösung

Grundlage der utilitaristischen Überlegungen zum Verhältnis zwischen Organisation und Gemeinschaft ist eine grundsätzliche Fragestellung: Wie sichern Interesseneigner an Organisationen (insbesondere Mitglieder) ihre Handlungsfähigkeit gegenüber diesen kollektiven Akteuren trotz unvollständiger Handlungsgrundlage (z. B. Arbeitsverträgen)? In elementaren Beziehungen erfolgt diese Sicherung nach Coleman (1999) insbesondere mittels *Vertrauen*. Vertrauen kann dabei als Zugeständnis eigener Verwundbarkeit gegenüber anderen verstanden werden –

oder anders formuliert: als unterstellte Übereinstimmung an Verhaltenserwartungen, die der Unsicherheitsreduktion und damit der Gewinnung von Handlungsfähigkeit dient. Dies reduziert die Sicherungsinvestition in ansonsten unvollständig gesicherten Handlungsfeldern mit hohem Investitionsbedarf (Williamson 1996). Zur sozialen Funktion von Moral und Vertrauen generell vgl. Baurmann (2000) oder Zintl (1997).

In großen sozialen Systemen erfährt Vertrauen eine Generalisierung – was Coleman (1991) als Gemeinschaft bezeichnet, ohne diesen Begriff aber weiter zu spezifizieren. Als Grundlage generalisierten Vertrauens kann zum einen das gemeinsame Interesse der Beteiligten an einem zu erreichenden Ergebnis, zum anderen aber die Einsparung von Sicherungsinvestitionen und (der Gemeinschaft immanent) die soziale Schließung aufgrund eben der Zugehörigkeit zu dieser Gemeinschaft angesehen werden. Um die dauerhafte Tragfähigkeit einer solchen nicht justiziablen Absicherung zu gewährleisten, bedarf sie des kollektiven Glaubens der Beteiligten an ihre Gültigkeit. Damit gewinnt generalisiertes Vertrauen (als Gemeinschaft) aber einen Eigenwert, der zweckrationales Handeln in solchen großen Sozialsystemen (welches sich aus dem gemeinsamen Interesse ableitet) wertrational ergänzt. Böhle et al. (2014) betonen, dass trotz der Demonstration von Vertrauenswürdigkeit durch die organisationale Leitung nicht Gewissheit im Sinne von Handlungssicherheit durch explizite Versprechungen und Vereinbarungen hergestellt wird, vielmehr kommt es auf die impliziten, in konkrete Eigenschaften, Verhaltensweisen und Handlungen eingebundenen Botschaften an, die Vertrauen stiften. Es geht um psychologische Verträge, also um „Verträge, die brechen können, ohne dass sie je zustande gekommen sind." (Richter 2003, S. 56). Die Grundlagen und den Wandel des psychologischen Vertrages im Organisationskontext beschreiben Marr und Fliaster (2003).

Organisationen erweisen sich als vertrauenswürdig, wenn sie nachweisen, dass sie die Interessen der Organisationsmitglieder berücksichtigen. Unter dieser Voraussetzung können Mitglieder die begründete Erwartung entwickeln, dass die Investition in die Kooperation sich lohnt. (Böhle et al. 2014) Gemeinschaft wird in solchen Organisationen zur eigenständigen Institution, zur „Residualinstitution", die Handlungserwartungen zumindest dahin gehend erzeugt, dass die Gemeinschaftsangehörigen nicht unbegründet gegen das Interesse des jeweils anderen handeln, dieses also zumindest ins Kalkül ziehen und so moralisches Verhalten aufgrund organisationaler Vergemeinschaftung an den Tag legen.

1.7.2 Intendierte und nicht intendierte Folgen

Gemeinschaft steht damit nicht im Gegensatz zur Gesellschaft, sondern ist eine notwendige Ergänzung, um soziales Handeln in großen Sozialsystemen (hier: Organisationen) erklären zu können. *Gemeinschaft* wird eben nicht als normative Kategorie verstanden (z. B. bei Baurmann 2000 oder Krell 1994), sondern als analytischer Begriff, mit dem an die Überlegungen von Tönnies, Weber u. a. zum Verhältnis von Gemeinschaft und Gesellschaft angeschlossen wird. Dies entspricht einer späten Fassung des Gemeinschaftsbegriffs von Tönnies: „Der Begriff Gemeinschaft bedeutet für mich eine innere Einheit und Einigkeit der Teilnehmer an einem sozialen Verhältnis, einer sozialen Samtschaft oder einem sozialen Verband – wenigstens insofern, als es sich um diese Bejahung solcher Wesenheiten mit Wesenwillen handelt." (Tönnies 1998, S. 413) Der Gemeinschaftsaspekt von sozialem Handeln in Organisationen bedingt dabei Selbstbindung, die zur Senkung der Opportunitätskosten alternativen Handelns führt (da vom entgangenen Nutzen alternativer Handlungen die Kosten für den Verlust von Vergemeinschaftungsbenefits abgezogen werden müssen) und die die individuelle Investition in dauerhafte Beziehungen rechtfertigt.

In Umkehrung dieses Gedankens ist somit aus ökonomischer Sicht von Gemeinschaftsgewinnen zu sprechen. Aus dem so verstandenen Gemeinschaftsbegriffs ist abzuleiten, welche sozial- und ordnungstheoretischen Rahmenbedingungen für eine gemeinschaftstheoretische Organisationskonzeption relevant sind (hierbei sind bestehende theoretische Ansätze zu berücksichtigen, z. B. Gemeinwirtschaftskonzeption, Kommunitarismus), welche expliziten Ansätze zur Gemeinschaft in Organisationen hilfreich erscheinen (z. B. Werks- und Betriebsgemeinschaft, Unternehmenskultur, Communities of Practice) und welche Beiträge hieraus für eine gemeinschaftstheoretische Organisationskonzeption gewonnen werden können. Wiesenthal (2005) sieht in diesem Kontext Markt, Organisation und Gemeinschaft als unterschiedliche Koordinationsmechanismen in der modernen Gesellschaft, die in verschiedenen sozialen Strukturen in unterschiedlichen Mischungsverhältnissen aufträten und dementsprechend zu analysieren seien.

Im Spannungsfeld von intendierten und nicht-intendierten Folgen von Organisationen sind auch Formen der Vergemeinschaftung zu verorten, die nicht auf freiwilliger Mitgliedschaft beruhen, z. B. Mafia, Gefängnisse, Konzentrationslager, geschlossene psychiatrische Kliniken. Auch wenn der Formalisierungsgrad dieser Institutionen recht unterschiedlich ist, sie alle sind totale Institutionen, die die gesellschaftliche Differenzierung der Moderne negieren und alle Lebensbereiche der (vielfach unfreiwilligen) Mitglieder regeln (vgl. grundlegend Goffman 1973, in der organisationssoziologischen Anwendung Pohlmann und Markova 2011). Als *totale Institutionen* stellen sie eine Irregularität der Organisationsgesellschaft dar, nutzen aber die Gestaltungsmittel der Organisation, um ihr eigenes Effizienzstreben zu befördern, wobei sie jeweils eigenen, unhinterfragten und für omnipräsent geltenden (insgesamt einer eigenen Rationalität folgenden) Regeln gehorchen. Sie lassen sich dementsprechend auch wie Organisationen analysieren, sind aber eben nicht Teil der *regulären* Organisationsgesellschaft. Vielfach wirken totale Institutionen aber als Korrektiv der Zumutungen und Belastungen, denen sich die Einzelnen in der rationalisierten und rationalisierenden Organisationsgesellschaft ausgesetzt sehen (Weber 1980, S. 835, sprach bereits Anfang des 20. Jahrhunderts diesbezüglich vom „stählernen Gehäuse"), sie werden zu Fluchtpunkten, zu Asylen (Goffman 1973). Da hier die Unangepasstheit an die Regularien der modernen Organisationsgesellschaft Zugangsvoraussetzung für die Insassen sind, wirken Zwangsorganisationen in der Organisationsgesellschaft heute als nicht intendierte Folgen der Zumutung ständiger (und damit dann doch nur begrenzt freiwilliger) Kooperation.

Um intendierte und nicht intendierte Folgen von (gemeinschaftsorientiertem) Handeln in Organisationen weiter diskutieren zu können, bietet sich eine Unterscheidung von Organisationsrationalitäten anhand der formalen Zwecksetzung von Organisationen nach einem Drei-Sektoren-Modell (Markt, Staat, Non-Profit) an, wobei Fragen der Gemeinschaftsbildung und von Machtausübung (sowie von Mitarbeitervertretung als stabilisierendem Regulativ) wohl eng mit den Mitgliedschaftsregeln (Formen der Ressourcenpooling) und den erstellten Gütern (öffentlichen Gütern, Allmende- und Klubgütern, privaten Gütern) zusammenhängen. Hieraus leiten sich unterschiedliche Ausprägungen des Verhältnisses von Gesellschaft und Gemeinschaft in Organisationen und der Integration von Gemeinschaft in der Organisationsgesellschaft ab.

1.8 Fragen

1. Welche Bedeutung hat Temporalität als Perspektive auf Organisationen?
2. Was verstehen Sie unter dem Organisationsproblem?
3. Wie würden Sie Güter und Leistungen in Bezug auf die Organisation weiter differenzieren?
4. Was sind die wesentlichen Elemente des Drei-Sektoren-Modells?

Literatur

Anheiner H, Priller E, Seibel W, Zimmer A (Hrsg) (1998) Der Dritte Sektor in Deutschland. Organisationen zwischen Staat und Markt im gesellschaftlichen Wandel, 2. Aufl. Edition Sigma, Berlin

Baurmann M (2000) Der Markt der Tugend: Recht und Moral in der liberalen Gesellschaft. Eine soziologische Untersuchung, 2. Aufl. Mohr Siebeck, Tübingen

Biedermann C (2000) Was heißt Freiwillige managen? Grundzüge des Freiwilligen-Managements. In: Nährlich S, Zimmer A (Hrsg) Management in Nonprofit-Organisationen. Eine praxisorientierte Einführung. Leske + Budrich, Opladen, S 107–128

Bien U (2002) Sein oder Sollen – Wie sind Normen und Moral zu erklären? In: Ötsch W, Panther S (Hrsg) Ökonomik und Sozialwissenschaften. Ansichten eines in Bewegung geratenen Verhältnisses. Metropolis, Marburg, S 53–80

Böhle F, Bolte A, Huchler N, Neumer J, Porschen-Hueck S, Sauer S (Hrsg) (2014) Vertrauen und Vertrauenswürdigkeit: Arbeitsgestaltung und Arbeitspolitik jenseits formeller Regulierung. Springer, Heidelberg

Buchanan J (1999) Moral und Gemeinschaft in der offenen Ordnung des Marktes. In: Vanberg V (Hrsg) Freiheit, Wettbewerb und Wirtschaftsordnung. Hommage zum 100. Geburtstag von Friedrich A. von Hayek. Haufe, Freiburg, S 13–36

Coleman J (1991) Grundlagen der Sozialtheorie. Band 1: Handlungen und Handlungssysteme. Oldenbourg, München

Coleman J (1992) Grundlagen der Sozialtheorie. Band 2: Körperschaften und die moderne Gesellschaft. Oldenbourg, München

Eisen A (2001) Das Prinzip Kooperation: Genossenschaften als Teil des Dritten Sektors? In: Priller E, Zimmer A (Hrsg) Der Dritte Sektor international: Mehr Markt – weniger Staat? Edition Sigma, Berlin, S 277–291

Elbe M (2002) Wissen und Methode: Grundlagen der verstehenden Organisationswissenschaft. Leske + Budrich, Opladen

Esser H (2000) Soziologie. Spezielle Grundlagen. Band 5: Institutionen. Campus, Frankfurt a. M

Etzioni A (1961) A comparative analysis of complex organizations. Free Press, New York

Goffman E (1973) Asyle. Über die soziale Situation psychiatrischer Patienten und anderer Insassen. Suhrkamp, Frankfurt a. M

Hayek F v (1969) Arten der Ordnung. In: ders.: Freiburger Studien. Gesammelte Aufsätze. Mohr, Tübingen, S 32–46

Heinze R, Keupp H (1997) Gesellschaftliche Bedeutung von Tätigkeiten außerhalb der Erwerbsarbeit. Gutachten für die »Kommission für Zukunftsfragen« der Freistaaten Bayern und Sachsen. Bochum/München. http://www.ipp-muenchen.de/texte/gutachten-zukunftskommission.pdf vom 22.4.2003

Helfrich S, Heinrich-Böll-Stiftung (Hrsg) (2012) Commons. Für eine neue Politik jenseits von Markt und Staat. Transcript, Bielefeld

Hess C, Ostrom E (2003) Artifacts, Facilities, and Content: Information as a Common-Pool Resource. In: Law and Contemporary Problems, 66: S 111–145

Hettlage R (1990) Die anthropologische Konzeption des Genossenschaftswesens. Theorie und Praxis. – Welche Chance hat der „homo cooperativicus"? In: Laurinkari J, Brazda J (Hrsg) Genossenschaftswesen. Hand- und Lehrbuch. Oldenbourg, München/Wien, S 27–49

Hirsch H (1972) Die Idee der Gemeinwirtschaft im Werke von Hans Ritschl. In: Rittig G, Ortlieb H-D (Hrsg) Gemeinwirtschaft im Wandel der Gesellschaft. Festschrift für Hans Ritschl zu seinem 75. Geburtstag am 19. Dezember 1972. A. V. G., Berlin, S 5–31

Koch J, Sydow J (Hrsg) (2013) Organisation von Temporalität und Temporärem. Managementforschung 23. Springer Gabler, Wiesbaden

Krell G (1994) Vergemeinschaftende Personalpolitik: Normative Personallehren, Werksgemeinschaften, NS-Betriebsgemeinschaft, Betriebliche Partnerschaft, Unternehmenskultur. Hampp, München

Kühl S (2011) Organisationen. Eine sehr kurze Einführung. VS Verlag, Wiesbaden

Luhmann N (1964) Funktion und Folgen formaler Organisation. Duncker & Humblot, Berlin

Lundin R, Söderholm A (1995) A theory of the temporary organization. Scand J Manage 11(4):437–455

Marx K (1961) Das Kapital. Kritik der politischen Ökonomie. Dritter Band. Der Gesamtprozess der kapitalistischen Produktion, 6. Aufl. Dietz, Berlin

Marr R, Fliaster A (2003) Jenseits der »Ich AG« Der neue psychologische Vertrag der Führungskräfte in Deutschland. Hampp, München

Münkler H, Fischer K (2002) Einleitung: Rhetorik des Gemeinwohls und Probleme des Gemeinsinns. In: dies. (Hrsg) Gemeinwohl und Gemeinsinn. Akademie, Berlin, S 9–17

Literatur

Oppenheimer F (1998) Gemeingut und Privateigentum. In: ders.: Gesammelte Schriften. Band 3: Schriften zur Marktwirtschaft. Akademie, Berlin, S 45–66

Ostrom E (1999) Die Verfassung der Allmende: Jenseits von Staat und Markt. Mohr Siebeck, Tübingen

Picot A, Dietl H, Franck E (2008) Organisation: Eine ökonomische Perspektive, 5. Aufl. Schäffer-Poeschel, Stuttgart

Pleister C (2001a) Einführung: Genossenschaften – Erprobtes Kooperationsmodell von heute für morgen. In: ders. (Hrsg) Genossenschaften zwischen Idee und Markt. Ein Unternehmenskonzept für die Zukunft? Campus, Frankfurt a. M./New York, S 11–25

Pleister C (Hrsg) (2001b) Genossenschaften zwischen Idee und Markt. Ein Unternehmenskonzept für die Zukunft? Campus, Frankfurt a. M./New York

Pohlmann M, Markova H (2011) Soziologie der Organisation. Eine Einführung. UKV, Konstanz

Priller E, Zimmer A (Hrsg) (2001) Der Dritte Sektor international: mehr Markt – weniger Staat? Edition Sigma, Berlin

Püttner G (1972) Gemeinwirtschaft und Mitbestimmung. In: Rittig G, Ortlieb H-D (Hrsg) Gemeinwirtschaft im Wandel der Gesellschaft. Festschrift für Hans Ritschl zu seinem 75. Geburtstag am 19. Dezember 1972. A. V. G., Berlin, S 181–188

Rahmen-Zurek K (2000) Internet – Ökonomie und Genossenschaftswesen – eine organisationstheoretische Betrachtung. In: Theurl T (Hrsg) Internet – Chancen für Genossenschaften. Beiträge des Oberseminars zum Genossenschaftswesen im Sommersemester 2000. Institut für Genossenschaftswesen der Westfälischen Wilhelms-Universität. Regensberg, Münster, S 5–46

Richter G (2002) Privatisierung und Funktionswandel der Freien Wohlfahrtspflege. Strategien in nationalen und europäischen Sozialmärkten. Nomos, Baden-Baden

Richter G (2003) Innere Kündigung - Über Verträge, die brechen können, ohne dass sie je zustande gekommen sind -. Personal 9(2003):56–59

Ritschl H (1931) Gemeinwirtschaft und kapitalistische Marktwirtschaft. Zur Erkenntnis der dualistischen Wirtschaftsordnung. Mohr, Tübingen

Schmid M (1998) Soziales Handeln und strukturelle Selektion. Beiträge zur Theorie sozialer Systeme. Westdeutscher, Opladen

Srubar I (2008) Die pragmatische Lebenswelttheorie. In: Raab J, Pfadenhauer M, Stegmaier P, Dreher J, Schnettler B (Hrsg) Phänomenologie und Soziologie: Theoretische Positionen, aktuelle Problemfelder und empirische Umsetzung. VS Verlag, Wiesbaden, S 41–52

Thiemeyer T (1972) Marktwirtschaft und Gemeinwirtschaft. Versuch einer dogmengeschichtlichen Ortsbestimmung von Hans Ritschls Theorie der Gemeinwirtschaft. In: Rittig G, Ortlieb H-D (Hrsg) Gemeinwirtschaft im Wandel der Gesellschaft. Festschrift für Hans Ritschl zu seinem 75. Geburtstag am 19. Dezember 1972. A. V. G., Berlin, S 33–52

Tönnies F (1979) Gemeinschaft und Gesellschaft: Grundbegriffe der reinen Soziologie. Neudruck der 8. Aufl. Wissenschaftliche Buchgesellschaft, Darmstadt

Tönnies F (1998) Gemeinschaft und Gemeinwirtschaft. In: ders.: Gesamtausgabe. Band 22: 1932–1936. Geist der Neuzeit. Schriften. Rezensionen. Hrsg. von Lars Clausen. de Gruyter, Berlin, S 404–415

Vahs D (2009) Organisation. Ein Lehr- und Managementbuch, 7. Aufl. Schäffer-Poeschel, Stuttgart

Vanberg V (1982) Markt und Organisation. Mohr, Tübingen

Weber M (1980) Wirtschaft und Gesellschaft. Grundriß der verstehenden Soziologie, 5. Aufl. Mohr, Tübingen

Weick K (1995) Der Prozess des Organisierens. Suhrkamp, Frankfurt a. M

Wex T (2004) Der Nonprofit-Sektor der Organisationsgesellschaft. DUV, Wiesbaden

Wiesenthal H (2005) Markt, Organisation und Gemeinschaft als „zweitbeste" Verfahren sozialer Koordination. In: Jäger W, Schimank U (Hrsg) Organisationsgesellschaft – Facetten und Perspektiven. VS, Wiesbaden, S 223–264

Williamson O (1996) Transaktionskostenökonomik, 2. Aufl. Litt, Hamburg

Zintl R (1997) Moral in Organisationen – wieviel und welche Unternehmenskultur verträgt eine freiheitliche Ordnung? In: Hegelsmann R, Kliemt H (Hrsg) Moral und Interesse: Zur interdisziplinären Erneuerung der Moralwissenschaft. Oldenbourg, München, S 133–149

Geschichte, Theorien und Moden

2.1 Überblick – 20

2.2 „Tempora mutantur …" – 20

2.3 Organisation und die entfesselten Wirtschaftskräfte – 20
2.3.1 Begriffsgenese und erste theoretische Überlegungen – 21
2.3.2 Die Erfindung der Organisation: 1822 bis 1913 – 22
2.3.3 Das erste Paradigma: Gemeinschaft und Gemeinwirtschaft – 24

2.4 Rationalisierung und Legitimation – 26
2.4.1 Organisation und Gemeinwirtschaft – 27
2.4.2 Organisation als Superwissenschaft – 31
2.4.3 Bürokratie und Verwaltung – 32

2.5 Tradition und Neuanfang nach 1945 – 34
2.5.1 Das zweite Paradigma: die Situation – 35
2.5.2 Begrenzte Rationalität: Entscheidung und System – 36
2.5.3 Zusammenwirken: Akteure und Moden – 38
2.5.4 Interpretative Ansätze: Kultur und Lernen – 40
2.5.5 Neue Rationalitäten: Mikropolitik und Institutionen – 42

2.6 Temporalität: Wandel der Organisationsparadigmen – 44

2.7 Fragen – 47

Literatur – 47

© Springer-Verlag Berlin Heidelberg 2016
M. Elbe, S. Peters *Die temporäre Organisation*,
DOI 10.1007/978-3-662-49401-1_2

2.1 Überblick

Zusammenfassung
Im zweiten Kapitel finden Sie einen Überblick über die Entwicklung der wissenschaftlichen Auseinandersetzung um Organisationen. Ein besonderer Schwerpunkt ist dabei die Entwicklung im deutschsprachigen Raum (einschließlich der Rezeption international bedeutsamer Ansätze in Deutschland). Durch diese spezielle Perspektive kommen frühe Ansätze der Theorieentwicklung in den Blick und es wird deutlich, dass die theoretischen Perspektiven einerseits zeitgebunden sind und dass andererseits einige zentrale Themen den Organisationsdiskurs immer wieder prägen. Es lassen sich organisationstheoretische Moden und Paradigmen finden.

2.2 „Tempora mutantur ... "

Wie wir bereits festgestellt haben, sind Organisationen eine *Erscheinung der Moderne* und das Nachdenken über Organisationen ist ein Kind der Aufklärung, das uns bis heute begleitet. Dies hat u. a. zu umfangreicher Überblicksliteratur geführt: Ein Klassiker ist der Band „Organisationstheorien" (Kieser und Ebers 2014, in der 7. Auflage), einen Überblick zur Diskussion neuer Theorien lieferten Ortmann, Sydow und Türk (1997) und einen neuen Standard setzt das Werk „Schlüsselwerke der Organisationsforschung" (Kühl 2015). Im Lauf der Zeit hat sich der organisationstheoretische Diskurs diversifiziert, hinsichtlich spezifischer (Sub-) Disziplinen, wie der betriebswirtschaftlichen Organisationslehre, der Organisationspsychologie oder der Organisationssoziologie, aber auch hinsichtlich spezifischer Anwendungsfelder und Organisationstypen. Auch im theoretischen Diskurs unterliegt die Organisation der Temporalität. Es werden Betrachtungen zu Organisationen zu spezifischen Zeiten, auf spezifische Probleme, aus spezifischen Perspektiven angestellt und dies führt naturgemäß zu recht unterschiedlichen Ergebnissen. Es ändern sich aber eben nicht nur die Zeiten, sondern auch wir mit ihnen und das bedeutet, dass die *Organisationstheorie* einerseits durchaus Neuerungen erfahren hat, sich also entwickelt, und dass andererseits historische Ansätze immer wieder interessante Perspektiven liefern, die in einer neuen Zeit veränderte Einsichten liefern. Es lohnt sich also einen historischen Abriss der Entwicklung der Organisationstheorie vorzunehmen, der, notwendiger Weise, spezifische Schwerpunkte setzen muss. Wir wollen dies im zweiten Kapitel entlang verschiedener Paradigmen der Organisationsforschung und ihrer Differenzierung vornehmen.

2.3 Organisation und die entfesselten Wirtschaftskräfte

„Innerhalb der Soziologie kann der Zeitpunkt der Entstehung des Schwerpunkts Organisation grob mit den Daten der amerikanischen Übersetzung von Webers (1946 und 1947) [...] Bürokratieanalysen angegeben werden." (Scott 1986, S. 30) So seltsam diese Aussage anmutet, für die amerikanische Soziologie mag die Feststellung Scotts ihre Berechtigung haben.

Parsons und Henderson gaben Teil 1 von Webers „Wirtschaft und Gesellschaft" unter dem englischen Titel „The Theory of Social and Economic Organization" heraus. Die Herausgeber mögen damit die Sprachgewohnheiten ihrer Zeit getroffen haben, Webers Intention trafen sie indes nicht. Ihm ging es um die Entwicklung des Idealtyps

2.3 · Organisation und die entfesselten Wirtschaftskräfte

der Bürokratie aus dem Idealtyp der rationalen Herrschaft. Hierauf bezieht sich auch sein Organisationsbegriff: „Bei allen Herrschaftsformen ist die Tatsache der Existenz des Verwaltungsstabes und seines kontinuierlichen auf Durchführung und Erzwingung der Ordnungen gerichteten Handelns für die Erhaltung der Fügsamkeit vital. Die Existenz dieses Handelns ist das, was man mit dem Wort „Organisation" meint." (Weber 1980, S. 154) Die Vermischung der englischen Phrase „social and economic organization", die der deutschen „Wirtschafts- und Sozialstruktur" entspricht, mit Webers Idealtyp der Bürokratie führte zur bekannten Kritik am Ansatz Webers und wurde damit zur Initialzündung der amerikanischen Organisationssoziologie.

Für die Entwicklung einer eigenständigen Organisationstheorie in Deutschland trifft sie indes nicht zu. Obwohl Abraham und Büschges (2009) ähnlich zur These Scotts argumentieren, also die Auseinandersetzung mit Webers Idealtyp der Bürokratie nach 1945 als eine der Wurzeln für das Entstehen einer „eigentlichen Organisationssoziologie" sehen und dieses Argument um den Einfluss von Strukturfunktionalismus, Kybernetik und Systemtheorie erweitern, wird hier zu zeigen sein, dass diese Einflüsse inhaltlich in der Organisationssoziologie in Deutschland spätestens seit Ende der 20er-Jahre des 20. Jahrhunderts vorhanden waren.

Theoretische Werke zur Organisation lassen sich im deutschsprachigen Raum bis in die 20er-Jahre des 19. Jahrhunderts zurückverfolgen, und spätestens ab 1913 entstand ein eigenständiger wirtschafts- und sozialwissenschaftlicher *Forschungsschwerpunkt* zur Organisation. Die Diskrepanz zwischen sozioökonomischer Theorie und gesellschaftlicher Realität im Zuge des Aufbrechens der ständisch gebundenen Gesellschaft war zu groß geworden, um sie weiterhin ignorieren zu können – oder wie Briefs es 1918 formulierte: „Schaffende Wirklichkeit und geistige Auseinandersetzung mit dem Gang der Dinge stehen heute vor dem Problem der Organisation der entfesselten Wirtschaftskräfte." (Briefs 1918, S. 3) Während das beginnende 19. Jahrhundert durch die Gewinnung individueller Verfügungsmöglichkeiten in ökonomischen Dingen geprägt gewesen sei, werde das beginnende 20. Jahrhundert durch die neuerliche Bindung individueller ökonomischer Verfügungsfreiheit durch Organisationen gekennzeichnet (ebd.). Mit dieser Analyse stand Briefs nicht alleine, sondern fand sich in Gesellschaft prominenter Philosophen, Ökonomen und Soziologen, die der Organisationswissenschaft zu einer paradigmatischen Stellung im Wissenschaftsbetrieb der ersten Hälfte des 20. Jahrhunderts in Deutschland verhalfen.

Diese Entwicklung zu untersuchen, Bezüge zwischen den Autoren aufzuzeigen, ihre Themen und Methoden darzustellen, ist Gegenstand der nachfolgenden Betrachtungen. Dass dies kein wissenschaftshistorischer Selbstzweck ist, sondern dass auf dieser Grundlage spezifische Entwicklungen in der Organisationstheorie der zweiten Hälfte des 20. Jahrhunderts besser verständlich werden und sich gegebenenfalls Anregungen für die weitere Analyse der Organisationsgesellschaft zu Beginn des 21. Jahrhunderts ergeben, wird das Ergebnis dieses Kapitels sein.

2.3.1 Begriffsgenese und erste theoretische Überlegungen

Die eingangs zitierte Vorstellung Scotts kann als „Common Sense" auch in der deutschen Organisationssoziologie bis heute aufgefasst werden,[1] und erst in den letzten Jahren hat sich ein Interesse für die Formierung des Forschungsfeldes vor 1960 und die Genese des Organisationsbegriffs

---

1 Diese Vorstellung findet sich bei Mayntz (1963), Mayntz & Ziegler (1977), Pfeiffer (1976), Abraham und Büschges (2009). Mayntz (1963) nimmt insofern eine Sonderstellung ein, als sie in diesem ersten Lehrbuch der Organisationssoziologie Briefs, Erdmann, Nicklisch, Plenge, aber auch Klein als Vorläufer der Organisationssoziologie sieht, deren Arbeiten aber nicht weiter behandelt. Türk (1978) sucht die Vorläufer bei den Klassikern Saint-Simon, Comtes, Weber, Tönnies, erwähnt aber auch die Arbeit Kleins. Endruweit (1981) schließlich verweist in diesem Zusammenhang auf die Arbeiten von Mayntz.

gezeigt. Die Vorstellung, dass der Organisationsbegriff und dessen Verwendung in Bezug auf soziale Gebilde auf Herbert Spencer zurückzuführen seien (z. B. Pfeiffer 1976), ist inzwischen gründlich überholt. Insbesondere haben sich Türk (1995), Walter-Busch (1996) und Luhmann (2000) mit der Begriffsgenese auseinandergesetzt. Der Befund erscheint einheitlich: Die Bezeichnung Organisation zur Beschreibung sozialer Strukturen hatte sich im Zuge der Aufklärung im Frankreich des 18. Jahrhunderts herausgebildet und in der Revolution als Begriff für die planvolle Neugestaltung von Herrschaftsstrukturen etabliert. Organisieren hieß eben, „ein Land auf französische Art einrichten", so die Definition aus dem „Wörterbuch der Revolutionssprache" von 1799, zitiert nach Türk (1995, S. 154). Dieser weist auch darauf hin, dass bereits Kant um 1790 in Deutschland den Organisationsbegriff verwendete, um das Verhältnis der Staatsglieder zu der sich herausbildenden Staatsidee zu kennzeichnen (vgl. im Original Kant 1995).

Zu erwähnen ist hier auch Hegels 1807 erschienene „Phänomenologie des Geistes", in der er die zweckhaft-teleologische Gerichtetheit der Vernunft im Organischen ebenso beschreibt wie deren selbstreferenzielle Geschlossenheit (Hegel 1987). Dies erhebt er zum Grundprinzip des Geistes, indem er das Werk mit folgenden Sätzen beendet: „Das Ziel, das absolute Wissen oder der sich als Geist wissende Geist hat zu seinem Wege die Erinnerung der Geister, wie sie an ihnen selbst sind und die Organisation ihres Reiches vollbringen. Ihre Aufbewahrung nach der Seite ihres freien in der Form der Zufälligkeit erscheinenden Daseins ist die Geschichte, nach der Seite ihrer begriffnen Organisation aber die Wissenschaft des erscheinenden Wissens […]" (Hegel 1987, S. 566 f.). Organisation wird damit zum Angebot einer wissenschaftlichen Rahmung der sich verändernden sozialen Verhältnisse.

2.3.2 Die Erfindung der Organisation: 1822 bis 1913

Als ein Ergebnis des Versuches, die europäischen Länder „nach französischer Art einzurichten", war auch in Deutschland die *Staatsidee* auf fruchtbaren Boden gefallen. Die Restauration konnte der Entwicklung zu geschlossenen, rationelleren Ordnungssystemen nur begrenzt begegnen, und um 1820 war Deutschland zwar immer noch von dynastisch begründeten, zerrissenen Herrschaftsgebieten gekennzeichnet, doch ließ sich die Idee des Staates, neben der Idee des ständisch ungebundenen, wirtschaftenden Individuums und seiner prinzipiellen Fähigkeit, sich zu organisieren, nicht mehr aus der Welt schaffen. In dieser zwischen Restauration und Aufbruch schwebenden Situation reiste der königlich-preußische Rat und ehemalige Professor für Statistik und Staatswirtschaft, Wilhelm Butte, von Köln nach Berlin und nahm diese Reise zum Anlass, um über „das organisierende Prinzip im Staate" (Butte 1822) nachzudenken. Motivation seiner Schrift war das organische Verwachsen der Rheinprovinzen mit der Monarchie Preußen. Ausgangspunkt seiner Überlegung war ihm der Staat als organische Einheit in Analogie zum „Natur-Organismus" (Erde, Mensch), als Lebensprinzip, als das Organisierende schlechthin. Der Staat schien ihm gegeben, es ging um die Annäherung der realen Zustände an die Staatsidee – und Staatskunst ist demnach: „Die geschickte Weise, alle innerhalb eines gegebenen Staates zur Erreichung des Staats-Zweckes gegebenen Mittel, den Verhältnissen der Zeit und des Ortes gemäß, also zu nutzen, dass der dadurch erzeugte Zustand desselben ihn der Idee des Staates möglichst nähere." (Butte 1822, S. 9) Eben dies könne man von der Französischen Revolution lernen: das Organisieren. Organisieren heißt also, schöpferisches Genie zu zeigen, und dies sei vom Staatsmann zu fordern, der Geschäftsmann hingegen bedürfe nur des Talents und der Kenntnis. Nur dem Staat sei eben der Dualismus aus Körper und Seele zu eigen, nur hier zeige sich das organisierende Prinzip als Lebensprinzip, die Intelligenz: „Die in veredelnder Willens- und Tat-Kraft dem Staate und seinem Werk zugewandte Einsicht" (Butte 1822, S. 204 f.). Aufgabe der Staatsintelligenz, und damit des organisierenden Prinzips, ist die Verwirklichung der Idee des Staates. Butte will damit Antwort geben auf vier ihm grundlegend erscheinende Fragen: „[…]

1. Was ist das organisierende Prinzip im Staate? […]
2. Was heißt Organisieren im eigentlichen Sinne? […]
3. Was heißt Organisieren im Staate? […]
4. Welches sind die im Staate zu organisierenden Objekte?" (Butte 1822, S. 194 ff.)

Butte will in dieser ersten deutschsprachigen Monografie, die der Theorie der Organisation gewidmet ist, ein spezifisches Problem lösen: das Problem der Legitimation der Staatsidee als neuer Grundlage der preußischen Monarchie. Hierfür bedarf es der Organisation und, um dies rational zu vollziehen, der Intelligenz. Die Kunst des Organisierens gelte es auch als Staatswissenschaft in der Universitätsausbildung zu fördern. Für Butte ist das Organisieren der staatlichen Sphäre vorbehalten, es ist ein Instrument zur Rationalisierung monarchistischer Herrschaft. Sein Organisationsbegriff ist instrumentell; Organisieren bleibt für Butte (1822) noch ganz Tätigkeit. Die Struktur, die Organisation selbst, tritt demgegenüber in den Hintergrund. Mit seinem Werk war Butte durch den Fokus auf die Organisation als Grundlage der modernen Gesellschaft der wissenschaftlichen Diskussion in Deutschland um Jahrzehnte voraus.

In Frankreich erscheint 1819 Saint-Simons „L'organisateur", und Comtes konzipiert 1822 Soziologie als „positive" Organisationswissenschaft (Türk 1978). Bekanntheit in seiner Zeit erlangte Louis Blancs „Organisation du travaille" von 1839, das 1847, 1899 und 1919 in deutschen Übersetzungen verlegt wurde. Gegenstand dieses frühen sozialistischen Werks ist ein Aufruf zur Verstaatlichung bzw. Genossenschaftsbildung im Bankwesen, in Industrie und Landwirtschaft. Der Organisationsbegriff wird streng instrumentell gebraucht: Wie ist Arbeit zu organisieren, um das Elend des Proletariats zu lindern und zuletzt das Proletariat selbst abzuschaffen? (Blanc 1899). Auch bei den frühen Soziologen im 19. Jahrhundert hatte sich der Gedanke des instrumentellen, auf Zweck gerichteten Verhältnisses zwischen den Teilen und dem Ganzen sozialer Gebilde, also die Übertragung der Idee des Organismus auf das Soziale, durchgesetzt, so z. B. 1887 bei Tönnies, 1901 bei Hörmann[2] oder 1908 bei Simmel. Auch hatten sich im außerwissenschaftlichen Bereich Organisationsleitfäden verbreitet, und bereits vor 1900 gab es eine „Zeitschrift für Organisation", zu der Türk (1995, S. 46) feststellt, wie […] unverblümt einerseits organisationale Ordnung mit despotischer Herrschaft gleichgesetzt wird und wie naiv andererseits die scheinrationale Funktionalität von Hierarchie in einem reine Sachrationalität suggerierenden Organigramm zur Schau gestellt wird […]", doch blieb Organisation, wie im letzteren Fall, entweder Durchsetzungsmittel kapitalistischer Herrschaftsausübung oder, wie bei Tönnies und Simmel, eine kategoriale Kennzeichnung zur Beschreibung sozialer Beziehungen neben anderen.

Demgegenüber ist das nächste Werk, das durchgehend von einer organisationalen Perspektive aus argumentierend in Deutschland erschien und einen gewissen Bekanntheitsgrad erlangte, wiederum ganz staatstheoretisch geprägt. Es ist die Schrift „Die Organisation der Welt" des Marburger Rechtsprofessors Walter Schücking (1909; vgl. auch Türk 1995).[3] Programm der Arbeit ist die Schaffung eines Weltstaatenbundes zur Förderung des Weltfriedens. Schücking verwendet einen institutionellen Organisationsbegriff, der auf das zu schaffende übernationale Staatsgebilde

---

2 Allerdings blieb Hörmanns „Die Organisation der Gesellschaft in Vergangenheit und Gegenwart: Eine Darlegung der sozialen Organisationsfragen", das er unter dem Pseudonym Norikus (1901) veröffentlichte, weitgehend unbeachtet.

3 Am 7. September 1910 hält Wilhelm Ostwald einen gleichlautenden Vortrag im Bernoullianum in Basel (Ostwald 1910), der im selben Jahr als Denkschrift veröffentlicht wird.

abzielt. Der Gang der Untersuchung ist der historischen Entwicklung der Idee des Kosmopolitischen gewidmet, wobei Schücking den Weltstaatsgedanken von der Antike bis zum Beginn der 20. Jahrhunderts rekonstruiert. Die Idee der Organisation erscheint ihm dabei ganz selbstverständlich (ebenso wie die Idee des Staats), weder hinterfragt er den Begriff noch definiert er ihn, Organisation ist bei ihm ganz einfach die anzustrebende Institution des Weltstaates. Schückings Arbeit ist nicht eigentlich eine organisationstheoretische, sondern vielmehr der Versuch einer historischen Begründung der Richtigkeit eines Weltstaates. Trotzdem erscheint sie hier von Bedeutung, denn zum einen dokumentiert sie die Selbstverständlichkeit der Begriffsverwendung (ohne diese weiter zu hinterfragen),[4] zum anderen aber zeigt sie die Dominanz der Staatstheorie in der wissenschaftlichen Auseinandersetzung mit der Organisation bis zum Anfang des 20. Jahrhunderts.

2.3.3 Das erste Paradigma: Gemeinschaft und Gemeinwirtschaft

Obwohl sich bis zum Beginn des 20. Jahrhunderts der Begriff der Organisation als soziale, politische und auch privatwirtschaftliche Kategorie in den Sozialwissenschaften in Deutschland etablieren konnte und damit dem realen Phänomen sozialer Differenzierung ebenso Rechnung trug wie der Rationalisierung von Herrschaft, kann man von Organisationswissenschaft im eigentlichen Sinn noch nicht sprechen. Die Werke Buttes und Schückings erscheinen als Monographien, die zu politischem Handeln auffordern und den Organisationsbegriff letztlich instrumentell, zur Durchsetzung ihrer politischen Ziele verwenden. Im privatwirtschaftlich-industriellen Bereich hatte sich (wie schon durch die „Zeitschrift für Organisation" um 1900 angedeutet) Organisation als ein Schwerpunkt der Rationalisierungsbemühungen herausgebildet, und dies führte zu einer (bis heute ungebrochen anhaltenden) Flut von Organisationslehren. So z. B. Calmes (1906): „Der Fabrikbetrieb: die Buchhaltung, die Selbstkostenberechnung und die Organisation industrieller Betriebe", das bereits 1919 die fünfte Auflage erreichte, oder Woldt (1911): „Der industrielle Großbetrieb: eine Einführung in die Organisation moderner Fabrikbetriebe". Für den privat-, bzw. betriebswirtschaftlichen Bereich sind im 20. Jahrhundert für jedes Jahrzehnt Organisationslehren dieser Art nachweisbar (Elbe 2002). Organisation wurde zum Verkaufsschlager: Richard Hiermanns „Die Organisation eines Fabrikkontores" von 1909 verkaufte sich über 25.000-mal (o. V. 2002). Doch waren diese Organisationslehren ebenso wie die zu Dutzenden erscheinenden Spezialmonografien zu allem, was irgendwie organisierbar erschien. In den Jahren zwischen 1900 und 1920 erschienen Arbeiten zur Organisation der Jugendfürsorge, der deutschen Schutzgebiete, der Reklame, der Kirche, der katholischen Arbeiterinnen, der Gewerkschaften, der Denkmalpflege, der Aktiengesellschaften, der Post usw. Als ein Schwerpunkt lässt sich dabei die Organisation der Arbeiterbewegung und des Kapitals (insbesondere der Kartelle) ausmachen. Doch sind dieser Arbeiten eben entweder dem jeweils speziellen Problem gewidmet (und machten damit keine Aussagen zu dem Phänomen der Organisation per se) oder als Handbücher „richtigen Organisierens" verfasst. Die Betonung der Modernität wie auch der Instrumentalität von Organisation gilt insbesondere für die Organisationsansätze der politischen Parteien.

Die Organisationsidee hatte auch auf die Parteien sowohl programmatischen Einfluss (vgl. z. B. Lenins Schrift „Der Imperialismus als höchstes Stadium des Kapitalismus", deren deutsche Übersetzung 1920 erschien und in der er u. a. auf Arbeiten von Vogelstein 1910 und Kestner 1912 zurückgriff) wie auch für die Organisation der Parteien selbst begründenden Charakter (vgl. z. B. Lenins Schrift „Was tun?" – Original und deutsche Übersetzung 1902).

---

4 Schücking (1909) bezieht sich in seinen Literaturangaben weder auf Butte (1822) noch auf Saint-Simon (1819) oder andere Wissenschaftler, die sich eingehender mit dem Organisationsbegriff auseinandergesetzt hatten.

2.3 · Organisation und die entfesselten Wirtschaftskräfte

Aber auch im Wirtschaftsleben wurde die Instrumentalität zunehmend als wichtiges Gestaltungskriterium der individuellen Arbeitsbedingungen gesehen, so in den Vorarbeiten zur späteren Arbeits- und Organisationspsychologie insbesondere durch Hugo Münsterbergs Psychotechnik. (Münsterberg 1912, 1914) vertritt dabei einen instrumentellen Ansatz, bezieht diesen aber primär auf das Individuum – die Organisation als soziales Gebilde kommt bei ihm nicht vor. Organisation hat somit einen instrumentellen Charakter und dient der Interessendurchsetzung und Rationalisierung. Auch in der frühen Soziologie in Deutschland wurde der Organisationsbegriff aufgegriffen, aber nicht in das Zentrum der Entwicklung der modernen Gesellschaft gestellt. Dies änderte sich kurz vor dem ersten Weltkrieg

- 1913 erschienen Kleins „Organisationswesen der Gegenwart" sowie Laufenbergs und Wollfheims „Demokratie und Organisation: Grundlinien proletarischer Politik" und die Übersetzung von Taylors „Grundsätze wissenschaftlicher Betriebsführung";
- 1914 Strieders „Studien zur Geschichte kapitalistischer Organisationsformen" sowie Eichhorns „Die wirtschaftliche und politische Organisation der Volkswirtschaft" und Lederers „Die Organisation der Wirtschaft durch den Staat im Kriege";
- 1916 Jaekels „Die natürlichen Grundlagen staatlicher Organisation";
- 1917 von der Pfordtens „Organisation: Ihr Wesen und ihre politische Bedeutung" sowie Dyes" „Die Kriegsfolgezeit und deren wirtschaftliche Organisation" und TerMeulens „Der Gedanke der internationalen Organisation in seiner Entwicklung";
- 1918 Plenges „Vorlesungen über die allgemeine Organisationslehre" und Briefs „Über das Organisationsproblem";
- 1920 Nicklischs „Der Weg aufwärts! Organisation";
- 1921 Erdmanns „Grundlagen einer Organisationslehre" sowie in diesem und im nächsten Jahr Webers „Wirtschaft und Gesellschaft";
- 1926 die Übersetzung von Bogdanows „Allgemeine Organisationslehre: Tektologie";
- 1927 Diltheys „Aufbau der geschichtlichen Welt in den Geisteswissenschaften" und
- 1929 die Übersetzung von Fayols „Allgemeine und industrielle Verwaltung".

Diese Auflistung zeigt einen eindeutigen Schwerpunkt in den Jahren 1913 bis 1921 und danach nur noch wenige Werke, die aber auch in den Jahren vor 1920 entstanden waren. In der Zeit um den Ersten Weltkrieg findet sich damit der Aufbruch in einen neuen, interdisziplinär-geisteswissenschaftlichen Schwerpunkt in Deutschland – und das Thema war erfolgreich. Es kann hier wohl von einem *ersten organisationswissenschaftlichen Paradigma*[5] gesprochen werden, da:

1. ein enger zeitlicher Zusammenhang zwischen den Autoren besteht;
2. ein gemeinsames Begriffsverständnis zur Organisation angenommen und dieses aus historischer, soziologischer, politischer, ökonomischer und psychologischer Sicht diskutiert wird;
3. sich ein methodologischer Schwerpunkt im historischen Verstehen findet;
4. die deutschsprachigen Autoren vielfach aufeinander (wie auch auf Autoren anderer Länder) verweisen;
5. sich als Schwerpunktthema das Verhältnis zwischen Gemeinschaft und Gemeinwirtschaft herausbildet.

Viele der oben aufgelisteten Autoren sind heute kaum mehr bekannt und finden in der Organisationsforschung keine Beachtung. Es würde aber den Rahmen sprengen, alle Autoren in ihrem

---

5 Zum Konzept des wissenschaftlichen Paradigmas vgl. Kuhn (1999).

Wirken und Denken en détail zu besprechen, deshalb werden im nächsten Abschnitt die Hauptentwicklungslinien des ersten organisationstheoretischen Paradigmas dargestellt.

2.4 Rationalisierung und Legitimation

Die ab 1913 erschienenen theoretischen Analysen des Organisationsphänomens standen in einem Spannungsfeld, das sich schon bei Butte 1822 abgezeichnet hatte. Ähnlich der Staatsidee dient die (inzwischen recht etablierte) Idee der Organisation zum einen der Rationalisierung der Gesellschaft, also der Umstrukturierung von alltäglicher und staatlicher Herrschaft, zum anderen aber ist sie an die Legitimationsfunktion solcher Herrschaft gebunden. Diese Legitimationsfunktion fand im 19. Jahrhundert (nicht nur in Deutschland) insbesondere in der historischen Begründung der Nationalstaatsidee ihre Erfüllung. Eine Entsprechung findet dies in organisationstheoretischen Ansätzen mit historischer Ableitung des Organisationsprinzips, wie sie sich auch schon bei Schücking 1909 gefunden hatte. Vollständig der historischen Entwicklung wendet sich 1914 Strieder (1971) zu. Untersucht wird die historische Entwicklung der kapitalistischen Organisationsformen, wobei die Hauptlinie von der Entwicklung im Bergbau des ausgehenden Mittelalters (Genossenschaft → Verlagswesen → kaufmännische Gewerkschaft) über die Entstehung von Kartellen und Monopolen und die Entwicklung von Familienunternehmen zu offenen Handelsgesellschaften bis zur Entstehung von Aktiengesellschaften gezeichnet wird. Strieder (1971) wird zu Beginn des 20. Jahrhunderts damit vom Vorläufer Chandlers (1973), wobei er aber einen instrumentellen Organisationsbegriff verwendet: Er fragt nach den Strukturen historischer sozioökonomischer Gebilde

Dies zeigt sich auch in dem 1913 erschienenen Werk des ehemaligen österreichischen Justizministers Franz Klein. Er führt aus, dass es ein organisierendes Prinzip schon seit der Antike gegeben habe, Organisation als soziales Gebilde aber ein neues Phänomen sei. Im Zuge eines 45-seitigen historischen Abrisses untersucht Klein (1913) verschiedene Organisationsarten (Genossenschaften, Zünfte, Gilden, Gesellenverbände, Bauhütten, Erwerbsgesellschaften, Vereine, Parteien), um sich dann den Entstehungsbedingungen der Organisation (aus Familiengemeinschaft, Rationalisierung und Staat) sowie den Motiven des Organisierens (Kraftsteigerung, Arbeitsteilung, Konkurrenzfähigkeit, Gewinnstreben, Kooperation in der Masse) zu widmen. Klein analysiert Verfassung, Mittel und Politik der Organisation und wendet sich dann deren Wirkung auf die Persönlichkeit und die Gesellschaft sowie dem Verhältnis zur Rechtsordnung zu. Klein (1913) verwendet einen institutionellen Organisationsbegriff: Organisationen sind zweckorientierte, soziale Gebilde. Ziel der Arbeit ist eine soziologische Beschreibung des Organisationswesens, von der Türk (2000, S. 161) sagt: „[…] [Es] zeichnet sich durch eine Perspektivenvielfalt aus, die in der nachfolgenden Zeit in der Organisationstheorie selten mehr erreicht worden ist." Klein verweist dabei vielfach auf andere Soziologen seiner Zeit (insbesondere Tönnies und Schmoller, aber auch Simmel und Sombart) und begründet die Entstehung der Organisation insbesondere aus der „[…] positiven Gemeinschaft des staatlichen Lebens […]" (Klein 1913, S. 79). Organisations- und Staatsidee erscheinen als die treibenden Kräfte in der Rationalisierung und Legitimation der sich wandelnden Gesellschaft.

Während Laufenberg und Wolffheim (1913) sowie TerMeulen (1917) die organisationale Analyse (ähnlich zur Arbeit Schückings) ins Politische und Überstaatliche wendeten, die Organisationsidee also über die Staatsidee stellten, wurde der *Erste Weltkrieg* für viele Autoren zum einschneidenden Erlebnis und führte das Organisationsproblem der damaligen Zeit in seiner Extremform vor Augen. Dies trifft z. B. auf Lederer 1914 und Dyes 1917 zu, die den Zusammenhang zwischen Krieg und wirtschaftlicher Organisation untersuchten, aber auch auf die nächste Arbeit, die im Zuge des sich entwickelnden Organisationsparadigmas verstärkt Aufmerksamkeit fand: ein Werk des Straßburger Philosophieprofessors Otto von der Pfordten von 1917, das dieser „Unserem herrlichen Heere, einer vorbildlichen Organisation, im dritten Kriegsjahr" (Pfordten 1917, S. 3) widmete und in seiner Analyse auch vom Kriegserfolg ausging. Ziel seiner Arbeit ist die Ergründung des Geheimnisses der Organisation. Untersucht werden dabei die philosophischen Grundlagen des Phänomens (insbesondere Moral, Ethik und Werte) sowie Organisation als zeitgemäße Grundlage von Herrschaft und Führung. Wichtige Aspekte sind Zweckgebundenheit und Freiheit des Einzelnen in organisationaler Gebundenheit, was eben Willkür ausschließt. „Organisieren heißt eine Mehrzahl verschiedenartiger Menschen aus einer bloßen Summe in eine lebendige zweckvolle Gemeinschaft verwandeln." (Pfordten 1917, S. 11) Auch von der Pfordten thematisiert den Zusammenhang zwischen Organisation, Historismus und Rationalisierung, um sich dann einer organisationalen Führungslehre zuzuwenden, die auf der Aristagie (der Herrschaft der Kulturträger) fußt. Mit seinem institutionellen Organisationsbegriff versucht von der Pfordten letztlich, eine Ethik als Grundlage einer Philosophie der Organisation zu schaffen, wobei er die Arbeit von Klein 1913 als „wertvolle Ergänzung" (Pfordten 1917, S. 109) zu seinen eigenen Ausführungen sieht.

Bereits 1913 war auch die deutsche Übersetzung von Taylors „Principles of Scientific Management" erschienen, das in Deutschland für die praktische Organisationstätigkeit in den Unternehmen einen ähnlichen Stellenwert erhielt wie in den USA (Türk, Lemke und Bruch 2002). Rationalisierung wurde durch die neuen, arbeitswissenschaftlichen Methoden zur handhabbaren Technik der alltäglichen Gestaltung von Arbeit in den Betrieben, wobei die humanistischen Anteile und die Betrachtungen zur Verteilungsgerechtigkeit, die Taylor in seinem Werk ebenso anstellt, nicht weiter beachtet wurden. Die wissenschaftliche Betriebsführung ergänzte sich mit den frühen psychologischen Ansätzen (z. B. Münsterbergs 1912, 1914). Die ab den 1920er-Jahren in den USA entstandene Human-Relations-Bewegung wurde in der Breite erst nach dem Zweiten Weltkrieg rezipiert. In Deutschland prägte in jener Zeit das Deutsche Institut für Technische Arbeitsgestaltung (DINTA) die psychologische Perspektive auf den arbeitenden Menschen (Türk, Lemke und Bruch 2002). Ziel war die Integration des Betriebsmenschen in die Betriebsgemeinschaft, dabei hatte der Einzelne sich der Rationalisierung unterzuordnen.

Schon in diesen ersten Analysen deutete sich die Gefahr einer Überbetonung des organisationalen Rationalitätsprinzips an: Die einmal historisch legitimierte Rationalität der Organisation wurde im Ersten Weltkrieg zum Selbstzweck, der man, wie z. B. bei Schücking (1909) oder TerMeulen (1917), dadurch entkommen kann, dass man die Organisationsidee über die Staatsidee stellt oder aber indem man ein zweites, wertrationales Prinzip hinzuzieht und der Zweckorientierung ein willkürhemmendes Postulat als Korrektiv zur Seite stellt. Letzteren Weg gingen die Autoren, die der Organisationstheorie in Deutschland nach dem Ersten Weltkrieg am stärksten befördern sollten.

2.4.1 Organisation und Gemeinwirtschaft

Der Soziologe und Ökonom Briefs untersuchte 1918 die Prinzipien der Organisation und deren Grenzen, insbesondere vor dem Hintergrund des verlorenen Krieges. Für Briefs war „Organisation […] die einheitlich zusammengefasste Willensverbindung von Menschen zur Verwirklichung bestimmter leitender Zwecke durch Anwendung der als zweckadäquat erachteten Mittel." (Briefs 1918, S. 6 f.) Er verwendete somit einen institutionellen Organisationsbegriff. Ziel seiner Arbeit war die Warnung vor blanker Zweckorientierung nach dem verlorenen Krieg. Voraussetzungen für die Organisationsfähigkeit finden sich im Gesamtethos eines Volkes (und damit: seiner Organisationsfähigkeit), den Führungsqualitäten und den Qualitäten der Organisationsglieder (zwischen Freiheit und Gebundenheit). Er konstatiert dabei, dass Staaten mit großen Freiheitsrechten eine geringere Organisationsfähigkeit der Individuen haben bei erhöhter Führungsfähigkeit Einzelner. Briefs (1918) sieht die Gefahr der Pathologien von Organisationen insbesondere bei Zwangsorganisationen. Als Ursache hierfür erkennt er sinnlose Zwecke oder die Veränderung von Zwecken im Zeitablauf. Dies gilt insbesondere für die Überforderung des Organisationsgedankens im Ersten Weltkrieg, was er als „Organisationspsychose" bezeichnet (Briefs 1918, S. 15). Trotzdem bestand für Briefs die Herausforderung seiner Zeit in der „[...] Überwindung eines grundsätzlich individualistischen Wirtschaftslebens [...]" (Briefs 1918, S. 4). Hierfür bedürfe es in der Organisationsgesellschaft eines Korrektivs, das sich in den gemeinschaftlichen Zwecken finde. Er endet mit der Forderung: „Organisation an sich ist leer, wenn sittlich-seelische und physische Kräfte sie nicht ausfüllen; befreien wir uns von dem gleißenden Zauber des Irrwahns, als ob allen Zwecken Gewähr gegeben sei, wenn man ihre Verwirklichung „organisiert" hat." (Briefs 1918, S. 15) Für Briefs war der Krieg somit zum Scheidepunkt der neuen Organisationswissenschaft geworden. Der blanke Glaube an ihre Rationalität war entlarvt, und doch bedurfte man ihrer zur Bändigung eines überhandnehmenden (insbesondere wirtschaftlichen) Individualismus. Hier zeigt sich die Temporalität der Organisation deutlich: Die Organisationsgesellschaft hatte ihre Unschuld verloren, zur Bändigung pathologischer Zweckorientierung suchte Briefs (1918) nun die sittlich-seelischen Kräfte in der Gemeinschaft. Organisation und Gemeinschaft, Freiheit und Gebundenheit erscheinen somit als die zentralen Mittel zur Überwindung der sozialen, wirtschaftlichen und staatlichen Krise kurz nach dem Ersten Weltkrieg.

Dies sollten Plenge (1965; erstmalig 1918) und Nicklisch (1920) noch weiter ausführen und somit ein gemeinwirtschaftliches Paradigma (Hundt 1982) in der Organisationstheorie begründen. Hintergrund jeder Beschäftigung mit Gemeinschaft in Bezug auf das Organisationsphänomen musste eine Auseinandersetzung mit dem Ansatz von Tönnies (1979) sein. Tönnies selbst äußerte sich 1934 zum Verhältnis zwischen Gemeinwirtschaft und Gemeinschaft (Tönnies 1998) und korrespondierte hierüber wie auch über den Zusammenhang zur Organisation mit Johann Plenge (Bickel 1991). Plenge entwarf 1918 Organisationswissenschaft als Einheitswissenschaft,[6] insbesondere aber als allgemeine Gesellschaftslehre. Er ordnete der Organisation zwei soziale Funktionen zu: die der Sozialisation des Individuums und die des Schaffens neuer Netzwerke im Zuge der Herauslösung des Individuums aus seinen traditionellen Bindungen. „Überall wo eine Gesellschaftsschicht so durch das Zusammenströmen vieler aus ihren alten Verbindungen gelösten Einzelner entsteht, entfaltet sich ein besonders reiches und in sich bewegtes Leben neuer Organisationen und Verbindungen." (Plenge 1965, S. 71) Plenge erkannte sehr wohl das Problem der Individualisierung in seiner Zeit wie auch das damit einhergehende Phänomen einer Veränderung handlungsleitender Institutionen und versuchte dies durch organisationale Rahmungen zu fassen. Die Grundprinzipien der Organisation sind bei Plenge Vereinheitlichung (Zentralisierung und Standardisierung) und Eingliederung (Konzentration und Arbeitsteilung). Organisation (als Wesung) und Konjunktur (als Chaos) sind ihm dabei die grundlegenden Antipoden. (Plenge 1965), womit eine „Grundangst" von Organisationen thematisiert wird: Dass die Konjunktur des Marktes ihre Temporalität realisiert, ihre Stabilität auflöst und damit ihre Legitimität in Frage stellt. ◘ Abb. 2.1 zeigt dies schematisch (in Anlehnung an Elbe 2002).

Für Plenge ist Organisation „[b]ewusste Lebenseinheit aus bewussten Teilen." (Plenge 1965, S. 65) Er verwendet also einen institutionellen Organisationsbegriff, mit dem er die moderne Gesellschaft seiner Zeit als Organisationsgesellschaft zu fassen suchte. Ziel seiner Arbeit ist die Durchsetzung von Organisation als Gemeinschaftsgedanken zum Aufbau Deutschlands nach dem verlorenen Krieg. Um dies zu fördern, betrieb Plenge ab 1920 ein eigenes Institut an der Universität Münster, ab 1925 als „Forschungsinstitut für Organisationslehre und allgemeine und

---

6 Als Vorläufer einer einheitlichen organisationswissenschaftlichen Abhandlung nennt er die Arbeiten Kleins von 1913 und von der Pfordtens von 1917 (Plenge 1965).

2.4 · Rationalisierung und Legitimation

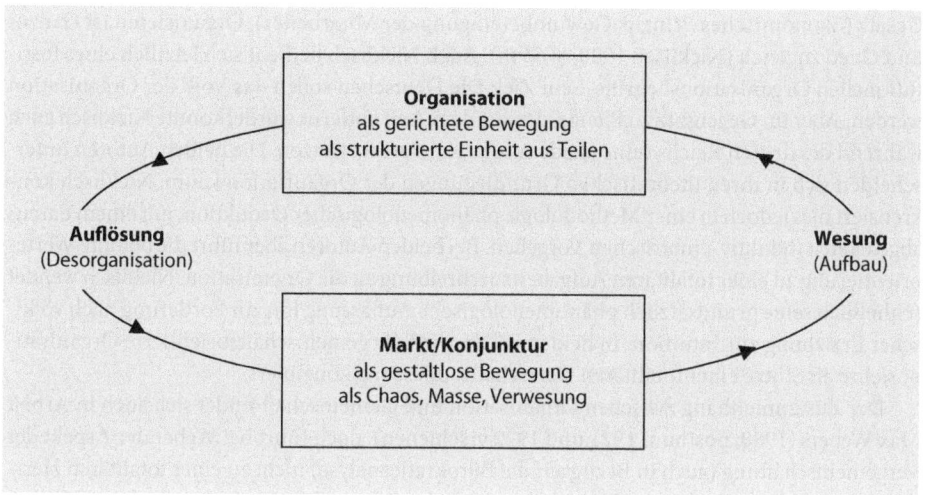

◘ Abb. 2.1 Organisation und Konjunktur

vergleichende Soziologie an der Universität Münster" (Stölting 1986, S. 129 ff.), und erlangt damit Einfluss auch deutlich über die Wissenschaft hinaus.

> „Jedenfalls promovierte Curt Schumacher, der spätere SPD-Vorsitzende bei ihm mit einer Arbeit über den „Kampf um den Staatsgedanken in der deutschen Sozialdemokratie", die nach 1945 auf Intervention der Parteispitze nicht mehr gedruckt werden durfte. Die Gründe dafür kann man nur ahnen; denn 1923 kam auch Josef Göbbels zu Plenge, um sich hier Rat und Anregung für die Organisation und Ideologie seiner Partei, der NSDAP zu holen." (Hundt 1982, S. 153)

In diesem Bemühen, die Organisationswissenschaft in Deutschland zu etablieren, stieß Plenge auf einen Konkurrenten: Heinrich Nicklisch (vgl. hierzu Bode 1965 sowie Hundt 1982). „Plenge und Nicklisch stehen sich in der Gemeinwirtschaftlichen Konzeption, wie auch in ihrer Auffassung vom Sozialen sehr nahe, doch werden sie im Konkurrenzkampf um die Urheberschaft der Organisationslehre zu erbitterten Gegnern. Nicklischs Position hierbei lässt sich in erster Linie als normativ kennzeichnen, seine intuitive Methodologie ist letztlich eine Form der Phänomenologie und verbindet empirisch-induktive mit deduktiv-nomologischen Elementen. Die Grundlegung der gemeinwirtschaftlichen Ansichten Nicklischs findet sich in seiner Organisationsschrift von 1920." (Elbe 2002, S. 170 f.)

Heinrich Nicklischs Werk „Der Weg aufwärts!" von 1920 startet „[…] die von ihm selbst begründete und herausgegebene Reihe „Die Bücher: Organisation". In 24 Bänden wird der Themenkomplex der Organisation von unterschiedlichen Ansätzen aus behandelt. Der […] Band „Der Ausgleich in den Kartellen" von Erich Hofmann ist eine aktuelle Ergänzung des Titels „Der Kartellbetrieb" von Nicklisch selbst und beschließt die Reihe nach 21 Jahren." (o. V. 2002) In „Der Weg aufwärts!" nimmt Nicklisch (1920) die idealistisch-philosophische Herleitung der Organisation aus dem Verhältnis des Menschen zur Natur (Materie zwischen Werden und Vergehen) vor und legt zugleich eine psychologische Fundierung (Bewusstsein, Emotion, Zwecke, Freiheit). Schlimmste Entartung des Menschseins ist demnach der Egoismus. In der gemeinwirtschaftlich verfassten Organisation kann der Mensch gemäß seinem Gewissen (Moral) leben. Drei Gesetze bestimmen die Organisation: Gesetz der Freiheit (Zwecke in der Gemeinschaft), Gesetz der Einigung und Gliederung (Rechte und Pflichten, Mitbestimmung), ökonomisches

Gesetz (ökonomisches Prinzip, Gewinnbeteiligung der Mitarbeiter). Organisieren ist Ganzes und Glied zugleich (Nicklisch 1920, S. 66 ff.). Auch Nicklisch bedient sich letztlich eines institutionellen Organisationsbegriffs. Sein Ziel: Die Deutschen sollen das Volk der Organisation werden. Aber im Gegensatz zu Plenge, der aus dem Amt entfernt wurde, konnte Nicklisch auch während des dritten Reichs seine akademische Karriere fortsetzen. Die beiden Autoren unterscheiden sich in ihren theoretischen Grundlegungen der Organisation kaum, Nicklisch konkretisiert dies jedoch in einer Methodologie phänomenologischer Deduktion, mit einem daraus abgeleiteten induktiv-empirischen Vorgehen. Bei beiden Autoren aber führt die betonte Werteorientierung zu einer totalitären Aufgabenzuschreibung an die Organisation. Nicklisch wendet schließlich seine grundsätzlich phänomenologische Auffassung hin zur Forderung nach völkischer Erziehung zur Intuition. In beiden Fällen wird die gemeinschaftsorientierte Organisationslehre als Stütze einer totalitären Herrschaftsauffassung konzipiert.

Der Zusammenhang zwischen Organisation und Gemeinschaft findet sich auch in Arbeit Max Webers (1980; posthum 1921 und 1922 erschienen), doch führt bei Weber der Aspekt der Vergemeinschaftung (auch in Bezug auf die Bürokratieanalyse) nicht zu einer totalitären Herrschaftskonzeption. Auch beim Philosophen Wilhelm Dilthey (1927), der wie auch Max Weber einen verstehenden Zugang zur Erklärung der sozialen Welt suchte, steht die Gemeinschaft in Form des Gemeingeists, einer einheitlichen Lebensform im Zentrum seiner Skizze zur Bedeutung von Organisation. Im Rahmen seiner Betrachtungen zum „Aufbau der geschichtlichen Welt in den Geisteswissenschaften" (1927) plante er, dies als eigenes Kapitel auszuführen, doch blieb der nachfolgende Ansatz eine Skizze.

» „Die Hermeneutik der systematischen Organisation.

Auch von Organisationen ist, wie von Einzelwerken, eine kunstmäßige strenge Auslegung nötig. Um eine solche handelt es sich, nicht um eine Erklärung der Organisationen aus ihren Anfängen, eine Zurückführung auf die hervorbringenden Ursachen. Der Kampf der Schulen geht um rationale oder psychologische oder historische Erklärung. Was davon möglich ist, setzt die Hermeneutik der einzelnen Organisationen und die Vergleichung der verwandten voraus. Aber es bleibt eine transzendente Frage. Hermeneutik ist hier möglich, weil zwischen Volk und Staat, Gläubigen und Kirche, wissenschaftlichem Leben und Universität eine Beziehung stattfindet, nach welcher ein Gemeingeist, eine einheitliche Lebensform einen Strukturzusammenhang finden, in dem sie sich ausdrücken. Es besteht hier ein Verhältnis der Teile zum Ganzen, in welchem die Teile vom Ganzen Bedeutung und das Ganze von den Teilen Sinn erhalten, und diese Kategorien der Auslegung haben ihr Korrelat in dem Strukturzusammenhang der Organisation, nach welcher diese teleologisch einen Zweck verwirklicht. Worin liegt nun aber das Spezifische in der Struktur der Organisationen und den Kategorien ihres Verständnisses? Das bloße Dasein von Organisation als solcher hat keinen Wert. Dem Zweck entspricht im Strukturzusammenhang die Leistung, die Funktion usw." (Dilthey 1927, S. 265)

Vor dem Hintergrund der gemeinwirtschaftlichen Auffassung ist noch die Arbeit Franz Eulenburgs, „Das Geheimnis der Organisation", zu erwähnen (Eulenburg 1952). Der Nationalökonom und Soziologe Eulenburg wurde 1933 von den Nationalsozialisten aus dem Lehramt gedrängt und durfte seitdem in Deutschland auch nicht mehr veröffentlichen. Er starb 1943 in einem Berliner Gefängnis. Seine letzte Arbeit widmete er der Organisation. Eulenburg erwähnt die Arbeit Plenges, ignoriert aber seinen ehemaligen Berliner Kollegen Nicklisch. Eulenburg (1952) geht von einer idealistischen Organisationsauffassung aus. Ganz in der Tradition Plenges definiert er Organisation als „[…] zusammenfassende Ordnung getrennter Glieder zu einer neuen Einheit" und kommt –

wie Nicklisch über 20 Jahre vor ihm – zu dem Ergebnis: „Organisation ist Geist vom ordnenden Geiste des Menschen." (Eulenburg 1952, S. 84) Eulenburgs Organisationslehre ist zutiefst teleologisch-soziologisch angelegt. Ausgehend vom Wesen der Organisation untersuchte er die sachlichen und persönlichen Voraussetzungen für das Entstehen von Organisationen und insgesamt der Organisationsgesellschaft. Hier ist die Arbeit als historisch-wirtschaftssoziologische Analyse angelegt. Anschließend beschreibt er „Zwecke und Folgen der Organisation" (Eulenburg 1952, S. 61 ff.)[7], um schließlich Pathologien der Organisation und das Unorganisierbare zu behandeln. Für Eulenburg ist Gemeinwirtschaftlichkeit nur eines von acht antithetischen Organisationsprinzipien. Dies steht einerseits der Privatwirtschaft entgegen und ist andererseits im Kontext mit der Zurückdrängung des Persönlichen durch die Organisationsgesellschaft zu sehen (Elbe 2002). Eulenburg muss damit die gemeinwirtschaftlichen Tendenzen seiner Zeit anerkennen, steht diesen aber aufgrund seiner anti-totalitären Haltung kritisch gegenüber. Eulenburg (1952) steht damit in einer frühen Phase der Entwicklung der Organisationstheorie für die Multiperspektivität die sich in der Temporalität der Organisation ausdrückt. Die Perspektive der Gemeinschaft ist eine mögliche, aber sie ist in Hinblick auf die Konzeption von Hierarchie und Herrschaft nicht zwingend. Es sind sowohl theoretisch, wie auch hinsichtlich der konkreten Gestaltung von Organisationen bewusste Wertsetzungen, die dazu führen, dass ausgewählten organisationalen Phänomenen besondere Aufmerksamkeit geschenkt wird und dies dann eben die Perspektive bestimmt.

Eulenburg steht damit am Ende einer Entwicklung, die das erste Paradigma der Organisationsforschung in Deutschland bis zum Ende des Zweiten Weltkriegs prägt. Obwohl sein Werk erst 1952 posthum veröffentlicht wurde, steht es doch ganz im Zeichen der Ära, in der es verfasst wurde und die, durch die Kriegserfahrung des Ersten Weltkrieges (mit seiner technokratisch-rationalisierenden Organisationsgläubigkeit) geprägt, nach einem wertevermittelnden Korrektiv in Form eines in der Organisation eingeschlossenen Gemeinschaftsgedankens suchte. Aufgrund der Verflechtung des gemeinwirtschaftlichen Paradigmas der Organisationstheorie mit dem Nationalsozialismus (welche, wenn man sich die Autoren, ihre inhaltlichen Positionen und ihre Schicksale im „Dritten Reich" ansieht, keine zwangsläufige war) konnte diese Strömung für die Entwicklung der Organisationsforschung nach dem Zweiten Weltkrieg in Deutschland kaum einen Ausgangspunkt liefern – hier wurde die Notwendigkeit eines Neuanfangs empfunden.

2.4.2 Organisation als Superwissenschaft

Über das Rationalitätsprinzip der Organisation und dessen Gefahren – bis hin zur von Briefs (1918) konstatierten Organisationspsychose – hinaus schien die Organisationswissenschaft für einige Autoren der Zeit zwischen den beiden Weltkriegen das Versprechen in sich zu bergen, auf alle Probleme der wirtschaftlichen, technischen, sozialen und psychischen Entwicklung eine Antwort geben zu können.

Bereits bei Plenge (1965) ist Organisation weit mehr als nur ein soziales Gebilde und ein wirtschaftlicher Abstimmungsmechanismus. Der Organisationsgedanke verändert die Grundlagen der Erkenntnismöglichkeiten: „Und für die Erkenntnistheorie macht man sich am besten klar,

---

7 Interessant wäre es in diesem Zusammenhang, zu untersuchen, inwieweit Luhmann (1964) in seinem Buch „Funktion und Folgen formaler Organisation" von Eulenburg inhaltlich beeinflusst wurde. In Luhmanns Abhandlung wird Eulenburg zwar nur einmal erwähnt (Luhmann 1964, S. 12), Luhmann hat sich aber auch noch später mit Eulenburg auseinandergesetzt (z. B. Luhmann 1991, S. 55 sowie 62). Insbesondere der Zusammenhang zwischen Zweckbegriff und dessen Folgen für die Organisation wurde schon von Eulenburg (1952) behandelt.

dass es vom Standpunkt der Organisationslehre nicht mehr heißt: Kritik der reinen Vernunft, sondern Kritik der Vernunft im gemeintätigen Erfahrungsaufbau der Menschheit." (Plenge 1965, S. 95) Er deutet hier Kant auf die neue Ära der Organisationsgesellschaft um (wobei er auch auf Hegel und Marx zurückgreift) und ordnet dem Organisationsgedanken alles weitere Denken und Tun nach. Das gilt für die Kunst ebenso wie für Normen und Rechtssetzungen, für die Ethik, die Pädagogik und die Theologie ebenso wie für die Naturwissenschaften und die Technik. Die Organisationswissenschaft wird bei Plenge (1965) zur Superwissenschaft, in der alle anderen Wissenschaften aufgehen.

Die Anregung für eine so weitreichende Fassung der Organisationswissenschaft fand Plenge bei Bogdanow, dessen zentrales Werk allerdings erst 1926 ins Deutsche übersetzt wurde (Linhardt 1965). Bogdanow (1926) konzipierte seine „Tektologie" als Systematisierung der gesamten organisatorischen Erfahrung der Menschheit, wobei er sich auf Vorbilder aus der Philologie und auf die Dialektik Hegels bezog. Bogdanow sah Formen der Organisation überall in Natur, Sprache und Psychologie. Hieraus folgerte er, dass es einer universellen Organisationslehre bedürfe (die als Vorläufer der Kybernetik und modernen Systemtheorie gesehen werden kann). Grundlage ist eine evolutionäre Auffassung der natürlichen und sozialen Welt, die im Gegensatz zur ökonomischen Tauschtheorie und Grenznutzentheorie steht. Tektologie ist somit eine spezifische Organisationswissenschaft. Organisieren ist bei Bogdanow (1926) die Koordination und Regelung von Handlung im Sinne zweckmäßiger Einheit, er geht somit von einem instrumentellen Organisationsbegriff aus, den er aber ins Institutionelle wendet mit dem Ziel der Entwicklung der Organisationswissenschaft (Tektologie) als Superwissenschaft.

Nicht ganz so weit fasste dies Erdmann (1921) mit seinem Entwurf einer Organisationslehre. Er ging von einer psychologischen Begründung der Organisation (speziell unter Rückgriff auf die Arbeiten Münsterbergs) aus. Hierzu leitete er die Entwicklung von Organisationen historisch her und konzipierte diese als Phänomen der Vergemeinschaftung (womit er sich an diesem Paradigma beteiligte). Organisation sah er aber auch als Ergebnis zielgerichteter bewusster menschlicher Handlung. „Organisation ist der Inbegriff der Maßnahmen, die sich mit der zielstrebenden Regelung des Verhältnisses von Mensch zu Mensch oder Mensch zu Gegenstand befassen." (Erdmann 1921, S. 3) Erdmann kommt somit zu einer institutionellen Organisationsauffassung und will damit die Organisationslehre als Rahmen der Gesellschaftswissenschaften verstanden wissen, sie soll nicht nur ein selbstständiger, sondern ein dominanter Teil der Wirtschafts- und Sozialwissenschaften sein.

Obwohl Plenge (1965), Bogdanow (1926) und Erdmann (1921) die Stellung der Organisationswissenschaft im Kanon der wissenschaftlichen Disziplinen unterschiedlich weitreichend konzipierten, so ist ihnen doch gemeinsam, dass sie die neue Disziplin als eine Art Superwissenschaft sahen, die andere Wissenschaften zumindest perspektivisch bindet und damit der Vorstellung einer wissenschaftlichen Trinität der Organisation Vorschub leistete.

2.4.3 Bürokratie und Verwaltung

Die Forderung nach Etablierung der Organisationslehre als Superwissenschaft konnte sich nicht durchsetzen und entschwand ebenso wie die Gemeinwirtschaftlichkeitskonzeption mit dem Ende des Zweiten Weltkrieges aus der organisationswissenschaftlichen Diskussion. Die Temporalität der Organisation zeigt sich somit in der wissenschaftlichen Bearbeitung des sozialen Phänomens nicht nur in unterschiedlichen Perspektiven einzelner Autoren sondern auch im Auf und Ab organisationswissenschaftlicher Moden und Paradigmen. So entfalteten, neben

2.4 · Rationalisierung und Legitimation

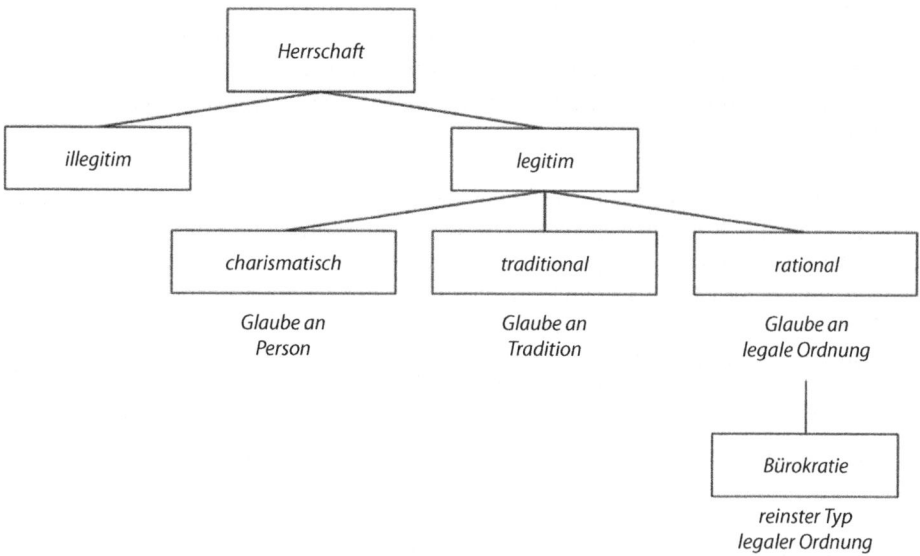

Abb. 2.2 Bürokratische Herrschaft

dem Rationalisierungspotenzial des Organisierens (wie es am konsequentesten in Anlehnung an Taylors „Wissenschaftliche Betriebsführung" von 1913 realisiert wurde), insbesondere die Überlegungen zur Gestaltung von *Bürokratie* und *Verwaltung* dauerhafte Wirkung. Von besonderer Bedeutung waren hierbei die Ansätze von Max Weber (1980), dessen posthum 1921/1922 erschienenes Werk „Wirtschaft und Gesellschaft" nicht nur für die Soziologie zu einem Klassiker wurde, und von Henry Fayol, dessen 1929 in deutscher Übersetzung erschienenes Werk „Allgemeine und industrielle Verwaltung" insbesondere für administrative Tätigkeiten eine praktikable Organisationsanleitung bot.

Weber (1980) untersuchte die historischen Bedingungen der Rationalisierung und des Kapitalismus als geistigen, alltäglichen und institutionellen Rahmen für soziales und wirtschaftliches Handeln. Ähnlich wie Klein (1913) und von der Pfordten (1917) stellt er dabei die Herrschaftsfrage und entwirft die rational-legale Herrschaft mittels eines Verwaltungsstabes (Bürokratie) als effizienteste Form der Herrschaft.[8] Bürokratie als *Idealtyp der Herrschaft* bezieht sich auf eine legitime Herrschaft (die also in der Gesellschaft allgemein akzeptiert wird und der die Menschen folgen, weil sie sie für richtig halten – das gilt z. B. nicht für Tyrannen, deren Herrschaft gilt den Beherrschten als illegitim). Legitime Herrschaft beruht entweder auf dem Glauben an das Charisma eines Herrschers (z. B. religiöser Führer), auf dem Glauben an die Tradition der Herrschaft (z. B. Monarchie) oder auf dem Glauben an die auf Recht beruhende vernünftige Ordnung (z. B. eine Verfassung). Die reinste Form der rational-legalen Herrschaft ist die Bürokratie und Organisationen in unserem Verständnis sind in Webers (1980) Diktion Bürokratien. ◘ Abb. 2.2 zeigt die Systematik der Weberschen Herrschaftskonzeption (in Anlehnung an Elbe 2002, Weber 1980).

---

8 Zur Herrschaftssoziologie allgemein vgl. Maurer (2004).

> Weber skizziert die technisch vollkommene Form (Idealtyp) der Bürokratie, die in der Realität nicht existent ist, anhand folgender Rationalitätsmerkmale bürokratischer Ordnung: Amtspflicht, Hierarchie, Amtsdisziplin/Kontrolle, Amtskompetenz, Qualifikation, Anstellungskontrakt, Laufbahn, Entgelt, Trennung von Amts- und Privatsphäre (Weber 1980).

Hieraus lassen sich Erwartungen an idealtypisches Handeln ableiten, welches als Vergleichsmaßstab dient, um nicht durch diese Form der Zweckrationalität motivierte Handlungsanteile in Zweckverbänden erfassen und verstehen zu können. Webers Beschreibung des Idealtyps war nicht als existierende Realität der Bürokratie oder als deren anzustrebender Sollzustand, sondern als Heuristik soziologischer Forschung gedacht. Die idealtypische Form der Bürokratie existiert nicht, sondern dient der Erklärung von Abweichungen in der Realität. Organisation selbst wird von Weber (1980) definiert als kontinuierliches Handeln zur Ordnungserzwingung durch einen Verwaltungsstab. Er verwendet somit einen instrumentellen Organisationsbegriff, hat aber in juristischer Diktion mit dem Begriff Verband ein institutionelles Äquivalent, dessen Funktionsweise eine bürokratische ist – und dies gilt für staatliche Organisationen ebenso wie für privatwirtschaftliche. Ziel der Arbeit Webers war die Grundlegung der Soziologie als verstehende Wirtschafts- und Sozialwissenschaft, nicht die Schaffung einer spezifischen Organisationstheorie.

Henry Fayol (1929) konzipierte Verwaltung (auch Unternehmen) wiederum als Gemeinschaft, deren Führungsprinzipien systematisiert werden müssen. Hierzu entwarf er allgemeine Verwaltungsprinzipien (z. B. Arbeitsteilung, Einheit der Leitung, Personalentlohnung, Zentralisation, Gemeinschaftsgeist), die er in einem Ablaufschema umsetzte (◘ Abb. 2.3, in Anlehnung an Fayol 1929).

Besondere Bedeutung haben neben der Organisation dabei die Personalauswahl, Personalführung, Entgeltpolitik und Personalentwicklung (Schulung). Organisieren ist bei Fayol (1929) die Herstellung der Arbeitsfähigkeit von Verwaltungen und Unternehmen, er verwendet somit einen instrumentellen Organisationsbegriff. Anders als bei Weber war Fayols Ziel die praktische Reform und Systematisierung öffentlicher und privatwirtschaftlicher Verwaltungen. Während Fayols praktische Vorschläge direkte Wirkung zeigten, gilt dieses für Webers Überlegungen nicht. Bis zum Ende des Zweiten Weltkrieges blieben die gemeinwirtschaftliche Konzeption sowie die praktischen Vorschläge zur Rationalisierung (insbesondere in Anschluss an Taylor) und zur Verwaltungsreform (im Sinne Fayols) prägend.

2.5 Tradition und Neuanfang nach 1945

Aufgrund der Verflechtung der etablierten Wissenschaftler im Nationalsozialismus und der Anschlussfähigkeit des gemeinwirtschaftlichen Paradigmas (insbesondere in der Konzeption Nicklischs) an die nationalsozialistische Ideologie bedurfte es nach dem Zweiten Weltkrieg eines Neuanfangs in der Organisationsforschung. Die emotionale Aufgeladenheit der Organisationspropaganda beider Weltkriege und die Tendenzen zur Vereinnahmung des Individuums durch die (Betriebs-) Gemeinschaft, die den Einzelnen neben dem Zwangsmoment der Rationalisierung auch noch entgrenzter sozialer Kontrolle unterwarf, führten zur Beschränkung auf die Rationalisierungswirkung des Organisatorischen.

Linhardt (1954) schien als Letzter die Ideen der frühen Organisationswissenschaft mit dem gemeinwirtschaftlichen Paradigma neu beleben zu wollen. Er steht in der Tradition Plenges und ging vom Verhältnis organisierter versus nicht organisierter menschlicher Beziehungen aus, die er dann insbesondere auf wirtschaftliche Handlungen und Sachverhalte bezog. Er leitete dabei

2.5 · Tradition und Neuanfang nach 1945

Abb. 2.3 Führungsablauf

aus den Zwecken der Organisation die Notwendigkeit der Führung ab (persönliche und sachliche Aufgabenzuordnung, psychologische Aspekte) und konzipierte die Kapitalrechnung als Organisationsmittel. „Organisieren ist Verhältnisgestaltung bei Verfolgung gesetzter Zwecke und gegebener Mittel" (Linhardt 1954, S. 11 f.). Mit diesem instrumentellen Organisationsbegriff verfolgte er das Ziel, die Organisationslehre als Rahmen einer betriebswirtschaftlichen Führungslehre wieder zu etablieren, blieb aber im Zuge der sich mikroökonomisch orientierenden Betriebswirtschaftslehre eine Randerscheinung. In der Betriebswirtschaftslehre etablierten sich der produktionsfaktorenorientierte Ansatz Gutenbergs (1951), bei dem Organisation in strikt instrumenteller Konzeption nur ein dispositiver Faktor neben anderen im Betrieb ist, sowie die handlungsorientierte Führungslehre des „Harzburger Modells" mit dem Prinzip der formalisierten Delegation.[9]

In den Einzeldisziplinen (Wirtschaftswissenschaften, Sozialwissenschaften, Psychologie) hatte die Organisationsforschung in den 20 Jahren nach dem Zweiten Weltkrieg in Deutschland nur eine nachgeordnete Bedeutung, die Vorstellungen von einer Superwissenschaft waren der Ernüchterung gewichen.

2.5.1 Das zweite Paradigma: die Situation

In der Soziologie rückte erst mit den Arbeiten von Mayntz (1963) und Luhmann (1964) Organisation wieder in das Zentrum sozialwissenschaftlicher Betrachtung. Diese führten die Organisationssoziologie als eigenständige „Bindestrich-Soziologie" in Deutschland ein, orientierten sich dabei aber an der amerikanischen Organisationsliteratur, die insbesondere durch die Übersetzung von Webers „Wirtschaft und Gesellschaft" (Weber 1980, ursprünglich 1921/1922) ins Amerikanische angestoßen worden war. Die typisch deutsche, idealistisch-gemeinwirtschaftliche Tradition wurde von Mayntz zwar noch erwähnt, aber nicht mehr aufgegriffen. Nun galt auch in Deutschland, was Scott so prägnant für die amerikanische Organisationsforschung formuliert hatte: „Innerhalb der Soziologie kann der Zeitpunkt der Entstehung des Schwerpunkts Organisation grob mit den Daten der amerikanischen Übersetzung von Webers (1946 und 1947) […] Bürokratieanalysen angegeben werden." (Scott 1986, S. 30) Die Auseinandersetzung mit Webers Idealtyp der Bürokratie – respektive dessen Missverständnis als anzustrebendes Ideal durch amerikanische Sozialwissenschaftler und Psychologen (z. B. Peter Blau, Derek Pugh) – führte im Rahmen von empirischen Überprüfungen zentraler Einflussfaktoren auf die Effizienz von Organisationen zu der Erkenntnis, dass diese in hohem Maß von der jeweiligen (internen und externen) *Situation*, also dem organisationalen

---

9   Zu Ursprung, Entwicklung und Kritik des Harzburger Modells vgl. o. V. (2015) (http://www.die-akademie.de [Stand 24.10.2015]).

Kontext, abhängig ist und sich demgegenüber kontingent verhält (Kieser 2014). Organisation wurde damit als wichtiges Effizienzkriterium für Wissenschaft und Management in den USA anerkannt und begründete einen breiten Forschungsansatz. Diese moderne Organisationswissenschaft – in Anlehnung an die amerikanische Forschung – begründete auch in Deutschland ein neues, wissenschaftliches Interesse an Fragen der Organisation und mit dem situativen Ansatz auch ein neues Paradigma, das die strukturelle Seite der Organisation besonders betont. Mit dieser einseitig instrumentellen Sicht wird eine bestimmte Perspektive auf die Organisation besonders betont: die effiziente Organisationsstruktur in einer spezifischen, sich wandelnden Umwelt. Dieses zweite Paradigma der Organisationsforschung zeichnet sich damit durch doppelte Temporalität aus: Der Ansatz selbst erfüllt einerseits die eingangs formulierte phänomenologische Vorstellung perspektivischer Gebundenheit zu einer bestimmten Zeit in besonderem Maß und auf der anderen Seite betont die Konzeption des Ansatzes die situativ-zeitliche Kontingenz.

Wichtige Faktoren die organisationalen Erfolg wahrscheinlich machen, sind in diesem Ansatz Alter und Größe der Organisation, die formale Struktur, die formalen Anweisungs- und Fertigungsprozesse. Aus dieser Perspektive treten die strukturellen Faktoren ganz in den Vordergrund und dies war bis in die 1970er Jahre hinein für die Organisationslehre und -forschung prägend, insbesondere, da es in hohem Maße zum produktionsfaktorenorientierten Ansatz der Betriebswirtschaftslehre (nach Gutenberg 1951) anschlussfähig war. Eine Fortführung erfährt dieser Ansatz in den evolutionstheoretischen Ansätzen, in denen die vorliegenden Kontingenzvorstellungen um ein Entwicklungsmodell ergänzt werden. Die evolutionäre Perspektive bedingt nun, dass nicht nur einzelne Organisationen betrachtet werden, sondern diese im Kontext, analog zur biologischen Population betrachtet werden. Als Wandlungsmerkmal wird die Variation (oder Mutation) spezifischer Organisationsfaktoren gesehen und über den Erfolg entscheidet die Selektion als evolutionäres Prinzip. Letztlich handelt es sich hierbei um eine Reformulierung des marktlichen Kontextes, denen sich Organisationen in nicht planwirtschaftlichen Umgebungen ausgesetzt sehen und obwohl sich Muster abzuzeichnen scheinen (Alter, Größe, Gründungsbedingungen; vgl. Kieser und Woywode 1999) bedient sich die organisationale Evolutionstheorie der unsichtbaren Hand des Marktes. Evolutionäre Entwicklungen beziehen sich stets auf Populationen und betreffen dabei aber den Einzelnen. Der sieht sich „ … von einer unsichtbaren Hand geleitet, um einen Zweck zu fördern, den zu erfüllen er in keiner Weise beabsichtigt hatte." (Smith 1999, S. 371) Wie schon im ersten Paradigma der Gemeinschaft wird wieder versucht, dem Zyklus zwischen Wesung und Auflösung ein organisationales Prinzip abzuringen, nur wird es nun in die Form der Evolution gekleidet. Dies geschieht insbesondere in den Ansätzen des evolutionären Managements, bis hin zum Entwurf einer Theorie der evolutionären Führung (Kirsch 1996). Auch Kirsch (1996) greift dabei auf ein mehrfach gestaffeltes Bild der Trinität zurück, ohne dies aber explizit zu machen.

2.5.2 Begrenzte Rationalität: Entscheidung und System

In Auseinandersetzung mit dem dominanten situativen Paradigma entstehen weitere Ansätze, die den Weg hin zur heutigen Multiperspektivität bahnen, so auch der verhaltenswissenschaftliche Ansatz, der die Entscheidung in Organisationen ins Zentrum des Interesses rückt und dabei die *begrenzte Rationalität* der Akteure in Organisationen betont. Die Annahmen der klassischen ökonomischen Nutzentheorie stimmen in der realen Welt nicht, vielmehr verhalten sich die Menschen in ihren augenblicklichen Wirklichkeiten begrenzt rational. Es werden intuitive Urteile gefällt, die dem Einzelnen in der Entscheidungssituation rational erscheinen (Simon 1993).

Herbert Simon erhielt 1978 für die Erforschung von Entscheidungsprozessen in Organisationen unter der Perspektive begrenzter Rationalität den (sogenannten) Wirtschaftsnobelpreis.

Organisation erscheint damit als eine Art „Mülleimer", in den Entscheidungssituationen, Menschen, Probleme und spezifische Situationen hineingeworfen werden, und nachdem der Eimer kräftig geschüttelt wurde, kommt eine Entscheidung heraus – man kann sich nur nicht darauf verlassen, dass diese Entscheidung die beste ist oder rational zustande gekommen wäre (Berger und Bernhard-Mehlich 2006). Mit dem verhaltenswissenschaftlichen Ansatz gewinnt die psychologische Perspektive auf Organisationen und das Handeln von Menschen in Organisationen eine verstärkte Bedeutung.

Die *angewandte Psychologie* in Bezug auf Fragen der Wirtschaft war seit den Anfängen als Psychotechnik durch Münsterberg (1912; 1914) nicht so in die nationalsozialistische Verstrickung geraten wie die gemeinwirtschaftliche Organisationslehre. Hier gab es eine Kontinuität, die sich z. B. in der „Praktischen Einführung in Probleme der Arbeitspsychologie" des Schweizers Carrard (1949) und in Heitbaums „Psychologie im Betrieb" von 1951 ausdrückte. Heitbaum (1951) rezipierte bereits die „Human Relations" als „Entfaltung der Seelenregungen" mit dem Ziel, „die menschlichen Beziehungen harmonisch zu gestalten" – damit fand der Anschluss an die US-amerikanische Forschung ab den 1930er-Jahren statt. Doch ähnlich wie bei Münsterberg ist anzumerken, dass auch hier noch ein Konzept des Sozialgebildes Organisation wie auch ein reflektierter Organisationsbegriff fehlten. Dies änderte sich in der Psychologie erst in den 1960er-Jahren in den USA, was dann auch in Deutschland zu einer Ausweitung der klassischen Betriebspsychologie hin zur eigenständigen Disziplin der Organisationspsychologie führte (Rosenstiel 2000). Hieran hatte auch das zunehmende Interesse an der Organisationsentwicklung als einem Ansatz der angewandten Gruppendynamik hohen Anteil. Erste Publikationen zur Organisationsentwicklung erschienen in Deutschland in den 1970er-Jahren (Sievers 1977), wodurch die Prinzipien der Gruppendynamik und der Aktionsforschung in Anschluss an die Arbeiten Kurt Lewins (1968, 1982) auf die bewusste Gestaltung organisationalen Wandels angewandt wurden.

Als dritter Ansatz, der in Deutschland in der Take-off-Phase der Organisationsforschung (ab den 1960er-Jahren) aus den USA importiert wurde, ist die *Systemtheorie* zu nennen. Katz und Kahn (1966) kombinieren die Einflüsse der sozialwissenschaftlichen Entscheidungstheorie mit Rollentheorie, Gruppendynamik sowie der sozio-technischen Systemperspektive zu einer eigenständigen Konzeption von Organisationen als offene soziale Systeme und machen darauf aufmerksam, dass ihre Konzeption der Organisation als offenes System die analytischen Mängel, die aus einer geschlossenen System-Perspektive entstehen, überwinden sollen (Elbe 2015). Diese weitsichtige Konzeption steht (speziell in Deutschland) der Theorie sozialer Systeme in Anschluss an Niklas Luhmann gegenüber. Luhmann (1964) ging von einer Theorie offener System aus und entwickelte dies zu einer Theorie der Organisation als autopoietisches (Entscheidungs-) System weiter. Bei Luhmann (2000) entstehen und reproduzieren sich Organisationen durch Entscheidungen, die als spezifische Kommunikationsform sich selbstreferenziell verhalten – die Menschen sind dabei zwar durch Mitgliedschaft an Organisationen gebunden, für die Entscheidungen erscheinen sie aber als Umweltparameter. Diese radikal-funktionalistischen Organisationstheorie autopoietischer Systeme erschien vielen ihrer Anhänger um die Wende vom 20. zum 21. Jahrhundert als neues Paradigma in der

Organisationstheorie,[10] das gilt aber auch für andere Theorierichtungen, die sich gegen Ende des 20. Jahrhunderts etablieren konnten, so dass eher von einer multiparadigmatischen Organisationstheorie der Gegenwart gesprochen werden kann, in der unterschiedliche Akteure spezifische Theorieansätze besonders fördern.

2.5.3 Zusammenwirken: Akteure und Moden

In der Betriebswirtschaftslehre, die sich zunehmend in eine international ausgerichtete Managementdisziplin umformt, hat sich in den letzten Jahren auch eine verstärkte Internationalisierung der managementorientierten Organisationsansätze gezeigt, wobei vielfach deren Kurzlebigkeit kritisiert wird. Neben die Praktiker und Wissenschaftler als Akteure des Organisationstheoretisierens treten auch die Organisationsberater als eigenständige Akteure hinzu. Dies betrifft einerseits die individuellen Berater (und Beratungsfirmen), andererseits aber auch die generalisierte Gruppe und ihre kollektiven Vertreter (z. B. im Bund deutscher Unternehmensberater). Diese *Dreiteilung der Akteure* hatte bereits Kirsch (1996) vorgenommen, wobei er für jeden Bereich eigenständige Handlungsstrukturen unterstellt. Alle Akteure entwickeln zwar eigenständige Strategien, doch bewegen sie sich in einem Raum in dem individuelle Persönlichkeit auf die umgebende Kultur und institutionelle Ordnung trifft. Strategie heißt, dass die Akteure in ihren jeweils eigenen Handlungsstrukturen (Wissenschaft, Management, Beratung) eigenen, spezifischen Logiken folgen, dass sie diese aber auf die Umwelt und das Handeln der anderen Akteure abstimmen.[11]

Temporalität der Organisation bedeutet in diesem Kontext, dass die jeweils eigenen Perspektiven einem strategisch verfolgten Durchsetzungsversuch unterliegen. In Zeiten relativer Geschlossenheit des Deutungsfeldes (Kirsch 1996, nutzt hierfür den Begriff der Ökologie des Wissens) kann zwischen den Akteuren eine hohe Übereinstimmung hinsichtlich der Perspektive auf das Phänomen Organisation erreicht werden. Hier kann man dann von den bereits erläuterten Paradigmen (Kuhn 1999) sprechen.

> In der Organisationswissenschaft in Deutschland konnten sich bisher zwei Paradigmen temporär durchsetzen:
> 1. Paradigma der Gemeinschaft (bis Ende der 1940er Jahre),
> 2. Paradigma der Kontingenz (bis Ende der 1970er Jahre).

Bei hoher Divergenz im Deutungsfeld (und dies kann sich sowohl auf das Verhältnis zwischen den Akteursgruppen beziehen, als auch auf die Verhältnisse innerhalb der Akteursgruppen) kann sich kein Paradigma herausbilden und verschiedene Theorie- und Interpretationsangebote hinsichtlich des Phänomens Organisation bestehen nebeneinander. Auch in diesen Phasen wird mal die eine und dann wieder eine andere Theorie besonders häufig zur Interpretation der

---

10 Dies scheint sich inzwischen wieder insoweit revidiert zu haben, als dass die scharfe Trennung zwischen der älteren (offenen) und der jüngeren (autopoietisch-geschlossenen) Systemtheorie nicht mehr so strikt vorgenommen wird, wodurch das Handeln wieder eine Bedeutung in der funktionalistische Sozial- und Organisationstheorie bekommt.

11 In der Anlage dieses Buches folgen wir den Perspektiven der drei Akteursgruppen: Die ersten beiden Kapitel sind der Theorie gewidmet, die drei folgenden Kapitel beschäftigen sich mit der Gestaltung und dann folgt die Beratungsperspektive in zwei Kapiteln.

sozialen Realität herangezogen und es werden daraus spezifische Gestaltungsvorschläge für das Management von Organisationen abgeleitet, doch handelt es sich hierbei aufgrund der verbleibenden hohen Konkurrenz der Theorieangebote und der relativen Kurzlebigkeit der Dominanz einer einzelnen Theorie eher um eine Mode, als um ein Paradigma. In beiden Fällen gilt aber hinsichtlich der Rigorosität der jeweiligen Perspektive was Kuhn (1999) generell für Perspektivenwechsel festgestellt hat: „Was in der Welt des Wissenschaftlers vor der Revolution Ente[n] waren, sind nachher Kaninchen." (Kuhn 1999, S. 123)

Für die Entwicklung solcher Moden des Organisierens haben Berater eine besondere Bedeutung, da sie einerseits darauf angewiesen sind immer wieder neue Beratungsangebote zu machen, andererseits aber jeweils ein Bedürfnis nach diesem neuen Angebot wecken müssen. Dies erklärt Kieser (1996) mit Modezyklen, die sich anhand der Anzahl an Publikationen zu den jeweiligen Management- und Organisationskonzepten (z. B. Lean Management, Business Process Reengineering, Qualitätsmanagement, Balanced Scorecard) feststellen lassen und die einen zyklischen Verlauf aufweisen, der sich in 10 Prinzipien zusammenfassen lässt (Elbe 2007, S. 45): „ ...

1. Ein Schlüsselfaktor, der bisher sträflich vernachlässigt wurde, wird in den Vordergrund gestellt und als radikaler Bruch mit bisherigen Managementprinzipien bezeichnet.
2. Die Anwendung der neuen Managementprinzipien wird als unausweichlich dargestellt.
3. Die neuen Prinzipien werden mit zentralen Werten der Kunden in Verbindung gebracht.
4. Der Autor macht auf seine eigenen Spitzenleistungen aufmerksam, Erfolge werden personifiziert.
5. Es ist nicht so, dass der Kunde bisher alles falsch gemacht hat, veränderte Umstände bedürfen aber jetzt neuer Prinzipien.
6. Ein erfolgreiches Managementkonzept ist eine Mischung von Einfachheit, die an Praxisbeispielen verdeutlicht werden und mehrdeutigen Metaphern, die unterschiedliche Lösungen zulassen.
7. Betont wird, dass die Umsetzung des Konzeptes mit großen Schwierigkeiten verbunden ist, dass aber nur durch die Umsetzung enorme Verbesserungen erzielt werden können.
8. Es wird auf empirische Untersuchungen verwiesen, die den Erfolg des Systems untermauern sollen (wissenschaftlichen Überprüfungen in der Regel aber kaum standhalten).
9. Das Managementkonzept muss leicht konsumierbar präsentiert werden (Schaubilder, kein akademischer Jargon etc.).
10. Das Timing stimmt: Es werden Lösungen propagiert, die aktuellen Leitbildern von Managern entsprechen und deshalb von ihnen akzeptiert werden."

Die jüngeren Konzepte der Organisation und des Managements folgen nicht ganz diesem Schema, zeigen aber eben auch die Tendenz in ihrer Wahrnehmung modischen Zyklen zu unterliegen. Eine Besonderheit stellt das Qualitätsmanagement dar, das als einziges Managementsystem internationale Normierung erreicht hat (ISO-9000-Normreihen).

Neben die bereits besprochenen systemtheoretischen Ansätze (z. B. Luhmann 2000: Organisationen sind geschlossene, sich selbst reproduzierende Entscheidungssysteme) treten insbesondere *institutionenökonomische Ansätze* (z. B. Williamson 1996: Organisationen sind korporative Akteure, die als Resultat rationalen Handelns von Individuen aufzufassen sind) sowie *interpretative Ansätze* (z. B. Weick 1995: Organisationen sind Sinnkonstrukte, welche die Interpretationsspielräume unsicherer Umwelten zu reduzieren helfen oder neoinstitutionalistische Ansätze, die das habitualisierte institutionelle Gefüge in Organisationen untersuchen). Mit diesen Ansätzen werden wir uns im Folgenden beschäftigen.

2.5.4 Interpretative Ansätze: Kultur und Lernen

Unter dem Begriff der *Interpretativen Ansätze* werden hier Organisationstheorien zusammengefasst, die sich durch drei Gemeinsamkeiten auszeichnen: Sie beschäftigen sich mit Sinnkonstruktionen in Organisationen, sie betonen die Notwendigkeit der Interpretation organisationaler Phänomene und ihr Aufkommen hängt mit der kognitiven Wende in den organisationswissenschaftlichen Grundlagendisziplinen zusammen. Die Grundvorstellung dieser Ansätze besteht in der Annahme, dass die Realität uns Menschen nicht als gegebene Tatsache gegenüber tritt, sondern von uns Menschen in Ausschnitten wahrgenommen und somit in einem individuellen (und auch gruppenspezifisch-kollektiven) Wirklichkeits-Konstrukt abgebildet wird. Schon in den Grundlagendisziplinen gibt es zum Konstruktivismus unterschiedliche Einzelentwürfe (Elbe 2002) und dies schlägt sich auch in den unterschiedlichen Nuancen interpretativer Organisationstheorien nieder.

Den Aspekt der Sinnkonstruktion als Grundlage eines gemeinsamen Organisationsverständnisses der Organisationsmitglieder betont insbesondere Weick (1995), wodurch er auch deutlich macht, dass der *Prozesshaftigkeit* der Organisation eine besondere Bedeutung zuzumessen ist. Die Betonung des Prozesshaften in der Herstellung einer gemeinsamen Wirklichkeitskonstruktion arbeitet auch Schein (2000) in Bezug auf die Beratung von Organisationen heraus. Generell gilt: Aus interpretativer Sicht wird Organisation durch Praktiken hergestellt und auch die Manifestationen der Organisation (z. B. Artefakte, wie Schriftstücke, Produktionsgebäude, Besprechungsräume) sind geronnene Praktiken habitualisierter Kooperation. Das gilt für die Gestaltung von Organisationen ebenso, wie für deren Beratung. Hiermit wird eine spezifisch institutionelle Sicht auf Organisationen eingenommen: Nicht die festgefahrene Hierarchie und deren Darstellung in Organigrammen prägen die Organisation sondern ein Muster an erwarteten Verhaltensweisen, Riten und Routinen.

Aus organisationspsychologischer Sicht wird hierbei der *kulturelle Charakter von Organisationen* betont (Organisationen sind Wissens- und Wertegemeinschaften, die in sozialisatorischen Prozessen entwickelt werden, z. B. Sackmann 2002), aus organisationssoziologischer Sicht hingegen wird der institutionelle Aspekt betont (aufgrund von Habitualisierung verfestigen sich spezifische Praktiken und erzeugen damit ein spezifisches Set an Verhaltensmustern und -erwartungen, z. B. Hasse und Krücken 1999). Die beiden Ansätze sind in hohem Maße anschlussfähig, betonen die Prozesshaftigkeit und beschäftigen sich letztlich mit der Herausbildung von Handlungsmustern aufgrund von Normbildung. Aus dieser Perspektive können Organisationen als kulturelle Institutionen verstanden werden. ◘ Abb. 2.4 stellt das spezifische Wissen, das aufgrund der kollektiven Wirklichkeitskonstruktion als gemeinsamer Wahrnehmungsfilter dient, ins Zentrum. Aus diesen Deutungsmustern hinsichtlich der Umwelt, aber auch aus organisationsinternen Prozessen leiten sich Handlungs- und Kommunikationsmuster ab, die habitualisiert sind und damit Erwartungen und Rollen begründen. Dies verfestigt sich auf der obersten Ebene in Artefakten (Logos, Schriftstücken, Technologie, Inter- und Intranetdesigns, Produkten etc.), Institutionalisierungen (abgegrenzten Handlungszusammenhänge, die nicht weiter erläuterungsbedürftig sind und hohe Verhaltenskonformität erzeugen) sowie Mythen („sagenhaften" und „heldenbezogen" Erzählungen über kritische Begebenheiten und außergewöhnliche Akteure, die zu vorbildhaften Erfolgen oder – auch als Negativbeispiel – Misserfolgen führten und in der Organisation als Orientierung dienen). Vom Wissenskern, über die Handlungsebene, bis hin zu den Manifestationen ist eine zunehmende Normierung festzustellen, die Anpassung an die Organisationskultur wahrscheinlich macht und somit einerseits Inklusion und Gemeinschaftsgefühle befördert, andererseits aber nicht als Prädisposition des Verhaltens missverstanden werden darf. Im jeweils konkreten Fall können Akteure sich auch abweichend von den Normen verhalten und (im Erfolgsfall) Innovationen und sozialen Wandel erzeugen.

2.5 · Tradition und Neuanfang nach 1945

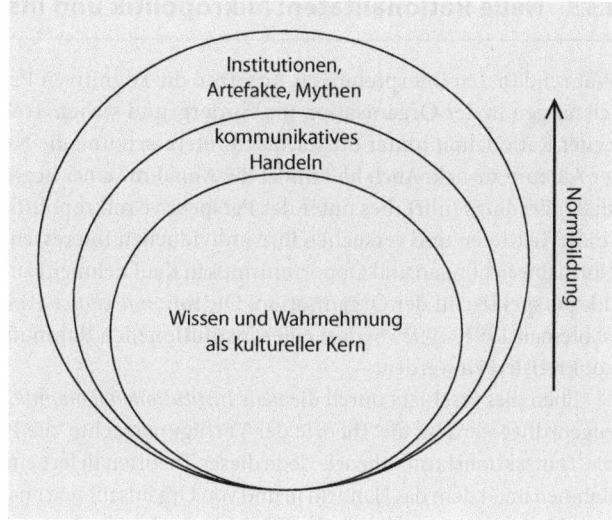

Abb. 2.4 Organisationen als kulturelle Institution

Die individuellen und kollektiven Wissensbestände sind ebenso wenig fix, wie die Institutionen in der Organisation – auch diese unterliegen Aushandlungsprozessen und Veränderung, sie liefern aber grundlegende Interpretationsmuster und Verhaltenserwartungen, die Kooperation auch ohne ständige individuelle Koordinationsleistungen ermöglicht. Insofern sind Institutionen ebenso wie gemeinsam gehaltene Wissensbestände (z. B. darüber welche Verhaltensweisen adäquat sind) grundsätzlich gültig, unterliegen aber auch selbst langfristigen Wandlungsprozessen.

Hieran schließt ein weiterer Aspekt interpretativer Ansätze an, das organisationalen Lernen: *Wissen und Lernen* sind nicht nur individuelle Phänomene, sondern betreffen die gesamte Organisation. Organisationaler Wandel besteht im Kern nicht aus Reorganisationsmaßnahmen, sondern aus dauerhaft veränderten Verhaltensweisen, also Kulturwandel. Ein solcher Wandel ist nur zu erreichen, wenn individuelle und kollektive Lernprozesse angeregt und so koordiniert werden, dass es zu veränderten institutionellen Settings kommt. Dazu müssen aber gängige Muster überwunden werden, sie müssen „entlernt" werden (Elbe 1997). Eben dies geschieht in organisationalen Sozialisationsprozessen: Im Wechselspiel von Lernen und Entlernen werden neue Verhaltensmuster von Einzelnen, von Gruppen und letztlich der gesamten Organisation eingeübt. Durch die Berücksichtigung der Prinzipien der lernenden Organisation kann vermieden werden, immer wieder die gleichen Fehler zu machen (Senge 2011). Beratung wird in diesem Kontext zur Lernhilfe (Schein 2000). Dadurch werden auch die Ansätze zur Organisationsentwicklung selbst weiterentwickelt. Organisationskultur sowie organisationales Lernen und Wissen sind nicht nur Gegenstände der Veränderung von Organisationen, sondern Themenfelder, die direkt in den Veränderungsprozess eingebettet sind und diesen mit bestimmen.

Die interpretativen Ansätze sind äußerst facettenreich und können hier nur angerissen werden. Generell können sie aber als Weiterführung des offenen Systemansatzes (wie ihn Katz und Kahn 1966 entwickelt hatten) verstanden werden und grenzen sich damit zum autopietisch konzipierten Ansatz geschlossener sozialer Systeme (im Anschluss an Luhmann 1994) ab.

2.5.5 Neue Rationalitäten: Mikropolitik und Institutionen

Während in den interpretativen Ansätzen die kognitiven Prozesse und die Konstruktionsleistungen in der Organisation im Vordergrund stehen, treten diese unter einem Postulat neuer Rationalität hinter die formalen Interessen und die Nutzenmaximierung individueller Akteure zurück. Auch hier findet die Annahme einer begrenzten Rationalität der Akteure statt, allerdings führt dies unter der Perspektive mikropolitischen Verhaltens der Einzelnen (diese Taktieren und versuchen ihre individuellen Interessen durchzusetzen, wobei sie auch Normabweichungen und Opportunismus in Kauf nehmen) zu einer institutionalisierten Konfliktperspektive in der Organisation. Die *rational-choice-Analyse* organisationaler Prozesse (Coleman 1991, 1992) bedarf einer institutionellen Rahmung um für das Anwendungsfeld konkretisiert zu werden.

Eben dies geschieht durch die *neue Institutionenökonomik*, der drei Organisationstheorien zugeordnet werden: die Theorie der Verfügungsrechte, die Principal-Agenten-Theorie und die Transaktionskostentheorie. Jede dieser Theorien liefert einen spezifischen institutionellen Rahmen unter dem das Handeln in und von Organisationen analysiert wird. Damit treten jeweils enge Handlungs-, respektive Konfliktfelder in den Vordergrund, weitere Problemkonstellationen werden demgegenüber ignoriert. Speziell rationaltheoretisch orientierte Organisationswissenschaftler (z. B. Picot et al. 2008) nutzen die neue Institutionenökonomik als theoretischen Rahmen, müssen sich in der Analyse aber damit auf die Betrachtung von Kosten, Rechten und Kontrolle beschränken. Der Vorteil dieser engen Konzeption besteht darin, dass sich die fokusierten Probleme sehr deutlich herausarbeiten lassen. Eine besondere Bedeutung kommt aus der Perspektive der Temporalität von Organisationen dabei dem *Transaktionskosten-Ansatz* zu (insbesondere Williamson 1996).

Für seine Ausarbeitung zum Transaktionskostenansatz erhielt Oliver Williamson 2009 den sogenannten Wirtschaftsnobelpreis (zusammen mit Elinor Ostrom).

Ausgangspunkt der Transaktionskostentheorie ist die Annahme, dass alle Kooperationsbeziehungen mit Kosten für die Beteiligten verbunden sind – dies gilt für Markttausch ebenso, wie für auf Dauer gestellte Mitgliedschafts- oder Arbeitsverträge in Organisationen. In Unterschied zu Produktionskosten, die der einzelne Marktteilnehmer (als individueller oder kollektiver Akteur) zu tragen hat, entstehen die Transaktionskosten insbesondere zur Anbahnung und Sicherung der Kooperationsbeziehung. Je häufiger Transaktionen vorgenommen werden (die Partner also kooperieren), je größer die Kosten für die Kooperationsvereinbarung (Anfangsinvestition, Faktorspezifität) und je größer die Unsicherheit über das zukünftige Kooperationsverhalten des Partners, desto höher werden die Transaktionskosten und umso dringender wird das Bedürfnis die Kooperation abzusichern und auf Dauer anzulegen, damit die Transaktionskosten gesenkt werden können. Williamson (1996) leitet hieraus ein Entscheidungsschema ab, dass zwischen Markttausch (als einfacher Kooperationsbeziehung bei niedrigen Transaktionskosten), Kooperation in Netzwerken (bei mittlerem Absicherungsbedarf aufgrund höherer Transaktionskosten) und Kooperation in Organisationen (bei hohen Transaktionskosten) unterscheidet. In der Betriebswirtschaftslehre wird dies als Entscheidung über Eigen- oder Fremdfertigung, bzw. Make-or-Buy-Entscheidung konzipiert. Zu betrachten ist letztlich die Summe der anfallenden Kosten für eine spezifische Transaktion: Transaktions- plus Produktionskosten. Diese Überlegungen sollen aus organisationaler Perspektive anhand eines Beispiels verdeutlicht werden:

2.5 · Tradition und Neuanfang nach 1945

Die Betrachtung von *Orchestern* als spezifische Organisationstypen und der Besonderheit der Koordinationsleistung von Dirigenten hat in den Organisationswissenschaften Tradition (z. B. Allmendinger, Hackman und Lehman 1996; Müller-Jentsch 2005; Gansch 2014). Nimmt man z. B. die Koordinationsleistung eines Dirigenten in Hinblick auf ein einzelnes Konzert, so ist die Faktorspezifität nicht besonders hoch, es wäre also grundsätzlich rational (weil billiger) auf einen festangestellten Dirigenten zu verzichten. Geht man aber davon aus, dass die Entscheidung, wer als Dirigent in Frage kommt (wie bei den Berliner Philharmonikern) eine demokratische Entscheidung der Orchestermitglieder ist, dann steigen die Kosten für die Dirigentenverpflichtung, als einer extern zugekauften Koordinationsleistung, rapide (zumindest, wenn man einen Abstimmungsprozess wie bei den Berliner Philharmonikern im Jahr 2015 unterstellt). Diese Entscheidungsfindung selbst kann nicht extern beschafft werden, die Orchestermitglieder müssen selbst Informationen generieren, diskutieren und abstimmen. Die Kosten hierfür würden dem Vorteil des Zukaufs also entgegenstehen. Darüber hinaus ist in dieser Betrachtung natürlich noch gar nicht berücksichtigt, dass der Chefdirigent eines Orchesters eine deutlich erweiterte Aufgabe gegenüber einem einfachen Gastdirigenten hat, nämlich die Spezifität des Orchesters, seinen besonderen Klang, weiter zu entwickeln und nicht nur ein einzelnes Stück einzuüben und zu leiten. Dadurch steigt natürlich auch die Spezifität der Koordinationsbeziehung und es lohnt sich doch einen Chefdirigenten mit Hilfe eines komplexen Abstimmungsprozesses im Orchester zu suchen, da dies die Qualität des Orchesters auf Jahre hinaus beeinflusst und so den Marktwert des Kernprodukts (einzigartige Musikaufführungen) prägt. Auch wenn also die Transaktionskosten für die Chefdirigentensuche hoch sind, lassen sie sich doch rechtfertigen, da die Anzahl Transaktionen gesenkt und die Faktorspezifität erhöht werden kann. Der Chefdirigent ist Teil der Organisation „Berliner Philharmoniker", der Gastdirigent nicht: Make or Buy.

Eine weitere Perspektive liefert die (ebenfalls dem Modell begrenzter Rationalität folgende) *Theorie der Mikropolitik* in Organisationen (Neuberger 2006). Obwohl auch hier die Interessenverfolgung (speziell von Individuen) im Zentrum der Betrachtung steht, wird auf die Engführung einer rein ökonomischen Argumentation verzichtet, vielmehr wird ein komplexes Institutionengeflecht angenommen, in dem der Einzelne agiert. Speziell Crozier und Friedberg (1979) haben dies in ihrer Untersuchung über die Zwänge kollektiven Handelns zu einer eigenständigen Organisationstheorie entwickelt, in denen sich die einzelnen Akteure subjektiv rational verhalten (was anderen durchaus abwegig erscheinen mag) und dabei mit anderen im Kontext von Spielen (als spezifischer Konzeption institutioneller Rahmung) in Austausch treten. Hierbei sind Konkurrenz, Taktieren, Vertrauen, kulturelle Aspekte, insbesondere aber: der Freiraum des Akteurs die zentralen Einflussfaktoren für die Ausgestaltung von Machtfeldern in Organisationen. Mit dieser Konzeption schaffen es Crozier und Friedberg (1979) die verschiedenen Perspektiven institutionell-organisatorischer Theoriebildung zu verknüpfen. Speziell der Ansatz der Mikropolitik ist geeignet, einen Rahmen für andere organisationstheoretische Ansätze (z. B. Rationaltheorie, Institutionenökonomik, Organisationskultur, Systemtheorie) zu liefern und deren Schwerpunkte in die Analyse mit zu integrieren (wie das Crozier und Friedberg, 1979, gut demonstrieren). Durch das mikropolitische Handeln der einzelnen Akteure, das durch spezifische Spiele gerahmt wird, kann die, einzelnen Theorien aufgrund der jeweiligen perspektivischen Gebundenheit ansonsten vielfach externale Temporalität, internalisiert werden. Ein Wechsel zwischen den verschiedenen Zuständen der Organisation und des Organisierens wird möglich, da die formale Rationalität der Organisation dem interpretativen Zugriff des Einzelnen und dessen Wandlungsfähigkeit unterworfen wird.

Tabelle 2.1 Überblick zu den Ansätzen der Organisationsforschung

	Sozioökonomische Ansätze	Managementorientierte Ansätze	Psychologische Ansätze
frühe Phase (1910-1950)	Bürokratieansatz	Wissenschaftliche Betriebsführung	Ansatz der Psychotechnik
	Gemeinschaftsorientierte Ansätze	Verwaltungsansatz	Human-Relations-Bewegung
mittlere Phase (1950-1980)	Verhaltenswissenschaftliche Entscheidungstheorie	Produktionsfaktorenansatz	Gruppendynamik und Organisationsentwicklung
	Situativ-kontingenztheoretische Ansätze	Harzburger Modell	Organisationspsychologie
aktuelle Phase (1980-jetzt)	Systemtheoretische Ansätze	Internationale Ansätze (z. B. Business Process Reengineering)	Organisationskultur
	Interpretative Ansätze (z. B. Neoinstitutionalismus)	Normierte Ansätze (Qualitätsmanagement)	Kognition und Motivation
	Rationale und Institutionenökonomische Ansätze	Diversity und Virtualisierung	Organisationales Lernen und Wissen

2.6 Temporalität: Wandel der Organisationsparadigmen

Wie gezeigt wurde, unterliegt das Theoretisieren in Bezug auf das Phänomen Organisation einem Wandlungsprozess, in dessen Verlauf zu unterschiedlichen Zeiten verschiedene Schwerpunkte aufgegriffen und betont werden. Dies gilt für die grundsätzlichen Perspektiven, die sich an der möglichen Begriffsverwendung von Organisation orientieren (Temporalität der Organisation), aber auch für die Form des theoretischen Diskurses zu bestimmten Zeiten. Für den deutschsprachigen Raum lassen sich zwei paradigmatische Phasen (1920 bis 1945: gemeinschaftsorientiertes Paradigma sowie 1960 bis 1975: situatives Paradigma)[12] feststellen, in denen bestimmte Theorierichtungen den Diskurs dominierten, wobei natürlich von Einzelnen oder auch Gruppen zur gleichen Zeit andere Ansätze vertreten wurden. Vor 1920 musste das Phänomen der Organisation als wissenschaftliches Forschungsfeld erst entwickelt werden und nach 1975 verfestigten sich die Theorieschulen, so dass verschiedene Theorieangebote (und auch verschiedene Versuche diese zu vereinigen bzw. anschlussfähig zu machen) nebeneinander existieren. Einen Überblick über die wichtigsten Ansätze, die die Organisationsforschung geprägt haben, gibt die ◘ Tab. 2.1 (in Anlehnung an Marr und Elbe 2002).[13]

---

[12] Die angegebenen Jahreszahlen sind als Orientierung gedacht und nicht als exakte Festlegung für Anfang und Ende einer dominanten wissenschaftlichen Forschungsrichtung.

[13] Die Paradigmen der frühen und mittleren Phase wurden *kursiv* gesetzt. Auch hier gilt wieder, dass die Zeitangaben nicht absolut zu setzen sind, sondern eine Orientierung bieten sollen.

2.6 · Temporalität: Wandel der Organisationsparadigmen

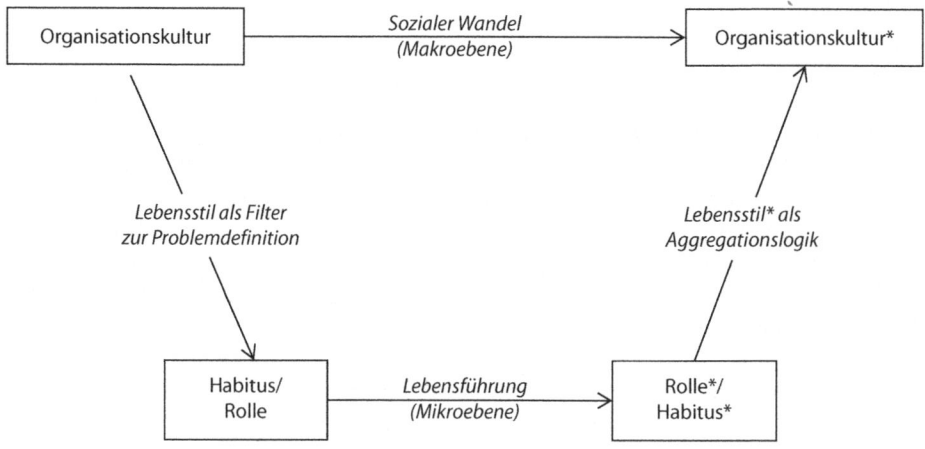

Abb. 2.5 Erklärungsschema sozialen Wandels

Für die Anwendung von Organisationstheorien *in der Praxis* gilt eine grundsätzlich pragmatistische Orientierung: Erfolgreiches Handeln rechtfertigt die theoretische Orientierung. An den Theoriebezug lassen sich (aus Sicht der Praxis) zwei Forderungen stellen:

- Die Theorie muss helfen konkrete organisationale Phänomene zu verstehen, zu erklären und (das ist der Kern der Forderung) zu gestalten.
- Komplexität und Eklektizismus schaden hierbei nicht, sondern sind Ausweis theoretischer Expertise.

Für die Erklärung organisationaler Phänomene ist das Verstehen individuellen Handelns einerseits unerlässlich, andererseits bedürfen wir einer nachvollziehbaren Verbindung zwischen dem individuellen Handeln und gesellschaftlichen Strukturentwicklungen. Das Grundmuster einer solchen Erklärung hat Coleman (1991) mit dem *Makro-Mikro-Makro-Modell* vorgelegt, wobei die Begründung der Rahmung individuellen Handelns einerseits und die Begründung für die Aggregation individueller Handlungen andererseits (als sogenannte Brückenannahmen) noch amorph blieben. Auch die Verbindung zwischen den Brückenannahmen und der Handlungswahl auf der Mikroebene konnte somit nicht grundsätzlich gelöst werden. Einen Vorschlag dies zu konkretisieren legten Müller, Elbe und Sievy (2006) sowie Elbe (2011) vor.[14] Hierbei werden die Brückenannahmen in Anschluss an Bourdieu (1976) aufgrund von Lebensstilen und den dadurch geprägten Handlungsneigungen (Habitus) und die Handlungswahl – hierzu anschlussfähig – durch die alltägliche Lebensführung (Weihrich 2001) konkretisiert. Damit kann eine Konzeption sozialen Wandels in und von Organisationen vorgenommen werden, die verstehende mit erklärenden Elementen verbindet. Da sich durch eine konkrete Handlungswahl (im Erfolgsfall) die Rolleninterpretation und damit auch der Habitus ändern, verändern sich insgesamt nicht nur die Strukturen der Organisation sondern die gesamte Organisationskultur (mit ihren formalen und informellen Anteilen). Abb. 2.5 zeigt das gesamte Modellschema.

---

14 Eine weitere Differenzierung zwischen gesamtgesellschaftlicher Makro-, institutioneller Meso- und individuelle Mikroebene, wie sie Esser (1993) vornimmt ist hier nicht notwendig, da es um die Modellierung der Institution „Organisation" geht und nicht darum gesamtgesellschaftlichen Wandel unter Berücksichtigung des Wandels von Organisationen zu erklären (in diesem Fall wäre das komplexere Modell von Esser sinnvoll).

Auch in der Praxis gibt es Integrationsbedarf aufgrund unterschiedlicher Vorgehensweisen (vgl. hierzu insbesondere das sechste Kapitel des Buches). Die Breite der in der Praxis zugrundegelegten Ansätze sollen durch Machtaspekte und mikropolitisches (auch opportunistisches) Verhalten von Akteuren in der modernen Organisationsentwicklung ebenso berücksichtigt werden, wie die Sinnkonstruktionen der Einzelnen und das Herstellen von Sinn im Prozess der Organisation. Systembeziehungen und autopoietische Verhaltensweisen sozialer Systeme sind zentrale Ansatzpunkte der systemischen Organisationsentwicklung. Es werden aber auch Maßnahmen der Organisationsentwicklung genutzt, um Qualitätsmanagementsysteme oder die Balanced Scorecard in Unternehmen einzuführen. Die Breite der theoretischen Ansätze, die es für ein gruppendynamisch orientiertes Beratungsunternehmen zu integrieren gilt, zeigt beispielsweise das Beratungsgruppe Metaplan: „ …

- Die **verhaltenswissenschaftliche Entscheidungstheorie** von *Herbert Simon* und *James G. March*: Sie liefert die Einsicht, dass Entscheidungen immer auf der Basis begrenzten Wissens über Folgen und Entscheidungsalternativen stattfinden.
- Die **Systemtheorie** von *Niklas Luhmann*: Seine frühen organisationstheoretischen Arbeiten machen deutlich, dass man für eine Veränderung von Organisationen sowohl ihre Formalstruktur als auch die informellen Strukturen im Blick haben muss
- Die **Theorie der Mikropolitik** von *Michel Crozier* und *Erhard Friedberg*: Sie zeigt auf, dass Macht zur Organisation gehört wie Luft zum Atmen.
- Die **Erkenntnistheorie** von *Ludwik Fleck*: Sie erklärt, warum sich verfestigte Denkgebäude in Organisationen ausbilden.
- Die **Diskursethik** von *Jürgen Habermas*: Sie versteht den Menschen als vernunftbegabtes Wesen, das sich im Denken und über "kommunikatives Handelns" zu orientieren vermag." (http://archiv.metaplan.de/metaplan/wissenschaftlicher-hintergrund/, Stand 19.10.2015).

Wie die ersten beiden Kapitel dieses Buches gezeigt haben, bezieht sich die Temporalität der Organisation sowohl auf den theoretischen Umgang mit dem Phänomen, als auch auf die einzelne Organisation in ihren Gestaltungs- und Wandlungsprozessen.

> Damit ergibt sich ein *Paradoxon der Temporären Organisation*: **Während Organisationen stabile Lösungen zu Kooperationsproblemen darstellen, unterliegen sie selbst der Relativität sozialen Wandels.**

Aufgrund neuer Organisationsformen (z. B. Teamstrukturen, Projektorganisation, virtuelle Organisation) werden die Organisationsgrenzen in Frage gestellt, sie werden durchlässig und bedingen neue Kulturmuster und Rationalitäten innerhalb der Organisationen und an ihren Grenzen. In den ersten Jahrzehnten des 21. Jahrhunderts erfahren die Organisationen einen verstärkten gesellschaftlich-technologischen Wandel, der vielfach mit dem Begriff der Industrie 4.0 bezeichnet wird. Hiermit wird insbesondere die Digitalisierung und Virtualisierung des Informationsaustausches bezeichnet, der zu einer erhöhten Bedeutung von Netzwerken und Kooperation in Communities führt (z. B. Cloud Working und Crowd Sourcing). Dies geht einher mit zunehmender Glocalisierung (also lokalen Folgen globaler Entwicklungen), die mit Diversity, neuen Arbeitsmodellen und veränderten Raum-Zeit-Gefügen verbunden sind (Elbe 2014). Speziell in wissensintensiven Arbeitsprozessen, in virtueller Interaktions- und Projektarbeit verändern sich der Modus der Kooperation und der Umgang mit dem Raum-Zeit-Gefüge. Organisationen können nun einerseits rund um die Uhr ihren Operationsmodus aufrecht erhalten und Leistungen anbieten, auf der anderen Seite treffen sehr unterschiedliche Arbeitsbedingungen im globalisierten Arbeitsprozess aufeinander, was dazu führt dass Make-or-Buy-Entscheidungen und Organisationszugehörigkeiten zu überdenken sind.

Die Organisationsperspektiven unterliegen damit selbst zunehmender Verzeitlichung. Aufgrund dieser Temporalisierung der Temporalität entstehen neue Herausforderungen für die Abstimmung von Kooperationsbeziehungen und die Poolung oder Übertragung von Handlungsrechten im Rahmen von Organisationen als kollektiven Akteuren (Coleman 1992), der Bedarf nach Absicherung transaktionskostenintensiver oder stark wertebasierter Kooperationsentscheidung bleibt aber bestehen. Die Form der Zusammenarbeit mag sich ändern, der Bedarf nach Organisation und Organisationstheorien, die Stabilität in die Ungewissheit neuer Kooperationsformen bringen, wird bleiben. Damit besteht auch weiterhin ein Bedarf nach Gestaltungs- und Beratungsvorschlägen für Organisationen als kollektive Akteure. Hierzu wenden wir uns im nächsten Kapitel den Strukturentscheidungen in der Organisation zu.

2.7 Fragen

1. Welche Bedeutung hat Temporalität als Metaperspektive auf die Entwicklung der Organisationstheorie?
2. Welches war das erste Paradigma der Organisationsforschung in Deutschland? Welche Aspekte davon wirken bis heute weiter?
3. „Innerhalb der Soziologie kann der Zeitpunkt der Entstehung des Schwerpunkts Organisation grob mit den Daten der amerikanischen Übersetzung von Webers (1946 und 1947) […] Bürokratieanalysen angegeben werden." (Scott 1986, S. 30) Welche Rolle spielt diese Vorstellung Scotts für die Take-off-Phase der Organisationstheorie nach dem Zweiten Weltkrieg?
4. Inwiefern folgen, speziell in der Praxis, Organisationsansätze modischen Zyklen?

Literatur

Abraham M, Büschges G (2009) Einführung in die Organisationssoziologie, 4. Aufl. VS, Wiesbaden
Allmendinger J, Hackman J, Lehman E. (1996) Life and Work in Symphony Orchestras. Music Quart 80(2):194–219
Berger U, Bernhard-Mehlich I (2006) Die Verhaltenswissenschaftliche Entscheidungstheorie. In: Kieser A, Ebers M (Hrsg) Organisationstheorien, 6. Aufl. Kohlhammer, Stuttgart, S 169–214
Bickel C (1991) Ferdinand Tönnies. Soziologie als skeptische Aufklärung zwischen Historismus und Rationalismus. Westdeutscher, Opladen
Blanc L (1899) Organisation der Arbeit, 9. Aufl. Prager, Berlin
Bode W (1965) Die Darstellung der Organisationslehren von Johann Plenge und Heinrich Nicklisch und die Betrachtung dieser Lehren im Hinblick auf die Organisationslehre der Unternehmung. Inaugural-Dissertation an der Wirtschaftshochschule Mannheim, Mannheim
Bogdanow A (1926) Allgemeine Organisationslehre. Tektologie. Organisation Verlagsgesellschaft, Berlin
Bourdieu P (1976) Entwurf einer Theorie der Praxis auf der ethnologischen Grundlage der kabylischen Gesellschaft. Suhrkamp, Frankfurt a. M
Briefs G (1918) Über das Organisationsproblem. Germania, Berlin
Butte W (1822) Über das organisirende Prinzip im Staate, und den Standpunkt der Kunst des Organisirens in dem heutigen Europa. Der Kunst des Staats-Organismus Erster Theil. Enslin, Berlin
Carrard A (1949) Praktische Einführung in Probleme der Arbeitspsychologie. Rascher, Zürich
Calmes A (1906) Der Fabrikbetrieb: die Buchhaltung, die Selbstkostenberechnung und die Organisation industrieller Betriebe. Fehr, St. Gallen
Chandler A (1973) Strategy and structure. Chapters in the history of the industrial enterprise, 3. Aufl. MIT Press, Cambridge/Mas

Coleman J (1991) Grundlagen der Sozialtheorie. Band 1: Handlungen und Handlungssysteme. Oldenbourg, München

Coleman J (1992) Grundlagen der Sozialtheorie. Band 2: Körperschaften und die moderne Gesellschaft. Oldenbourg, München

Crozier M, Friedberg E (1979) Macht und Organisation. Die Zwänge kollektiven Handelns. Athenäum, Königstein

Dilthey W (1927) Gesammelte Schriften. VII. Band: Der Aufbau der geschichtlichen Welt in den Geisteswissenschaften. Teubner, Leipzig

Elbe M (1997) Betriebliche Sozialisation: Grundlagen der Gestaltung personaler und organisationaler Anpassungsprozesse. Pro Universitate, Sinzheim

Elbe M (2002) Wissen und Methode: Grundlagen der verstehenden Organisationswissenschaft. Leske + Budrich, Opladen

Elbe M (2007) Werte verwerten? Zum Spannungsverhältnis zwischen Führung und Ökonomisierung am Beispiel der Balanced Scorecard. In: Richter G (Hrsg) Die ökonomische Modernisierung der Bundeswehr. Sachstand, Konzeptionen und Perspektiven. VS Verlag für Sozialwissenschaften, Wiesbaden, S 33–50

Elbe M (2011) Lebensstil, Lebensführung und Salutogenese: Zur Erklärung männlichen Gesundheitsverhaltens. In: Bezirksamt Lichtenberg von Berlin (Hrsg) Man(n) wie geht's? Eine neue Perspektive für die Gesundheitsförderung. Lichtenberger Männergesundheitsbericht 2011. Berlin, S 101–108

Elbe M (2014) Demographie und Diversity: Herausforderungen für ein gesundheitsorientiertes Management. In: Zinner J, Elbe M, Lange D (Hrsg) Handbuch Gesundheitscoaching. Kompendium für Praxis und Lehre. Top Sportmarketing, Berlin, S 13–26

Elbe M (2015) Katz, Daniel & Kahn, Robert L. (1966) The Social Psychology of Organizations. New York, London, Sydney: John Wiley & Sons. Seiten: IX; 498 In: Kühl, S. (Hrsg.): Schlüsselwerke der Organisationsforschung. Springer VS-Verlag, Berlin, S 371–374

Endruweit G (1981) Organisationssoziologie. de Gruyter, Berlin

Erdmann R (1921) Grundlagen einer Organisationslehre. Gloeckner, Leipzig

Esser H (1993) Soziologie. Allgemeine Grundlagen. Campus, Frankfurt a. M.

Eulenburg F (1952) Das Geheimnis der Organisation. Ein Versuch über Arten und Formen, Bedingungen und Voraussetzungen, Zwecke, Folgen und Grenzen der Organisation. Hrsg. von Georg Jahn. Duncker & Humblot, Berlin

Fayol H (1929) Allgemeine und industrielle Verwaltung. Oldenbourg, München

Gansch C (2014) Vom Solo zur Sinfonie: Was Unternehmen von Orchestern lernen können. Campus, Frankfurt

Gutenberg E (1951) Grundlagen der Betriebswirtschaftslehre. Band 1: Die Produktion. Springer, Berlin

Hasse R, Krücken G (1999) Neo-Institutionalismus. Transcript, Bielefeld

Hegel G (1987) Phänomenologie des Geistes. Reclam, Stuttgart

Heitbaum H (1951) Psychologie im Betrieb. Bund, Köln

Hörmann (Norikus) F (1901) Die Organisation der Gesellschaft in Vergangenheit und Gegenwart: Eine Darlegung der sozialen Organisationsformen und Organisationsfragen. Roth, Stuttgart

Hundt S (1982) Theorie- und wirtschaftsgeschichtliche Überlegungen zum Paradigma der gemeinwirtschaftlichen Wirtschaftlichkeit in der älteren deutschen BWL. In: Fischer-Winkelmann W (Hrsg) Diskussionsbeiträge für die Tagung der Kommission Wissenschaftstheorie im Verband der Hochschullehrer für Betriebswirtschaft e. V. „Paradigmenwechsel in der Betriebswirtschaftslehre?" Institut für Controlling, Fakultät für Wirtschafts- und Organisationswissenschaften, Hochschule der Bundeswehr München. HSBw, München, S 140–165

Kant I (1995) Kritik der Urteilskraft. Werke, Bd 4. Könemann, Köln

Katz D, Kahn R (1966) The social psychology of organizations. John Wiley & Sons, New York

Kestner F (1912) Der Organisationszwang: Eine Untersuchung über die Kämpfe zwischen Kartellen und Außenseitern. Heymanns, Berlin

Kieser A (1996) Moden & Mythen des Organisierens. Die Betriebswirtschaft 1:21–39

Kieser A (2014) Der Situative Ansatz. In: Kieser A, Ebers M (Hrsg) Organisationstheorien, 7. Aufl. Kohlhammer, Stuttgart, S 215–246

Kieser A, Ebers M (2014) (Hrsg.) Organisationstheorien. 7. Aufl. Kohlhammer, Stuttgart

Kirsch W (1996) Wegweiser zur Konstruktion einer evolutionären Theorie strategischer Führung. Barbara Kirsch, München

Kieser A, Woywode M (1999) Evolutionstheoretische Ansätze. In: Kieser A (Hrsg) Organisationstheorien, 3. Aufl. Kohlhammer, Stuttgart, S 253–285

Klein F (1913) Das Organisationswesen der Gegenwart. Ein Grundriß. Vahlen, Berlin

Kühl S (2015) Die fast unvermeidliche Trivialisierung der Systemtheorie in der Praxis. Von der Gefahr des systemischen Ansatzes sich in Beliebigkeit zu verlieren. Gruppendynamik und Organisationsberatung 03-04(2015):327–339

Literatur

Kuhn T (1999) Die Struktur wissenschaftlicher Revolution, 15. Aufl. Suhrkamp, Frankfurt a. M
Laufenberg H, Wolffheim F (1913) Demokratie und Organisation: Grundlinie proletarischer Politik. Laufenberg, Hamburg
Lewin K (1968) Die Lösung sozialer Konflikte. Ausgewählte Abhandlungen über Gruppendynamik, 3. Aufl. Christian-Verlag, Bad Nauheim
Lewin K (1982) Feldtheorie. Huber, Bern
Linhardt H (1954) Grundlagen der Betriebsorganisation. Girardet, Essen
Linhardt H (1965) Zur gegenwärtigen Problematik und literarischen Bearbeitung der Organisation und der Propaganda. In: Plenge, Johann: Organisations- und Propagandalehre. Eingeleitet von Hans Linhardt. Duncker & Humblot, Berlin, S 5–57
Luhmann N (1964) Funktion und Folgen formaler Organisation. Duncker & Humblot, Berlin
Luhmann N (1991) Zweckbegriff und Systemrationalität: über die Funktion von Zwecken in sozialen Systemen, 5. Aufl. Suhrkamp, Frankfurt a. M
Luhmann N (1994) Soziale Systeme: Grundriss einer allgemeinen Theorie, 5. Aufl. Suhrkamp, Frankfurt a. M
Luhmann N (2000) Organisation und Entscheidung. Westdeutscher Verlag, Opladen
Marr R, Elbe M (2002) Organisation. In: Specht D, Mörle M (Hrsg) Gabler-Lexikon Technologiemanagement. Management von Innovationen und neuen Technologien im Unternehmen. Gabler, Wiesbaden, S 198–201
Maurer A (2004) Herrschaftssoziologie. Eine Einführung. Campus, Frankfurt a. M
Müller F, Elbe M, Sievi Y (2006) „Ich habe mir einfach einen kleinen Dienstplan für das Studium gemacht" – Zur alltäglichen Lebensführung studierender Offiziere. In: Hagen U v. (Hrsg) Armee in der Demokratie. Zum Verhältnis von zivilen und militärischen Prinzipien. VS Verlag für Sozialwissenschaften, Wiesbaden, S 189–217
Müller-Jentsch W (2005) Das Kunstsystem und seine Organisation oder Die fragile Autonomie der Kunst. In: Jäger W, Schimank U (Hrsg) Organisationsgesellschaft. Facetten und Perspektiven. VS Verlag für Sozialwissenschaften, Wiesbaden, S 186–219
Münsterberg H (1912) Psychologie und Wirtschaftsleben: Ein Beitrag zur angewandten Experimental-Psychologie. Barth, Leipzig
Münsterberg H (1914) Grundzüge der Psychotechnik. Barth, Leipzig
Mayntz R (1963) Soziologie der Organisation. Rowohlt, Reinbek bei Hamburg
Mayntz R, Ziegler R (1977) Soziologie der Organisation. In: König R (Hrsg) Handbuch der empirischen Sozialforschung. Band 9: Organisation, Militär, 2. Aufl. Enke, Stuttgart, S 1–141
Neuberger O (2006) Mikropolitik und Moral in Organisationen. Herausforderung der Ordnung, 2. Aufl. Lucius & Lucius, Stuttgart
Nicklisch H (1920) Der Weg aufwärts! Organisation. Versuch einer Grundlegung. Poeschel, Stuttgart
Ortmann G, Sydow J, Türk K (1997) (Hrsg.) Theorien der Organisation. Die Rückkehr der Gesellschaft. Westdeutscher, Opladen
Ostwald W (1910) Die Organisation der Welt: Vortrag gehalten im Bernoullianum zu Basel am 1. September 1910. Ido, Basel
O. V. (2002) Organisation im Schäffer-Poeschel-Verlag. http://www.schaeffer-poeschel.de/jubilaeum/1941.htm vom 13.9.2002
Pfeiffer D (1976) Organisationssoziologie. Eine Einführung. Kohlhammer, Stuttgart
Picot A, Dietl H, Franck E (2008) Organisation: eine ökonomische Perspektive, 5. Aufl. Schäffer-Poeschel, Stuttgart
Plenge J (1965) Drei Vorlesungen über die allgemeine Organisationslehre. In: Plenge J (Hrsg) Organisations- und Propagandalehre. Eingeleitet von Hans Linhardt. Duncker & Humblot, Berlin, S 59–117
Rosenstiel Lv (2000) Grundlagen der Organisationspsychologie, 4. Aufl. Schäffer-Poeschel, Stuttgart
Sackmann S (2002) Unternehmenskultur: Analysieren – Entwickeln – Verändern. Luchterhand, Neuwied
Scott W (1986) Grundlagen der Organisationstheorie. Campus, Frankfurt a. M
Schein E (2000) Prozessberatung für die Organisation der Zukunft. Edition Humanistische Psychologie, Köln
Schücking W (1909) Die Organisation der Welt. Körner, Leipzig
Senge P (2011) Die fünfte Disziplin: Kunst und Praxis der lernenden Organisation, 11. Aufl. Klett-Cotta Verlag, Stuttgart
Sievers B (Hrsg) (1977) Organisationsentwicklung als Problem. Klett-Cotta, Stuttgart
Simon H (1993) Homo rationalis: die Vernunft im menschlichen Leben. Campus, Frankfurt a. M
Smith A (1999) Der Wohlstand der Nationen. Eine Untersuchung seiner Natur und seiner Ursachen, 8. Aufl. DTB, München
Stölting E (1986) Akademische Soziologie in der Weimarer Republik. Duncker & Humblot, Berlin
Strieder J (1971) Studien zur Geschichte kapitalistischer Organisationsformen. Monopole, Kartelle und Aktiengesellschaften im Mittelalter und zu Beginn der Neuzeit. Nachdruck der 2. Aufl. Franklin, New York

TerMeulen J (1917) Der Gedanke der internationalen Organisation in seiner Entwicklung. Nijhoff, Haag

Tönnies F (1979) Gemeinschaft und Gesellschaft: Grundbegriffe der reinen Soziologie. Neudruck der 8. Aufl. Wissenschaftliche Buchgesellschaft, Darmstadt

Tönnies F (1998) Gemeinschaft und Gemeinwirtschaft. In: ders.: Gesamtausgabe. Band 22: 1932–1936. Geist der Neuzeit. Schriften. Rezensionen. Hrsg. von Lars Clausen. de Gruyter, Berlin, S 404–415

Türk K (1995) „Die Organisation der Welt": Herrschaft durch Organisation in der modernen Gesellschaft. Westdeutscher Verlag, Opladen

Türk K (1978) Soziologie der Organisation. Eine Einführung. Enke, Stuttgart

Türk K (Hrsg) (2000) Hauptwerke der Organisationstheorie. Westdeutscher Verlag, Wiesbaden

Türk K, Lemke T, Bruch M (2002) Organisation in der modernen Gesellschaft. Eine historische Einführung. Westdeutscher Verlag, Wiesbaden

v. d. Pfordten O (1917) Organisation. Ihr Wesen und ihre politische Bedeutung. Winter, Heidelberg

Vogelstein T (1910) Organisationsformen der Eisenindustrie und Textilindustrie in England und Amerika. Duncker & Humblot, Leipzig

Walter-Busch E (1996) Organisationstheorien von Weber bis Weick. Fakultas, Amsterdam

Weber M (1980) Wirtschaft und Gesellschaft. Grundriß der verstehenden Soziologie, 5. Aufl. Mohr, Tübingen

Weick K (1995) Der Prozess des Organisierens. Suhrkamp, Frankfurt a. M

Weihrich M (2001) Alltägliche Lebensführung und institutionelle Selektion oder: Welche Vorteile hat es, die Alltägliche Lebensführung in die Colemansche Badewanne zu stecken? In: Voß G, Weihrich M (Hrsg) tagaus – tagein. Neue Beiträge zur Soziologie Alltäglicher Lebensführung. Hampp, München, S 219–236

Williamson O (1996) Transaktionskostenökonomik, 2. Aufl. Litt, Hamburg

Woldt R (1911) Der industrielle Großbetrieb: eine Einführung in die Organisation moderner Fabrikbetriebe. Dietz, Stuttgart

Gestaltung I: Organisationsstrukturen

3.1 Überblick – 52

3.2 Darstellungs- und Handlungsmodus – 52

3.3 Aufbauorganisation – 53

3.4 Hierarchien – 55

3.5 Rechtsform und Makroorganisation – 61

3.6 Darstellung und Strukturentscheidung – 64

3.7 Fragen – 67

Literatur – 67

© Springer-Verlag Berlin Heidelberg 2016
M. Elbe, S. Peters *Die temporäre Organisation*,
DOI 10.1007/978-3-662-49401-1_3

3.1 Überblick

> **Zusammenfassung**
> Das dritte Kapitel beschäftigt sich mit den Bedingungen, Abläufen und Folgen von Strukturentscheidungen. Eine besondere Bedeutung hat hierbei das Wechselspiel zwischen Darstellungs- und Handlungsmodus in Bezug auf die Organisation und die daraus resultierende Aufbauorganisation, als (gedachte) Struktur der Organisation. Diese festen Strukturen manifestieren sich in Hierarchien als Verteilungsordnung von Entscheidungs- und Weisungsrechten. Diese inneren Strukturmerkmale sind in Abhängigkeit von den äußeren Strukturmerkmalen (der Rechtsform einer Organisation) und der institutionellen Einbettung der Organisation zu verstehen. Hierbei hängen Darstellungs- und Strukturentscheidungen zusammen.

3.2 Darstellungs- und Handlungsmodus

Die Temporalität der Organisation ist, wie bereits festgestellt wurde, facettenreich und betrifft sowohl die Theoriebildung, als auch die Perspektive auf einzelne Organisationen. Das Temporäre der Organisation ist aber noch weitreichender und durchdringt letztlich alle Erscheinungsformen menschlichen Handelns in organisationalen Kontexten. Das betrifft sowohl den Einzelnen, als auch kollektive Akteure (Subgruppen der Organisation oder andere Organisationen) in ihrem unmittelbaren Handeln, aber auch das planvolle Gestalten der Organisation. Auf der Aktionsebene der Organisationswissenschaft tritt neben das Theoretisieren über Organisationen damit das Gestalten von Organisationen als zweiter Handlungsmodus. Dieser zweite Handlungsmodus ist Gegenstand der Kapitel drei, vier und fünf und stellt damit den Schwerpunkt des vorliegenden Buches dar. Der Begriff des Handlungsmodus suggeriert dabei Machbarkeit und Stringenz des Verhaltens, die nicht der Realität entsprechen.

Organisationen als Institution zur Absicherung dauerhafter Kooperation dienen, neben der Erzeugung von Kooperationsgewinnen (und damit der Bedürfnisbefriedigung), auch der Bewältigung von Ungewissheit in einer offenen Umwelt, mit all ihren Optionen und Unsicherheiten. Aus eben dieser Offenheit entsteht die Temporalität der Organisation, ihre Uneindeutigkeit zu verschiedenen Zeitpunkten oder aus verschiedenen Standpunkten. Ungewissheit ist die Voraussetzung für die Schaffung eines organisationalen Rahmens. Die Organisation steht dabei als Synonym für die Transformation von Ungewissheit in Eindeutigkeit, Planbarkeit, Strukturen und Regeln. Erzeugt wird die formale Organisation in ihren Aufbau- und Ablaufstrukturen, das zentrale Muster dieser Form des Gestaltens ist die Planung und damit der Versuch Unsicherheit zur beherrschen (Böhle und Busch 2012). Organisationen sind Planwirtschaften, unabhängig davon, ob sie sich in einem formal marktwirtschaftlichen oder planwirtschaftlichen Umfeld bewegen. Sie dienen als komplexe Systeme dazu, Grenzen zu ziehen, Kausalitäten zu schaffen, Steuerungsprinzipien festzulegen und klare Input-Output-Relationen kalkulierbar zu machen. Dies drückt sich in der Struktur als *Darstellungsmodus der Organisation* und damit einer Erscheinungsform der Temporalität aus. Diese ist aber eben nur eine Erscheinungsform, die Darstellung der formalen Organisation (in Organigrammen, Organisations- und Qualitätsmanagementhandbüchern, Verfahrensanweisungen, Flow Charts etc.) und nicht Abbildung der Realität, sondern nur eines gewünschten Ausschnitts der Wirklichkeit – und „gewünscht" ist nicht „realisiert".

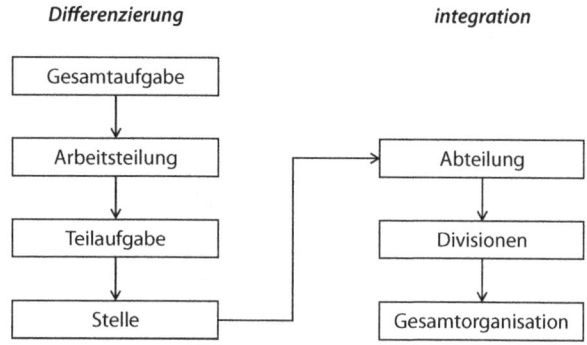

Abb. 3.1 Formale Organisationsplanung

„Das Unerwartete unterbricht das Konstante und Stabile in Gestalt des Besonderen und ist damit ein temporales Phänomen, mit dem umgegangen werden muss." (Duchek und Klaußner 2013, S. 49) Hier wird Ungewissheit zur Unsicherheit und Planung versagt – dem kann durch offene Konzepte der Bewältigung (als Umgang mit, statt Beherrschung von Ungewissheit) begegnet werden, z. B. im Konzept des Managements von Ungewissheit (Böhle und Busch 2012). Doch beschränkt sich das Ungeplante und Unplanbare nicht auf plötzliche Krisen oder Glücksfälle, sondern ist integraler Bestandteil unseres Lebens und damit auch unseres organisationalen Lebens. Das informelle Organisieren tritt neben die formale Organisation und organisationsspezifische kulturelle Einflüsse beeinflussen das Handeln von Menschen in Bezug auf Organisationen ebenso, wie ihre eigenen Zielvorstellungen. Die Mikropolitik sozialen Handeln in Organisationen geht über die geplanten Beziehungen und Handlungen hinaus. Das bedeutet, dass der *Handlungsmodus der Organisation* neben den formellen Aspekten immer auch die informellen Aspekte und die generelle Ungewissheit einer offenen Zukunft mit in Betracht ziehen muss, doch wenden wir uns zunächst dem Darstellungsmodus (der eigentlich eine Darstellungsillusion ist) zu.

3.3 Aufbauorganisation

Wie wir bereits festgestellt haben, besteht der Beitrag der Organisation in der modernen Gesellschaft darin, dauerhafte Kooperation in differenzierten sozialen Gebilden, die nur einen spezifischen Ausschnitt unseres Lebens erfassen, zu ermöglichen. Hier findet eine Aufteilung der Gesamtaufgabe (z. B. Produktion von Computern) in Form von Spezialisierung auf Teilaufgaben statt. Es lassen sich zwei Arten der Spezialisierung unterscheiden (Kieser und Walgenbach 2010): Wenn gleiche Tätigkeiten auf einer Stelle zusammengefasst werden, dann spricht man von Spezialisierung auf Verrichtungen (auch: *Verrichtungszentralisierung*, z. B. werden an einer Stelle einer Schreinerei mit einer großen Bandsäge alle anfallenden größeren Sägearbeiten verrichtet). Wenn hingegen stets gleiche Produkte oder Produktteile an einer Stelle hergestellt werden, dann heißt dies Spezialisierung auf Objekte (auch: *Objektzentralisation*, z. B. werden in der Schreinerei aus zugeschnittenen Teilen jeweils an einer Stelle lauter Stuhlbeine gefertigt). Aufgaben können also auf unterschiedliche Art verteilt werden. Sehen wir uns in einem ersten Schritt nun die Aufgabenverteilung an (Abb. 3.1).

Im Sinne des Scientific Managements (vgl. ▶ Kap. 2) sind die Aufgaben bis in die kleinstmöglichen sinnvollen Teilaufgaben zu zerlegen, z. B. eine zusammenhängende Bewegungsabfolge. Dies ist insbesondere im Sinne der technischen Rationalisierung/Automatisierung Voraussetzung

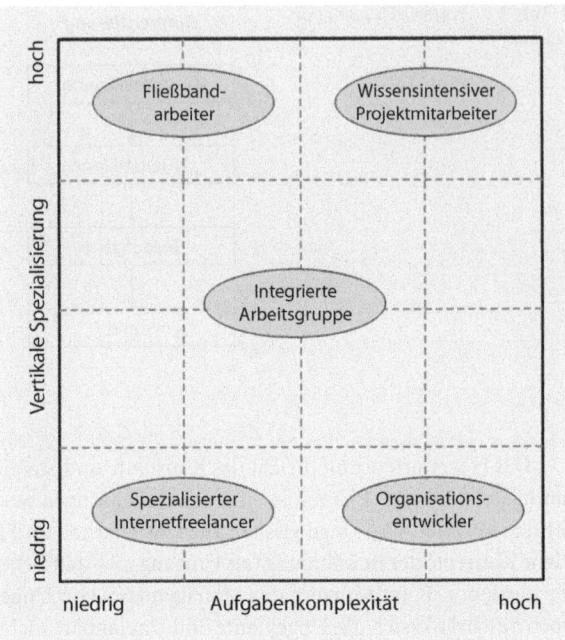

• Abb. 3.2 Spezialisierung und Aufgabenkomplexität

dafür, sinnvolle Produktionsprogramme zu generieren. Aus Sicht der beteiligten Menschen kann dies allerdings zu einseitiger Belastung, vorzeitiger Ermüdung und intellektuell-emotionaler Unterforderung führen. Das technisch mögliche Maß an Aufgabenzerlegung ist also nicht unbedingt das arbeitswissenschaftlich sinnvolle. Hier gilt es, einen Ausgleich zwischen dem analytischen Detaillierungsgrad und dem menschlich sinnvollen Integrationsgrad in der Aufgabenzuteilung zu finden.

Zusammengehörige Teilaufgaben werden in Stellen zusammengefasst – Stellen bilden somit die kleinsten *Organisationseinheiten*. Aufgrund der verschiedenen Anforderungsniveaus verschiedener Aufgaben zeichnen sich Stellen durch unterschiedliche Aufgabenkomplexität aus. • Abb. 3.2 (in Anlehnung an Vahs 2009) gibt den Zusammenhang zwischen vertikaler Spezialisierung (also Zerlegungsintensität der Gesamtaufgabe) und Aufgabenkomplexität wieder.

Die *Stellenbildung* ist grundsätzlich sachlich anhand der Aufgabe (ad rem) möglich, sie kann auf eine konkrete Person zugeschnitten erfolgen (ad personam), einem Sachmittel, z. B. einer Maschine (ad instrumentum), zugeordnet oder auch aufgrund normativer Vorgaben (z. B. aufgrund von Gesetzen) vorzunehmen sein (Vahs 2009). Hierbei lassen sich unterschiedliche Stellenarten unterscheiden: Ausführungsstellen vollziehen Teilaufgaben im Sinne der Spezialisierung aufgrund von Vorgaben. Leitungsstellen hingegen erfüllen eine Koordinationsfunktion – hier kommt das Folgeproblem der Arbeitsteilung/Spezialisierung zum Tragen: Es wird der entstehende Bedarf nach Abstimmungsleistungen erfüllt. Im Sinne einer übergeordneten Aufgabenzusammenfassung in funktionalen Einheiten werden nun Ausführungsstellen mit den zur Koordination notwendigen Leitungsstellen zu umfassenderen Einheiten zusammengefasst, es entstehen Abteilungen. Abteilungen unterscheiden sich dadurch voneinander, dass sie mehrere Stellen sinnvoll nach Aufgabenzusammenhängen (re-)integrieren.

Leitungsstellen zur Koordination mehrerer Abteilungen oder auch zusammengefasster Abteilungen (beispielsweise in Bereichen) nennt man (Leitungs-)Instanzen. Höhere *Instanzen* (z. B. Divisionen: Funktions- oder Geschäftsbereiche) werden in ihrer Tätigkeit vielfach von zugeordneten Stellen unterstützt (Stabs- und Assistenzstellen). Unterstützende Stellen sind dadurch gekennzeichnet, dass sie keine Weisungsbefugnisse gegenüber den, der Leitungsinstanz nachgeordneten, Abteilungen haben, sondern sich auf die unterstützenden, entscheidungsvorbereitenden Funktionen beschränken. Die Besetzung von Stellen und Instanzen ist grundsätzlich durch einzelne Personen, aber auch durch mehrere Personen (z. B. in Teilzeittätigkeit) oder auch durch eine gemeinschaftlich tätige Gruppe von Personen (sogenannte Gremien, z. B. Vorstand einer Aktiengesellschaft) möglich. Aus Sicht der Organisationsplanung ist also zwischen Stelle und Stelleninhaber(n) als individuellen Personen zu unterscheiden. Ziel der Aufbauorganisation ist die Bildung von Organisationseinheiten als Ausdruck der Struktur der Organisation und als Mittel zur Lösung der Folgeprobleme des grundsätzlichen Organisationsproblems.

> **Die Organisationsplanung differenziert die Gesamtaufgabe bis hin zur Stellenebene und integriert diese Strukturelemente anschließend durch Zusammenfassung zu Abteilungen, Divisionen und schließlich zur Struktur der Gesamtorganisation.**

Wie beeinflusst dies nun aber die sozialen Beziehungen der Menschen in Organisationen und wie das tatsächliche, tagtägliche Tun der betroffenen Menschen? Das Verhältnis von Organisationseinheiten zueinander (und damit auch von Menschen, die spezifischen Stellen zugeordnet sind) bestimmt sich nach der Verteilung von Entscheidungs- und Weisungsrechten. In beiden Fällen wird durch die Verteilung spezifischer Verfügungsrechte ein Über-, bzw. Unterordnungsverhältnis – also organisationale Hierarchie – begründet (vgl. zur organisationsspezifischen Modellierung der Property-Rights-Theorie z. B. Picot et al. 2008). Es gibt auch andere Formen der Verteilung von Rechten und der Begründung von Hierarchien in der Gesellschaft. Die Besonderheit der organisationalen Hierarchie ist aber, dass sich diese grundsätzlich nur auf einen spezifischen Ausschnitt der Lebenswelt des Individuums direkt bezieht, Anordnungen und Entscheidungen in Organisationen beispielsweise nicht grundsätzlich regeln, wie ein Mitarbeiter seine Freizeit zu verbringen oder seine Kinder zu erziehen hat, dass er religiös ist oder welcher sexuellen Orientierung er anhängt. Dies ist eben der Kern des sozialen Wandels von einer traditionellen Gesellschaft hin zu einer funktional differenzierten Organisationsgesellschaft.

3.4 Hierarchien

Die organisationale *Hierarchie* stellt damit eine spezifische Form der Koordination in Organisationen dar (vgl. zu Formen der Koordination Kieser und Walgenbach 2010). Durch die Anordnungsbefugnis einer übergeordneten Stelle (oder Instanz) gegenüber nachgeordneten Stellen im Hinblick auf die Verfügung über Ressourcen (Entscheidungsrechte) oder Tätigkeiten (Weisungsrechte) werden Vorgesetztenfunktionen begründet, also Stellen, die als soziale Positionen im sozialen Gefüge einer Organisation zu interpretieren sind, deren Inhaber sich spezifischen Rollenerwartungen durch die anderen Organisationsmitglieder ausgesetzt sehen und die diese auch erfüllen müssen. Eine vorgesetzte Person muss Führungsleistungen erbringen, also Anordnungen erteilen und Entscheidungen treffen, ansonsten wird er oder sie in seiner/ihrer Führungsfunktion nicht von den nachgeordneten Mitarbeitern akzeptiert und durch die höheren Vorgesetzten in seinem/ihrem Rollenverhalten sanktioniert (im Zweifelsfall der Vorgesetztenposition enthoben; vgl. Elbe 2012). Hierarchische Positionierung drückt sich durch die Verteilung von Entscheidungsrechten aus. Die Grundfrage lautet: Wer hat das Recht, über Ressourcen zu verfügen? Im Zuge der Differenzierung der Gesamtaufgabe werden Stellen geschaffen, denen jeweils spezifische Entscheidungsrechte zugeordnet sind. Dabei gilt die Regel: je höher die hierarchische

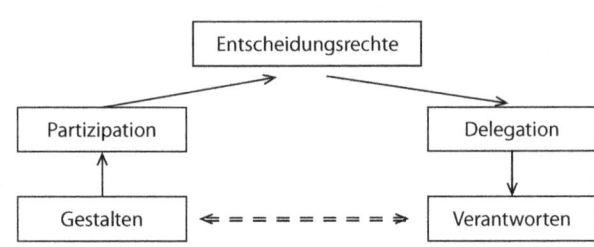

Abb. 3.3 Entscheidungsrechte

Position einer Stelle in der Gesamtstruktur einer Organisation, desto größer die Verfügungsgewalt über Ressourcen (z. B. Anzahl der Mitarbeiter, Höhe eines Budgets) in der Organisation. Durch die Einführung von Instanzen mit hoher Entscheidungsbefugnis findet eine (Re-)Integration der organisatorischen Differenzierung hin zu einer letztlich einheitlichen, koordinierten Entscheidungsbildung in der Organisation statt. Um trotzdem die koordinative Funktion, die von der Instanz erwartet wird, erfüllen zu können, findet vielfach eine Verteilung von *Entscheidungsrechten* durch die Instanz an die nachgeordneten Stellen statt. Die zentralen Prinzipien der Verteilung von Entscheidungsrechten sind Delegation und Partizipation (vgl. ◘ Abb. 3.3).

Mit *Delegation* wird die Weitergabe von Entscheidungsrechten von einer oberen Ebene an untere Ebenen bezeichnet. Hierdurch soll die Qualität der Entscheidung durch problemnäheres Entscheiden verbessert werden (Subsidiaritätsprinzip). Zugleich dient die Delegation der Entlastung der Führungskräfte und bei Prozessorganisation der Zuordnung der Prozessverantwortung an diejenigen, die den Prozess tatsächlich steuern. Nach Picot et al. (2008) ist Delegation insbesondere bei hoch strukturierten Aufgaben sinnvoll. Der Delegation entgegengesetzt ist die Partizipation: Hier werden nachgeordnete Stellen an der Entscheidungsfindung durch die vorgesetzte Instanz beteiligt, die Entscheidung wird aber trotzdem durch die übergeordnete Instanz getroffen. Als Vorteile der Partizipation (Mitarbeiterbeteiligung) werden eine höhere Mitarbeitermotivation, schnelle Aufdeckung von Missverständnissen und bessere Nutzung von Wissen bei der Entscheidungsfindung gesehen. Als zentrale Probleme gelten die zunehmende Unklarheit der Verantwortung sowie der höhere Aufwand bei Entscheidungsprozessen, der auch auf Kosten der Entscheidungsgeschwindigkeit geht. Generell gilt dabei: Verantwortung kann nur delegiert werden, wenn auch Gestaltungsoptionen eingeräumt werden, oder anders formuliert: Keine Delegation ohne Partizipation. Hierbei ist aber zu berücksichtigen, dass im Verhältnis zu übergeordneten Stellen (oder auch im Außenverhältnis zur Organisationsumwelt) die Gesamtverantwortung bei der Gesamtleitung verbleibt. Die Partizipation wird aus Sicht der Aufbauorganisation insbesondere bei unstrukturierten, komplexen Aufgaben eingesetzt. In der Realität werden Mitbestimmungsprozesse vielfach durch Machtkonstellation in den Arbeitsbeziehungen begründet (z. B. durch Gewerkschaften oder Betriebsräte durchgesetzt) oder auch gesetzlich begründet (vgl. Mitbestimmungsgesetze in Deutschland).

Die Verteilung von Entscheidungsrechten ist eng an die Verteilung von *Weisungsrechten* geknüpft. Mit Weisungen ist das Recht, Anordnungen zu erteilen, gemeint (Picot et al. 2008) oder (um mal wieder auf einen Klassiker zurückzugreifen): „Herrschaft soll heißen die Chance, auf einen Befehl bestimmten Inhalts bei angebbaren Personen Gehorsam zu finden" (Weber 1980, S. 28). Der Vorteil des Rückgriffs auf Weber besteht in Konkretisierung durch diese Definition. Bei den hier besprochenen Formen der Koordination durch Personen, die bestimmte Positionen in Organisationen besetzen, denen das Recht verliehen wurde, Weisungen zu erteilen, handelt es sich um Herrschaft; aber – und das war ein grundlegender Aspekt der gesellschaftlichen

3.4 · Hierarchien

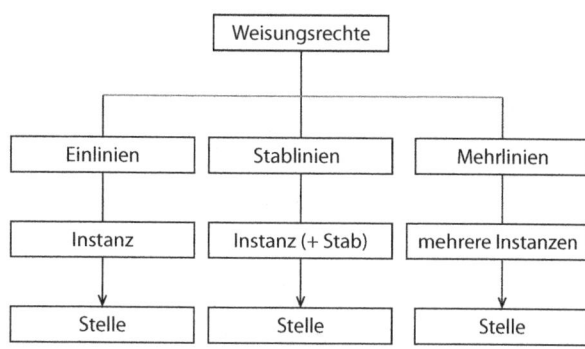

Abb. 3.4 Verteilung von Weisungsrechten

Differenzierung durch Organisationen – nur in Bezug auf bestimmte, begrenzte Inhalte (also nur in Bezug auf die arbeitsteilige Kooperation) und nur bei einer begrenzten, angebbaren Anzahl von Personen, nämlich den Organisationsmitgliedern, die dem Anweisenden unterstellt sind. Als klassische Formen der Verteilung von Weisungsrechten gelten das Einlinien-, das Stab-Linien- und das Mehrliniensystem (vgl. die ◘ Abb. 3.4).

Im *Einliniensystem* ist jeder Stelle genau eine Instanz vorgeordnet. Die Instanzen haben jeweils mehrere nachgeordnete Stellen. Um Abstimmungsprobleme zwischen nachgeordneten Stellen zu reduzieren, werden Kommunikationsmöglichkeiten zwischen nachgeordneten Stellen geschaffen, die ansonsten formal nicht vorgesehen sind (Fayol'sche Brücke). Hier zeigt sich, dass Weisungs- und Entscheidungsrechte in der Regel zusammen verteilt werden, da sonst eine Entscheidung über Kommunikationswege durch eine vorgesetzte Instanz nicht möglich wäre respektive den Informationsvorsprung der Instanz, auf der ihre Anerkennung beruht, unterlaufen würde. Die Regelung von Kommunikationsrechten umfasst neben dem Weisungsrecht durch eine vorgesetzte Stelle auch die Informationspflicht durch eine nachgeordnete Stelle. Das (vorgesehene, geplante) Kommunikationsnetz, das sich aus den formalen Kommunikationsbeziehungen in einer Organisation ergibt, nennt man (auch umgangssprachlich) den „Dienstweg". Im Mehrliniensystem sind mehreren Instanzen mehrere ausführende Stellen zugeordnet und umgekehrt. Hier wird das Prinzip der Eindeutigkeit der Unterstellung, das es beim Einliniensystem gibt, aufgegeben zugunsten der direkten Kommunikationsmöglichkeiten. In der klassisch industriellen Fertigung wurde das Mehrliniensystem auch als Meistersystem bezeichnet (mit mehreren Funktionsmeistern, die spezialisiert auf ihren Bereich Weisungen erteilen konnten). Im professionalisierten Sport findet sich dies insbesondere im Trainerbereich (z. B. mit spezialisierten Technik-, Athletik-, Taktik-Trainern).

Während bei den bisher besprochenen Formen der Verteilung von Weisungsrechten direkte Herrschaftsbeziehungen (mit ihrem Vorteil der Eindeutigkeit der Beziehungen und Verantwortungen) im Vordergrund standen, wird diese Strenge durch die Einführung von *Stäben* (aber auch Zentralabteilungen) zugunsten der Erhöhung einer funktionalen Expertise aufgeweicht. Stäbe sind dadurch gekennzeichnet, dass sie keine Weisungen gegenüber den Stellen der Linienorganisation (kurz meist „Linie" genannt) erteilen dürfen. Stäbe dienen der Unterstützung von Instanzen zur Vorbereitung von Entscheidungen und den von ihnen aufgrund dessen erteilten Weisungen. Im Stab-Linien-System sind den Instanzen (teilweise) Stäbe zugeordnet. Die ◘ Abb. 3.5 stellt (in Anlehnung an Picot et al. 2008) links das Einlinien-, rechts das Stabliniensystem dar.

Haben mehrere Stäbe unterschiedlicher Instanzen jeweils die gleiche Funktion für ihre jeweilige Instanz, dann kann sich daraus eine parallele Hierarchie zu der eigentlichen Hierarchie der Linie ergeben. Diese funktionalen, fachlich spezialisierten Stellen können eine zentrale Bedeutung in Organisationen haben und als eigenständige Abteilungen etabliert werden. In der Matrixorganisation

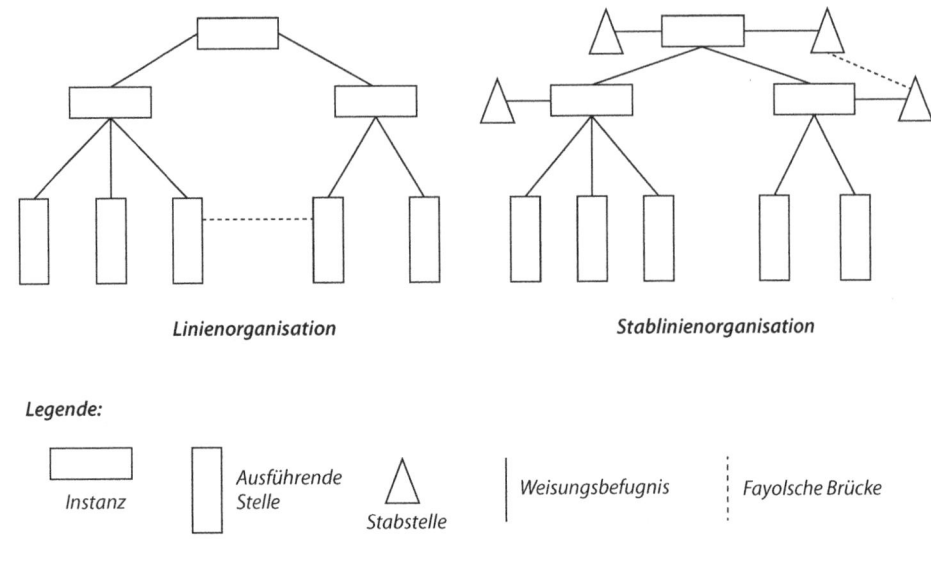

◘ Abb. 3.5   Einlinien- und Stablinienorganisation

wird das eigentliche Gliederungsprinzip der Linie (die Objektorientierung) mit der funktionalen Spezialisierung (z. B. durch Zentralabteilungen) kombiniert. ◘ Abb. 3.6 zeigt das *Matrixsystem*, das als Sonderform des Mehrliniensystems verstanden werden kann.

Die jeweiligen Vor- und Nachteile dieser hierarchisch orientierten Formen der Verteilung von Weisungsrechten (dies wird durch die beispielhaften schematischen Organigramme ausgedrückt) in Verbindung mit entsprechenden Entscheidungsrechten (die durch die Darstellungen zwar nicht angezeigt werden, die aber Gegenstand der dargestellten Weisungsbeziehungen sind) führen dazu, dass in der Praxis die verschiedenen Formen anzutreffen sind, wobei in vielen Organisationen keine formale Festlegung auf eine bestimmte Organisationsstruktur als Ausdruck formaler sozialer Beziehungen vorgenommen wird.

Speziell die Stab-Linien- und die Matrixstruktur bedienen sich des Prinzips der Aufgabe von Eindeutigkeit der Weisungsbeziehungen, um durch die Einführung von Stäben oder die Kombination von funktionaler und divisionaler (objektorientierter) Unterstellung Expertise zu gewinnen. Hiermit ist eine Grundentscheidung in der organisatorischen Gestaltung von sozialen Systemen durch die oberste Leitung speziell großer Organisationen hinsichtlich der strategischen Orientierung der Organisation angesprochen: Soll die Organisation grundsätzlich funktional oder divisional gegliedert werden? Bei der funktionsorientierten Organisation ist die zweite Ebene nach der Unternehmensleitung nach betrieblichen Funktionen untergliedert (z. B. Beschaffung, Produktion, Vertrieb, Verwaltung), bei der objektorientierten Organisation wird nach Produktgruppen oder Regionen gegliedert (z. B. Produktgruppen: Motorräder, Autos, Nutzfahrzeuge; oder Regionen: Europa, Afrika, Asien, Amerika). Chandler (1973) bezeichnete die *funktionale Gliederung* als U-Form (unified form), die *objektorientierte Gliederung* hingegen als M-Form (multidivisional form) und kam aufgrund seiner wirtschaftshistorischen Analyse zu der Überzeugung: „Unless structure follows strategy, inefficiency results." (Chandler 1973, S. 314) Strukturentscheidungen sind damit Ausdruck von strategischen Entscheidungen in Bezug auf die Ziele der Organisation und deren Realisierung in einem spezifischen Umfeld (z. B. politisches System, Märkte, Konkurrenten).

3.4 · Hierarchien

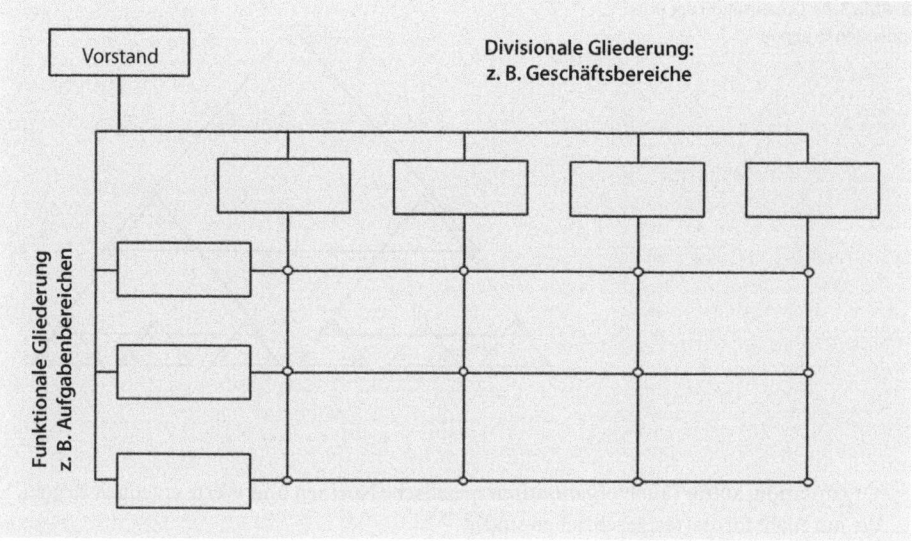

☐ Abb. 3.6 Matrixorganisation

Mit der Matrixorganisation wird versucht, die Vorteile divisionaler und objektorientierter Struktur zu kombinieren, doch auch hier gilt, dass dies um den Preis der Einheitlichkeit der Anordnungsbefugnis geschieht. Allen vier dargestellten Formen ist gemein, dass sie zwar formal Weisungsbeziehungen zwischen Instanzen und Stellen regeln, de facto aber Über-, bzw. Unterordnungsbeziehungen von Menschen begründen. Eben diese traditionell hierarchische Form der Autoritätsausübung kritisierte Likert (1971, erstmalig 1961) und schlug vor, ein System unterstützender Beziehungen in Organisationen zu etablieren. Diese führen zu überlappenden Gruppen, die durch „linking pins" (Organisationsmitglieder, die mehreren Gruppen angehören) verbunden werden. Die Gruppen entscheiden in ihrem Bereich relativ autonom, die koordinative Funktion wird durch die Überlappungen erfüllt. Damit schuf Likert ein Organisationssystem, das dem gruppendynamisch orientierten Ansatz der Organisationsentwicklung entsprach und seitdem vielen Organisationsentwicklern als eigentlich anzustrebendes Ziel der Gestaltung von Organisationen gilt. Die ☐ Abb. 3.7 stellt das System dar (in Anlehnung an Likert 1971).

Die formal-hierarchische Über- bzw. Unterordnungsbeziehung von Personen wird durch die Einbindung in Gruppen aufgelöst – es gibt zwar noch verschiedene Entscheidebenen in der Organisation, diese sind aber nicht mehr einzelnen Personen, sondern *Gruppen* (gegebenenfalls auch Gremien) zugeordnet. Dies lässt sich verallgemeinern: Die Koordinationsleistungen, die durch Verteilung von Entscheidungs- und Weisungsrechten erbracht werden können, sind nicht zwangsläufig an Personen (in Erfüllung der Rollenerwartungen, die an Vorgesetztenfunktionen gestellt werden) gebunden, vielmehr gibt es neben der persönlichen Weisung auch weitere Formen der Koordination (Kieser und Walgenbach 2010; Elbe 2012):

- Selbstabstimmung (die betroffenen Organisationsmitglieder erbringen die Koordinationsleistung selbst),
- Programme und Pläne (hier ersetzen organisationale Regeln die persönlichen Weisungen)
- Organisationsinterne Märkte (durch Konkurrenz um knappe Ressourcen soll die organisationale Effizienz gesteigert werden),

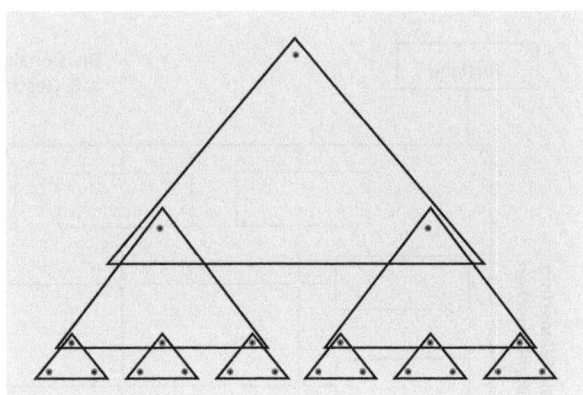

Abb. 3.7 Organisation der überlappenden Gruppen

- Organisationskultur (auch organisationsspezifische Normen und Werte erzeugen Regeln, die nur nicht formal festgeschrieben sind),
- Standardisierung von Rollen (hier wird auf außerorganisationale Rollenzuschreibungen, insbesondere im Sinne von professionellen, berufsbezogenen Rollen, zurückgegriffen, z. B. Ärztin versus Krankenschwester versus Bürokauffrau – auch im Falle eines Wechsels von einem Krankenhaus zum anderen hätten spezifische Rollenmuster weiter Gültigkeit).

Mit der Erweiterung der Koordinationsmöglichkeiten wurden auch *neue Gestaltungsmöglichkeiten* für Organisationen entdeckt. Neben die Teamstruktur treten dabei seit einigen Jahren insbesondere die virtuelle Organisation und die grenzenlose Organisation (Robbins 2001) oder generell der nun häufig konstatierten 4. industriellen Revolution (Industrie 4.0, neuer Umgang mit Wissen und Innovation) und dem Auftreten von Netzwerkstrukturen (vgl. ▶ Kap. 5). Diese Entwicklungen gehen über traditionelle Organisationsvorstellungen hinaus und erzeugen eine zunehmende Unschärfe der Organisationsgrenzen, da sie neben den technischen Hilfsmitteln (z. B. Computer und Internet) auch Kooperationsstrukturen nutzen, die einerseits traditionelle Rechtsformen nur noch als Vehikel benutzen, andererseits in die institutionellen Arrangements der Makroorganisation hineinreichen. Auch diese neuen Organisationsformen versuchen aber die Handlungsmodalität durch Darstellungsformen zu visualisieren und zu systematisieren, wobei sie häufig neue Darstellungsformen suchen – trotzdem findet Strukturbildung statt und die Temporalität der Organisation wird in allen drei Erscheinungsformen angesprochen. Grundsätzlich bleibt die Notwendigkeit bestehen, Kooperationsbeziehungen abzusichern, wenn sie nur mit hohen Transaktionskosten herzustellen sind – dann müssen sie aber auch koordiniert und strukturiert werden.

Aufbaustrukturen und Hierarchien stellen zwar nur eine Perspektive der Temporalität dar (die instrumentelle) und zeigen sich insbesondere im Darstellungsmodus, trotzdem beeinflussen sie aber den Handlungsmodus auf mehreren Ebenen:
- Durch die Darstellung der Aufbauorganisation und die Festlegung der Hierarchie wird das Handeln der Organisationsmitglieder beeinflusst, die aufgrund dessen unter der Annahme, dass die Darstellungsform Relevanz habe, sich entscheiden müssen, ob sie dem Regime aus Weisungs- und Entscheidungsrechten folgen (Loyalty), Widerstand zeigen (Voice) und Wandel einzufordern oder die Mitgliedschaft zu beenden (Exit). Diese rationaltheoretische Perspektive (nach Hirschman 1974) übersieht allerdings, dass es weitere Handlungsoptionen (z. B. die innere Kündigung, Richter 2003) gibt.

- Durch die Strukturfestlegung und -darstellung werden darüber hinaus Verantwortungsbereiche skizziert, die organisationale Prozesse zuordenbar machen und damit auch zurechenbar. Dies drückt sich insbesondere im Rechnungswesen und der dort dokumentierten Budgetverantwortung aus.
- Die Institutionalisierung der Struktur selbst stellt ein zentrales Problem dar: Wird die Struktur unhinterfragbar, dann implodieren die Organisationsperspektiven. Institutionalisierung in Organisationen beziehen sich auf abgegrenzte Handlungszusammenhänge, die zwar nicht weiter erläuterungsbedürftig sind und hohe Verhaltenskonformität erzeugen, die aber nicht der Totalität unterliegen, sondern eben nur Ausschnitte der Lebenswelt umfassen und Wandel zulassen. Dies würde durch die Institutionalisierung der Struktur in Frage gestellt.

3.5 Rechtsform und Makroorganisation

Mit unseren bisherigen Überlegungen zur Aufbauorganisation haben wir durch die Verteilung von Weisungs- und Entscheidungsrechten in der Organisation letztlich *Herrschaftsbeziehungen* in der differenzierten Organisationsgesellschaft beschrieben, denen sich das Individuum durch die freiwillige Übernahme einer Mitgliedschaftsrolle in der jeweiligen Organisation unterwirft (z. B. dadurch, dass es einen Arbeitsvertrag abschließt, sich in ein Krankenhaus aufnehmen lässt und hierfür einen Behandlungsvertrag eingeht oder sein Kind in einer bestimmten Schule anmeldet). Herrschaft hatten wir dabei definiert als „[…] Chance, auf einen Befehl bestimmten Inhalts bei angebbaren Personen Gehorsam zu finden" (Weber 1980, S. 28), wobei diese Unterwerfung auf den durch den Mitgliedschaftsvertrag spezifizierten Teil des Alltags begrenzt ist. Zugleich wird durch Herrschaft die gängigste Form der Koordination in Organisationen begründet. Dies betrifft alle Ebenen der Hierarchie.

Organisationen haben dabei die Tendenz, die Strukturen anderer, erfolgreicher Organisationen in ihrem Umfeld (auch von Konkurrenten) zu kopieren. Dies wird im Rahmen des soziologischen Neoinstitutionalismus (vgl. ▶ Kap. 2) insbesondere durch DiMaggio und Powell (1983) untersucht. Organisationen streben demnach nicht primär nach ökonomisch-technischer Effizienz, sondern nach *gesellschaftlicher Isomorphie*, nach Strukturgleichheit. Hierbei lassen sich drei zentrale Mechanismen der Anpassung identifizieren (DiMaggio und Powell 1983):
- zwangsweiser Isomorphismus (durch erzwungene, gesetzliche Vorgaben),
- imitationaler Isomorphismus (aufgrund des Kopierens von als erfolgreich geltenden Organisationen),
- normativer Isomorphismus (insbesondere aufgrund des Austauschs professionellen Personals).

Durch diese Formen der Übernahme von Strukturen zeigen die Organisationen, dass sie bereit sind, die gängigen Herrschaftsformen in der Gesellschaft zu akzeptieren und anzuwenden. Sie weisen damit ihre Legitimität und Verlässlichkeit nach. Dadurch kann die Organisation bei den Menschen und Organisationen, mit denen sie zu tun hat (sogenannten Stakeholdern/Interesseneignern, das können z. B. Kunden, Anteilseigner, Kreditgeber, die Steuerbehörde, die eigenen Mitarbeiter, die Presse sein), Vertrauen erzeugen und für die Organisation eher förderliche Handlungen erwarten. Eine wichtige Form der Strukturübernahme ist der zwangsweise Isomorphismus. Hiermit ist die Übernahme von vorgegebenen rechtlichen Strukturen gemeint.

Die Wahl der *rechtlichen Verfassung* bestimmt dabei, wer das grundlegende Recht zur Entscheidung und Vertretung der Organisation nach innen und nach außen hat, wer über die

Verteilung der erwirtschafteten Ressourcen (Gewinne) verfügen darf, wer die Organisation auflösen (z. B. verkaufen) darf, wer für Schäden, die durch die Organisation verursacht werden, haftet und schließlich welche Informationspflichten gegenüber den Stakeholdern mit der Wahl einer spezifischen Rechtsform verbunden sind.

> Speziell das Gewinnaneignungsrecht und das Veräußerungsrecht sind Formen der Lösung des Verteilungsproblems: Hier wird das Recht verliehen, die Kooperationsgewinne an spezifische, mächtige Akteure zu verteilen. Dies durch institutionelle Rahmung für eine Vielzahl von weniger mächtigen Akteuren abzumildern (z. B. durch Streikrecht oder Umverteilungsmaßnahmen), ist Aufgabe des Rechtsstaats.

Zugleich wird mit der Wahl der Rechtsform die grundlegende Struktur der Herrschaftsbeziehungen im Unternehmen geregelt und damit auch, z. B. welche Formen der Mitbestimmung (Partizipation) gesetzlich vorgegeben sind. Generell wird durch die Wahl der Rechtsform die Herrschaftsstruktur (Corporate Governance) in der Organisation begründet.

Im Folgenden werden gängige *Rechtsformen für Organisationen in Deutschland* exemplarisch erläutert: Die absolut häufigste Rechtsform ist die des Einzelkaufmanns – hier sind alle organisationsspezifischen Rechte und Pflichten direkt an eine individuelle Person gebunden, weitere Vorgaben bezüglich der Strukturen werden hier nicht gemacht. Bei der Gesellschaft des bürgerlichen Rechts (GbR), der offenen Handelsgesellschaft (OHG), der Kommanditgesellschaft (KG) und der stillen Gesellschaft handelt es sich um Personengesellschaften, die durch den Zusammenschluss natürlicher Personen zum Zweck der Gründung und des Betreibens einer spezifischen Organisation zustande kommen. Die Herrschaftsverhältnisse unter den Gründern (und damit auch gemeinschaftlichen Eignern) werden hierbei in einem Gesellschaftervertrag geregelt.

Bei Kapitalgesellschaften (insbesondere der Gesellschaft mit beschränkter Haftung [GmbH] und der Aktiengesellschaft [AG]) werden die Herrschaftsverhältnisse sowie sonstige Rechte und Pflichten durch eigenständige Gesetze geregelt. Speziell für Aktiengesellschaften werden die Regelungen durch den sogenannten Corporate-Governance-Kodex ergänzt, der Regeln guter Unternehmensführung aufstellt und die Arbeitsteilung zwischen Vorstand und Aufsichtsrat konkretisiert. Auch die weiteren Gesellschaftsformen wie die eingetragene Genossenschaft (eG), die rechtsfähige Stiftung sowie generell Vereine unterliegen klaren gesetzlichen Vorgaben. Sonderformen sind die Kommanditgesellschaft auf Aktie (KGaA) sowie die GmbH & Co. KG, die Personengesellschaften mit Kapitalgesellschaften kombinieren. Mit diesen Rechtsformen sind die Strukturen des zwangsweisen Isomorphismus für den zweiten Sektor (Privatwirtschaft) und dritten Sektor (gemeinnützige Organisationen) umrissen. Für den ersten Sektor, den staatlichen Bereich, gilt: Öffentliche Organisationen sind Körperschaften des öffentlichen Rechts und werden in ihrer Struktur durch Bundes- und Landesgesetze sowie eigene Ordnungen (z. B. bei kommunalen Betrieben) geprägt. Es können dabei auch Mischformen zwischen den Sektoren (z. B. gemeinnützige Gesellschaften mit beschränkter Haftung [gGmbH] oder kommunale Betriebe in privatwirtschaftlicher Rechtsform) entstehen. ◘ Tab. 3.1 gibt einen Überblick über gängige Rechtsformen (in Anlehnung an Picot et al. 2008).

Generell gilt: Durch die Wahl einer spezifischen Rechtsform werden einerseits *Strukturentscheidungen* für die Organisation im Inneren getroffen, zum anderen Informationen für das relevante gesellschaftliche Umfeld bereitgestellt (u. a. durch die gesetzliche Informationspflicht, aber auch durch die Signale konkludenten Handelns, z. B. die Bereitschaft zur Haftungsübernahme) und damit Handlungsmöglichkeiten der Organisation im Umfeld mit bestimmt: Wie viel Kredit wird von Banken gewährt? Welche Möglichkeiten zur Erhöhung des Eigenkapitalanteils gibt es? Besteht die Gefahr einer „feindlichen Übernahme" (also des Verlusts der Mehrheitsanteile

3.5 · Rechtsform und Makroorganisation

Tabelle 3.1 Rechtsformen

Rechtsform	Leitung	Gewinnverteilung	Haftung
Kaufmann (Individuum)	Einzelkaufmann	Einzelkaufmann	Der Einzelne haftet unbeschränkt
GbR	gemäß Gesellschaftsvertrag (häufig Gesellschafter)	Gesellschafter	Gesellschafter haften unmittelbar und unbegrenzt
OHG	gemäß Gesellschaftsvertrag (häufig Gesellschafter)	Gesellschafter	Gesellschafter haften unmittelbar und unbegrenzt
KG	Komplementäre	Komplementäre und Kommanditisten	Komplementäre haften unbegrenzt, Kommanditisten nur beschränkt
Stille Gesellschaft	normale Gesellschafter	normale und stille Gesellschafter	je nach Gesellschaftsform; einschl. Einlage des stillen Gesellschafters
GmbH	gemäß Gesellschaftsvertrag (häufig Gesellschafter)	Gesellschafter	auf Gesellschaftsvermögen begrenzt
AG	Vorstand	Aktionäre	auf Gesellschaftsvermögen begrenzt
KGaA	Komplementäre	Komplementäre und Kommanditaktionäre	Komplementäre haften unbegrenzt, Kommanditaktionäre haften begrenzt
eG	Vorstand	Genossen	je nach Statut begrenzt oder unbegrenzt
Rechtsfähige Stiftung	Vorstand	–	auf Stiftungsvermögen begrenzt
Verein	Vorstand	–	auf Vereinsvermögen begrenzt
GmbH & Co. KG	GmbH-Geschäftsführer	GmbH-Gesellschafter und Kommanditisten	auf Kommanditeinlagen und GmbH-Vermögen begrenzt
Öffentliche Unternehmung	Vorstand (Politiker, Beamte)	Gebietskörperschaft	Gebietskörperschaft, je nach Rechtsform

in einer Organisation)? Damit sendet die Organisation Signale an die Umwelt, wie sie verortet werden möchte (z. B. welchem Sektor sie angehört) und welcher Rationalität sie folgt (Soll nun Gewinnerwirtschaftung im Vordergrund stehen oder die Erbringung gemeinnütziger Leistungen?). Die Organisation verschafft sich so Legitimität und Reputation in der Gesellschaft und bindet die Temporalität durch Konvention.

Organisationen sind aber häufig noch in weitere *institutionelle Arrangements* eingebettet. Besonders verbreitet sind Institutionen als übergeordnete Organisationen im Rahmen partieller Kooperation bei grundsätzlicher Konkurrenz im privatwirtschaftlichen Sektor (z. B. Mitgliedschaft in Arbeitgeberverbänden, bei der Industrie- und Handelskammer oder in einer Genossenschaft – hier sei als Beispiel die DATEV für Steuerberatergesellschaften erwähnt). In diesen Fällen konkurrieren die Unternehmen grundsätzlich miteinander auf dem Markt um

Kunden, kooperieren aber in Bezug auf die Wahrnehmung von Aufgaben, die nicht marktlichen Prozessen überlassen werden sollen. Eine andere Form der Makroorganisation sind Unternehmenszusammenschlüsse, die eine Koordination des Handelns auch im Kernbereich des Organisationszwecks beabsichtigen; z. B. Holding oder Konzern sind Bezeichnungen für Organisationen, die selbst größere Organisationen insbesondere in Bezug auf das Verteilungsproblem steuern. Konzerne sind dabei Hauptanteilseigner von konsolidierten Gesellschaften, deren rentable Geschäftstätigkeit Gegenstand der Tätigkeit des Konzerns ist. Vertikale Konzerne umfassen dabei (grundsätzlich marktliche) Wertschöpfungsketten. So kann ein Nahrungsmittelkonzern sowohl landwirtschaftliche Betriebe als auch Molkereien und andere weiterverarbeitende Betriebe, also auch Lebensmittelmärkte, umfassen, bei denen es sich jeweils um rechtlich selbstständige Unternehmen handelt, die aber wirtschaftlich in der Konzernbilanz konsolidiert werden und die in ihrem Markthandeln so aufeinander abgestimmt werden, dass daraus Kostenvorteile, insbesondere aber hohe Relevanz im Markt (gegenüber Kunden, Konkurrenten, Banken) entstehen. Bei horizontalen Konzernen werden Unternehmen derselben Produktionsstufe in einem Konzern zusammengeführt, wodurch eine besondere Markmacht, die Verdrängung von Konkurrenten bis hin zur Monopolstellung in einem Markt angestrebt wird.

Laterale Konzerne schließlich sind Mischkonzerne, bei denen die einzelnen Organisationen kaum systematische geschäftliche Beziehungen miteinander haben und die vielfach aus Diversifizierungsstrategien (als mimetische Form des *„Structure follows Strategy"*, in Anlehnung an Chandler 1973 und den imitationaler Isomorphismus) entstehen. Insbesondere die lateralen Konzerne sind häufig Holdings, also Beteiligungsgesellschaften, die keine sachlichen Interessen an den konsolidierten Unternehmen haben, sondern reine Finanzgesellschaften ohne betrieblichen Bezug darstellen.[1] Diesen institutionellen Arrangements der Makroorganisation stehen Institutionen gegenüber, die eine marktbeherrschende Konzentration oder Kooperation zu verhindern suchen. Diese Funktion wird in Deutschland insbesondere durch das Gesetz gegen Wettbewerbsbeschränkungen (GWB) und die Institutionen, die dieses durchsetzen (als Organisation ist damit speziell das Bundeskartellamt betraut), geordnet.

3.6 Darstellung und Strukturentscheidung

Wie in ▶ Kap. 2 bereits angedeutet, ist in unserer Organisationsgesellschaft ein zentraler Mythos, dass Organisationen *Rationalität durch Entscheidungen* herstellen. Dieser Mythos wurde durch die verhaltenswissenschaftliche Entscheidungstheorie (Berger und Bernhard-Mehlich 2006) und die Arbeiten Herbert Simons (1993) deutlich infrage gestellt. Auch und speziell Strukturentscheidungen werden von begrenzt rationalen Akteuren unter spezifischen Bedingungen und in Auseinandersetzung mit anderen Akteuren sowie mit der Tendenz zu Isomorphismus getroffen. Es soll hier nicht der Eindruck erweckt werden, dass organisationale Strukturentscheidungen per se irrational seien, aber sie unterliegen situativen Bedingungen, individuellen Interessen und menschlichen Unzulänglichkeiten. Luhmann (2000) hatte organisationale Entscheidungen deshalb als Output von Organisationen als autopoietischen Systemen gekennzeichnet, dadurch traten die Organisationen mit ihrem Beharrungsvermögen in das Zentrum der Betrachtung, und der begrenzt rationale Mensch erschien als Umweltbedingung der Entscheidung.

---

1 Zur Makroorganisation vgl. insbesondere Werder (2005).

Tatsächlich wirken organisationale Strukturen vielfach eher als gewachsene Manifestationen der Organisationskultur, als geronnene Mikropolitik und weniger als das Ergebnis geplanter Strukturentscheidungen. Trotzdem war es insbesondere in der Betriebswirtschaftslehre das Ziel, konkrete Planungsinstrumente zur organisationalen Analyse, Planung und Gestaltung zur Verfügung zu stellen. Grundsätzliche Techniken zur Analyse von organisationalen Problemen, Erhebung von Daten (durch Interviews, Fragebögen, Beobachtung, Zeitaufnahmen, technische Auswertungen usw.), Problemlösung und Gestaltung der Organisation finden sich in zahlreichen Organisationsbüchern: Erwähnt seien hier das seit 1974 erscheinende Überblickswerk von Schmidt (2009) sowie das (ebenso 1974 erstmalig erschienene) Buch zur Organisationsplanung (Siemens AG 1992), das den Stellenwert organisatorischer Analyse und Planung für Großunternehmen zeigt.

Als ein zentrales Instrument zur Planung der Aufbauorganisation wird das Organisationsdiagramm (*Organigramm*) genutzt. Es werden die strukturellen Beziehungen in Organisationen grafisch visualisiert und damit offengelegt. In der Grundform werden Stellen und Instanzen gerahmt (in „Kästchen") dargestellt. Die hierarchische Gliederung wird durch vertikale Abstufungen und die Weisungsbeziehungen werden durch Linien zwischen den jeweiligen Stellen angedeutet. Vollständige Linien bedeuten dabei eine fachliche und disziplinare Unterstellung, unterbrochene Linien hingegen geben üblicherweise nur fachliche Unterstellung an. Neben den zentralen Aufgaben, die den jeweiligen Stellen zugeordnet sind, werden vielfach auch die (Leitungs-)Personen, die die jeweiligen Stellen besetzen, angegeben. Zur weiteren Skizzierung von Funktionen und Zuordnungen werden horizontale Säulendiagramme und vertikale Balkendiagramme verwendet. Eine Mischform ist das Funktionsdiagramm, in dem neben hierarchischen Beziehungen auch ablauforganisatorische Zusammenhänge darstellbar sind. Problematisch ist bei Organigrammen, dass sie eine Scheinstruktur darstellen: Informale Aspekte, kulturelle Gepflogenheiten und mikropolitische Einflüsse können durch Organigramme nicht dargestellt werden. Auch hat es trotz vielfacher Bemühungen bisher keine bindende Vereinheitlichung (z. B. DIN EN ISO) aufbauorganisatorischer Darstellungsformen gegeben. Schematische Beispiele für die Verwendung von Organigrammen finden sich in den Darstellungen dieses Kapitels (speziell den ◘ Abb. 3.5 und 3.6). Organigramme stellen das Ergebnis der aufbauorganisatorischen Differenzierung in Integration dar, die durch Aufgabenanalyse und Aufgabensynthese entstanden war. Ein ebensolcher Zusammenhang zwischen Differenzierung und Integration findet sich auch im Hinblick auf die zu verrichtende Arbeit: Die Arbeitsanalyse führt zur Differenzierung von Arbeitsgängen, und die Arbeitssynthese fasst diese dann zu Prozessen im Rahmen der Ablauforganisation zusammen.

Der Einsatz von organisationalen Gestaltungsmitteln geschieht somit auf der Grundlage einer *systematischen Organisationsanalyse* (die Aufgaben- und Arbeitsanalyse umfasst) und ist in dieser Form eine sozioökonomisch-managementorientierte Form der Datenerhebung und -verarbeitung. Methoden und Techniken der Organisationsanalyse finden sich z. B. bei Schmidt (2009). Die eher psychologische Variante der Datenerhebung und -analyse bietet die *Organisationsdiagnose* (Elbe 2015). Für beide Varianten gilt, dass die Diagnose vor der Therapie erfolgen muss: Eine problemgerechte Organisationsgestaltung kann nur erfolgen, wenn eine *Analyse- oder Diagnosephase* vorangestellt ist. Für beide Formen gilt, dass der Temporalität der Organisation in dieser Phase eine besondere Bedeutung zukommt. Es gilt verschiedene Perspektive einzunehmen, um nicht nur eine einseitige Problemsicht ins Visier zu bekommen – anders formuliert: In der Analyse- und Diagnosephase kommt dem *Verstehen* (als erkenntnistheoretischem Ansatz) eine besondere Bedeutung zu, da diese zwischen Problembeschreibung und Problemerklärung vermittelt, letztlich also den Kern *adäquater Problemerfassung* betrifft. Hierauf baut die Gestaltungsfunktion auf. Die Temporalität der Organisation vermittelt aufgrund des Verstehens zwischen

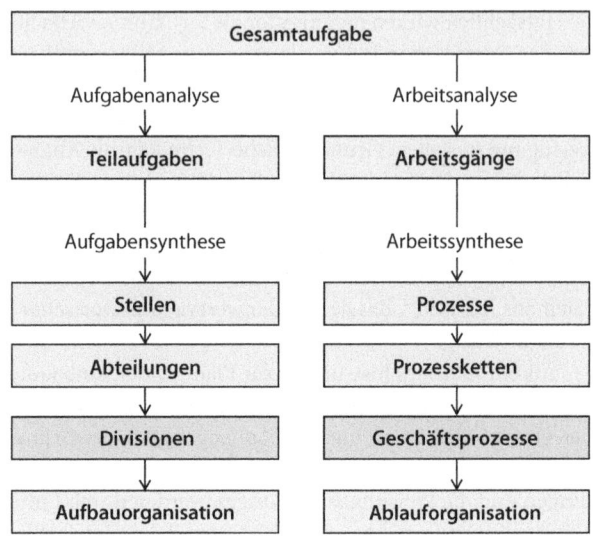

Abb. 3.8 Differenzierung und Integration

Analyse und Synthese: Nur was als sinnhaft/bedeutsam wahrgenommen wird, kann auch bewusst gestaltet werden. Den Zusammenhang zwischen Aufbau- und Ablauforganisation und damit mit dem nächsten Kapitel stellt ◘ Abb. 3.8 (in Anlehnung an Vahs 2009) dar.

Das Ergebnis der organisatorischen Differenzierung und anschließenden Integration sind damit Aufbau- und Ablauforganisation, die selbst natürlich nur zwei Denkweisen im einheitlichen organisatorischen Handeln darstellen. Während die Aufbauorganisation in Aufgaben, Stellen und Strukturen denkt, beschäftigt sich die Ablauforganisation mit Arbeitsgängen, Prozessen und Schnittstellen. Die Ablauforganisation liegt dabei sozusagen „quer" zur Aufbauorganisation. ◘ Abb. 3.9 (in Anlehnung an Picot et al. 2008) verdeutlicht dies.

Im Rahmen neuerer organisationaler Entwicklungen (die vielfach unter dem Begriff Industrie 4.0 zusammengefasst werden) wird aufgrund der Prozessperspektive der Ablauforganisation teilweise die Strukturierungsleistungen der Aufbauorganisation in Frage gestellt. So sollen beispielsweise durch agile Methoden in der Software-Entwicklung die Trennung von Planung und Umsetzung aufgehoben werden, da diese nicht (wie in klassischer Industrieorganisation) in getrennten Abteilungen geleistet werden.[2] Durch diese Prozessintegration sollen weitgehende Freiräume in der Koordinierungsleistung bei hoher Ungewissheit in der Umwelt realisiert werden. Letztlich handelt es sich aber hierbei nicht um neue Koordinationsprinzipien, vielmehr wird auf klassische Ansätze aus der militärischen Organisation (der Auftragstaktik) zurückgegriffen. Hier ist eine eigenständige Koordination mit „benachbarten" Einheiten vorgesehen und die Umsetzung erfolgt aufgrund selbständiger Planung (Elbe 2014). Durch die hierarchische Einbindung wird aber die Umsetzungssicherheit erhöht, da der Vorgesetzte im Rahmen der Dienstaufsicht die Prozessanforderung hinsichtlich der Ressourcenausstattung unmittelbar nachsteuern kann. Generell haben wir es hier mit einem Substitutionsproblem zwischen zwei Erscheinungsformen organisationaler Temporalität zu tun: zwischen Prozess und Struktur. Im Folgenden werden die spezifischen Anforderungen der Ablauf- und Prozessorganisation genauer analysiert.

---

2 Vgl. hierzu ausführlich Kapitel fünf.

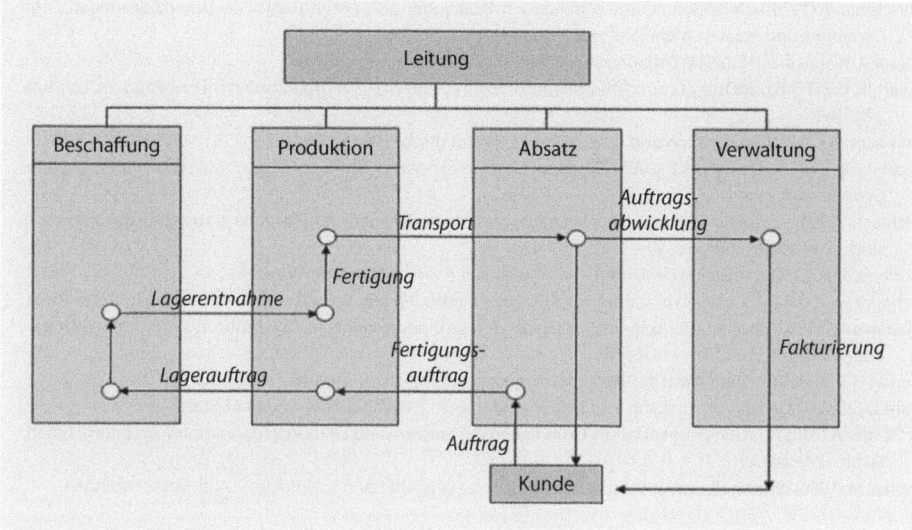

◘ Abb. 3.9 Zusammenhang zwischen Aufbau- und Ablauforganisation

3.7 Fragen

1. Wie hängen Darstellungs- und Handlungsmodus der Organisation zusammen?
2. Skizzieren Sie den Zusammenhang zwischen der Verteilung von Entscheidungsrechten und der Verteilung von Weisungsrechten.
3. Welche Rolle spielen „linking pins" in der Teamstruktur nach Likert (1971) und welche Bedeutung hat dies für die Organisationsentwicklung?
4. Organisationen sind gezwungen, sich in das rechtliche Institutionensystem einzugliedern. Welche Folgen hat die Entscheidung für eine bestimmte Rechtsform?

Literatur

Berger U, Bernhard-Mehlich I (2006) Die Verhaltenswissenschaftliche Entscheidungstheorie. In: Kieser A, Ebers M (Hrsg) Organisationstheorien, 6. Aufl. Kohlhammer, Stuttgart, S 169–214

Böhle F, Busch S (Hrsg) (2012) Management von Ungewissheit. Neue Ansätze jenseits von Kontrolle und Ohnmacht. Transcript, Bielefeld

Chandler A (1973) Strategy and Structure. Chapters in the History of the Industrial Enterprise, 3. Aufl. MIT Press, Cambridge/Mas

DiMaggio P, Powell W (1983) The iron cage revisited: Institutional isomorphism and collective rationality in organizational fields. Am Sociol Rev 48:147–160

Duchek S, Klaußner S (2013) Temporärer Umgang mit Unerwartetem: Die Analyse einer gebrochenen ICE-Radsatzwelle durch die Bundesanstalt für Materialforschung und -prüfung. In: Koch J, Sydow J (Hrsg) Organisation von Temporalität und Temporärem. Managementforschung 23. Springer Gabler, Wiesbaden, S 49–82

Elbe M (2012) Management der Ungewissheit: Zukünftige Zumutungen der Führung. In: Grote S et al (Hrsg) Die Zukunft der Führung. Springer Gabler, Berlin, S 173–189

Elbe M (2014) Führen mit Zielen und Zielvereinbarungen in militärischen Organisationen. In: Kern E-V, Richter G (Hrsg) Streitkräftemanagement. Neue Planungs- Und Steuerungsinstrumente der Bundeswehr. Springer Gabler, Wiesbaden, S 11–30

Elbe M (2015) Organisationsdiagnose: Methoden · Fallstudien · Reflexionen. Schneider Verlag Hohengehren, Baltmannsweiler

Hirschman A (1974) Abwanderung und Widerspruch. Reaktionen auf Leistungsabfall bei Unternehmungen, Organisationen und Staaten. Mohr (Siebeck), Tübingen
Kieser A, Walgenbach P (2010) Organisation, 6. Aufl. Schäffer-Poeschel, Stuttgart
Likert R (1971) The principle of supportive relationships. In: Pugh D (Hrsg) Organization theory. Penguin, London, S 279–304
Luhmann N (2000) Organisation und Entscheidung. Westdeutscher Verlag, Opladen
Picot A, Dietl H, Dietl H, Franck E (2008) Organisation: eine ökonomische Perspektive, 5. Aufl. Schäffer-Poeschel, Organisation: eine
Richter G (2003) Innere Kündigung - Über Verträge, die brechen können, ohne dass sie je zustande gekommen sind -. Personal 9(2003):56–59
Robbins S (2001) Organisation der Unternehmung, 9. Aufl. Pearson Studium, München
Schmidt G (2009) Organisation und Business Analysis – Methoden und Techniken, 14. Aufl. Schmidt, Wettenberg
Siemens AG (1992) Organisationsplanung. Leitfaden für die innerbetriebliche Durchführung von Organisationsänderungen, 8. Aufl. Siemens, Berlin
Simon H (1993) Homo rationalis: die Vernunft im menschlichen Leben. Campus, Frankfurt a. M
Vahs D (2009) Organisation. Ein Lehr- und Managementbuch, 7. Aufl. Schäffer-Poeschel, Stuttgart
v. Werder A (2005) Führungsorganisation. Grundlagen der Spitzen- und Leitungsorganisation von Unternehmen. Gabler, Wiesbaden
Weber M (1980) Wirtschaft und Gesellschaft. Grundriß der verstehenden Soziologie, 5. Aufl. Mohr, Tübingen

Gestaltung II: Organisationsprozesse

4.1 Überblick – 70

4.2 Fluide Strukturen – 70

4.3 Ablauforganisation – 71

4.4 Die Prozessperspektive – 73

4.5 Schnittstellen und Durchlaufzeiten – 76

4.6 Business Process Reengineering – 78

4.7 Darstellung und Prozessentscheidung – 81

4.8 Fragen – 85

Literatur – 85

© Springer-Verlag Berlin Heidelberg 2016
M. Elbe, S. Peters *Die temporäre Organisation*,
DOI 10.1007/978-3-662-49401-1_4

4.1 Überblick

Kapitel vier stellt Organisationsprozesse als fluide Strukturvariante vor, wodurch der Handlungsmodus der Organisation in das Zentrum der Betrachtung rückt. Die traditionelle Sicht der Ablauforganisation hat sich zu einem eigenständigen Prozessmanagement, mit besonderem Fokus auf die Schnittstellen und die Prozessdauer (z. B. Durchlaufzeiten) entwickelt. Mit dieser Verzeitlichung kommt dem Organisieren als Perspektive der Temporalität eine besondere Bedeutung zu, bis hin zu der radikalen Variante des Business Process Reengineering. Das Kapitel schließt mit Überlegungen zu den Darstellungs- und Prozessentscheidungen, die zu treffen sind.

4.2 Fluide Strukturen

Nach dem Gestaltungsansatz der Kooperation innerhalb von Organisationsstrukturen folgt die zweite Gestaltungsperspektive über die *Organisationsprozesse* und neuen Formen des „in-Beziehung-Setzens" von Strukturen und Prozessen. Nun werden die fluiden und damit temporären Ablaufstrukturen und Arbeitsweisen von Organisationen dargestellt. Es geht um die Differenzierung und gleichzeitig die Integration von Ablaufprozessen in Organisationsstrukturen, wobei die Gestaltungsoptionen in den letzten beiden Dekaden besonderes Interesse erfahren haben. Für Innovationserwartungen sind dabei Arbeitsgänge, Prozesse und Schnittstellen und ihren arbeitsteiligen Formen von Bedeutung. Insofern ist der theoretische Diskurs zur Gestaltung von Ablaufstrukturen auf Temporalität ausgelegt, denn im Rahmen von Innovations- und Wandlungsprozessen ändern sich nicht nur Technikeinsatz und Konzepte des Managements, sondern auch Einfluss- und Entscheidergruppen. Hierbei verdichten sich grundsätzliche Kooperationsbeziehungen infolge neuer Aufgabenstellungen zu konkreten Arbeitsvorgängen, integrierten Prozessen und Prozessketten. Die Perspektive des funktionalen Organisationsbegriffs (▶ Abschn. 1.3) als zweckgerichtetes Handeln wird zum zentralen Gestaltungsprinzip und dient der Rationalisierung der Ablaufprozesse durch temporäre Aufträge. Infolgedessen ist die theoretische Orientierung auf ingenieurwissenschaftliche und betriebswirtschaftliche Literatur ausgerichtet, die Diktion ist dem Modus des instrumentellen Vorgehens (Wie mache ich es?) angepasst und erfolgt aus dieser Problemperspektive. Die Akteure erhalten ihre Aufträge mit einer Ausrichtung auf kontinuierliches Handeln und Prozessverantwortung für die Koordination, die Ausgestaltung und die Ressourcennutzung (Kühl 2011; Vahs 2012).

Hierbei stehen die Gestaltung von Aufbaustrukturen und die Schnittstellen der Aufgabenverteilung im Mittelpunkt. Auch in *Ablaufprozessen* ist ein wesentliches Problem die Verteilung von Entscheidungsrechten, insbesondere bei hoch strukturierten Aufgaben (Picot et al. 2008). Eine der wesentlichen Annahmen ist, dass technische Innovationen nicht mehr allein technisch durchzusetzen sind, sondern dass der organisationale Umgang mit Innovationserwartungen Ausmaß und Nutzen von Innovationen durch die Gestaltung der Ablaufprozesse bestimmt, wobei die Verantwortung von Entscheidungsrechten auf die Prozessebene delegiert wird. Das flexibilisiert und dynamisiert die Arbeitsaufträge auf der Strukturebene und verlagert bisherige geltende Formen von Zentralisierung, Standardisierung und Routinen in fluide Entscheidungsstrukturen. Auf der Ablaufebene werden nunmehr Interaktionsmuster und veränderte Spielräume durch Arbeitsteilung unter Berücksichtigung der Interaktion von Maschine und Mensch wichtiger. Die Aufmerksamkeit verlagert sich auf die Gestaltung der Ablaufprozesse und damit wird das Handeln der Mitarbeiter sowie das Verhandeln zwischen Management und Organisationsmitgliedern als eine Gestaltungsform bei begrenzter Rationalität der Akteure (▶ Abschn. 2.4.2) eingeführt. In diesen Entwicklungsmodellen ist der Austausch von Informationen und Wissen für das Verstehen von Handlungszusammenhängen zentral. Die sozial- technische Systemperspektive ist der gängige Ansatz für die Gestaltung von Ablaufprozessen.

Somit dominiert ab diesem Kapitel der Handlungsmodus, es geht es nicht mehr primär um die Darstellung von Strukturen und Zuweisung von Funktionen. Das Handeln und Verhandeln zwischen Management und Organisationsmitgliedern. Austausch von Informationen und Verstehen von Handlungszusammenhängen werden nunmehr zentral. Mit dem *Aktionsmodus* als zentraler Perspektive verflüssigen sich die Strukturen (die selbst nur Imagination und Darstellung sind). Zunächst richtet sich die Aufmerksamkeit in diesem Kapitel aber darauf, Innovationen durch Perfektionierung der technischen Ablaufprozesse zu erzielen und diese ausschließlich mit technischen Werkzeugen zu steigern.

4.3 Ablauforganisation

Die Organisation und die Organisierung der Arbeit sind immer wieder neue Gegenstände zur Steigerung von Effizienz und Wertschöpfung. Die Zerlegung der Arbeit in spezielle Arbeitsaufgaben ist eine wesentliche Aufgabe von Aufbaustrukturen, wie in ▶ Kap. 3 beschrieben. Eine andere Aufgabe ist es, über Ablaufprozesse die Zerlegung der Arbeitsaufgaben zu forcieren sowie sie wieder zu einem organisierten Ganzen zusammenzufügen und zum Zusammenwirken zu bringen. Durch die Konzentration auf „in-Beziehung-setzende" *Prozessabfolgen* werden Wertschöpfungsprozesse erzeug (und erwartet). Innerhalb dieser Perspektive richten sich Planungsprozesse auf die Entwicklung, Durchführung, Steuerung und Evaluation von Planungsergebnissen, für die spezifische Prozessmethoden modelliert werden. Innerhalb der Ablaufstrukturen gliedern sich zunächst die Entwicklungsprozesse nach Grundsätzen des Taylorismus und sind Teil von ablauforientierten Organisationsstrategien:

- horizontale Spezialisierung durch Zerlegung von Aufgaben in differenzierte Arbeitsschritte,
- vertikale Spezialisierung durch Trennung der Mitglieder in „Kopf- und Handarbeit",
- materielle Anreizsysteme (im Taylorismus: Akkordlohnsystem als ersten Ansatz),
- Normierung von Arbeitszeit und Arbeitszeitverteilung, des Arbeitsvolumens sowie Arbeitstätigkeit. (Peters und v. Garrel 2013; Holst und Seifert 2012)

Diese Grundsatze werden in einzelnen Arbeitsbereichen in Regeln, Gesetze und Formeln (z. B. Handbüchern) gefasst und zur Unterstützung der täglichen Arbeit eingesetzt sowie durch das Management (Hierarchie) kontrolliert. Grundlage dieses Vorgehens stellen die Arbeitsbündelung (Arbeitsvolumen) und Arbeitsverteilung mithilfe von Kooperationen dar. Das Ziel ist es, die inhaltliche, zeitliche sowie räumliche Abstimmung effizient und effektiv zu organisieren sowie das Verhältnis von Arbeit und Nichtarbeit gleichermaßen zu berücksichtigen, womit u. a. die Aufbauorganisation Ansprüche der Work-Life-Balance mit aufnimmt. Dazu gehört eine sinnvolle Arbeitsteilung (Ausgleich zwischen technologischer Effizienz und zufriedenstellender Mitarbeiterorientierung), um „tote" Zeiten zu eliminieren, Leistungsrichtwerte zu schaffen etc. (Hohmann 1999; Vahs 2012). Mit steigenden Anforderungen an das Arbeitsvolumen und seine Bündelung wie auch an Arbeitszeitverteilungsoptionen nimmt der Koordinationsbedarf der zu verrichtenden Arbeit stetig zu und die Ablaufstrukturen dominieren die instrumentelle Sichtweise auf die Organisation. Die Veränderungen werden mit Hilfe technischer und organisatorischer Werkzeuge in den Ablaufstrukturen durchgesetzt. Innerhalb von organisationalen

Aufbaustrukturen erfolgt eine horizontale Arbeitsteilung zwischen Organisationseinheiten derselben Hierarchieebene, d. h., operative Tätigkeiten wie Beschaffung der Einsatzgüter, Produktion, Vertrieb oder Buchhaltung werden in gesonderten Abteilungen bearbeitet. Dies wiederum führt zu einem Bedarf nach Koordination der Aktivitäten der verschiedenen Abteilungen und Aufgabenträger, wofür wiederum Instanzen eingesetzt werden müssen, die die Koordinationsprobleme der Abteilungen lösen (Laux und Liermann 1997; Vahs 2012).

Infolge der Zunahme von *Komplexität* (Einflüsse von der Gesellschaft auf Umfeld, Kundenerwartungen, Infrastruktur etc.) werden Veränderungen mehr oder weniger alltäglich. Auch Managemententscheidungen zu interaktiven Aushandlungsprozessen gehören dazu, Phasen relativer Stabilität werden kürzer und seltener etc., sodass divergente Modelle der Arbeitsverteilung zunehmen, spezieller werden und diese verstärkt im Fokus von Organisationsentscheidungen stehen. Die Folge ist, dass Ablaufstrukturen und -prozesse sowie ihre Gestaltung wichtiger und ihre Prozesse insbesondere von Betriebswirten bearbeitet werden. Bei allen noch nicht einheitlichen Regelungen von Prozessdefinitionen beziehen sich diese auf den Ablauf von Phasen eines Prozesses, wobei die Aktivitäten betreffs ihres Input und Output sowie Nutzenaspekte nach bestimmten Regeln durchgeführt werden (Vahs 2012).

> Ein Prozess bezeichnet die zielgerichtete Erstellung einer Leistung als Abfolge von Aktivitäten, aufgrund logischer Zusammenhänge, innerhalb einer Zeitspanne. Als Output entstehen Produkte, Dienstleistungen oder Informationen.

Der Prozessbegriff allein sagt aber noch nichts über Empfänger, Art des Outputs und Reichweite eines Prozesses aus. Das können die Begriffe wie Primärorganisation und Sekundorganisation (Vahs 2012; Steinmann und Schreyögg 2005). Die *Primärorganisation* ist für die Abwicklung von funktional orientierten Routineaufgaben innerhalb der Aufbauorganisation zuständig. Sie ist nicht in der Lage, bestimmte Aufgabenstellungen über Abteilungen hinaus, sowie Innovationsanforderungen und Komplexität, zu bearbeiten. Das obliegt der Sekundärorganisation, die die Ablaufprozesse umschreibt. Innerhalb der Ablaufstrukturen können Geschäftsprozesse eine besondere Untermenge darstellen, also anders als in der Primärorganisation gelöst werden. Oft wird zwischen Prozess und Geschäftsprozess nicht deutlich unterschieden, gemeint sind jedoch Geschäftsprozesse sowie auch Formulierungen wie Unternehmensprozesse. Ein Geschäftsprozess der Unternehmung ist demnach ein spezieller Prozess in der Unterteilung von Haupt- und Serviceprozess:

- In einem Hauptprozess erfolgt die Orientierung von Zielsetzungen an der Erfüllung der Bedürfnisse der Kunden, ein neues Element und in Primärorganisationen nicht vorgesehen. Dadurch richten sich die Leistungen direkt an der Umwelt des betrieblichen Systems aus und besitzen somit eine Wertschöpfungsfunktion mit Schnittstellen zu externen Marktpartnern. In der Managementliteratur wird für den Begriff des Hauptprozesses der Begriff des Kernprozesses verwendet. Kernprozesse machen den Wettbewerbsvorteil eines Unternehmens aus, wodurch nachhaltige Wettbewerbsvorteile erzeugt werden sollen. Sie sollen für den Kunden einen wahrnehmbaren Nutzen stiften und durch eine unternehmensspezifische Nutzung von Ressourcen einmalig sein.
- Serviceprozesse als Sekundärorganisationen unterstützen die Abläufe von Wertschöpfungsketten sowie die der Hauptprozesse. Sie erbringen Leistungen für Geschäftsprozesse innerhalb der Unternehmung (interne Serviceprozesse) oder für die angrenzende Umwelt (externe Serviceprozesse). In Managementprozessen erfolgen die Planung, Kontrolle und Koordination der Kern- und Serviceprozess.

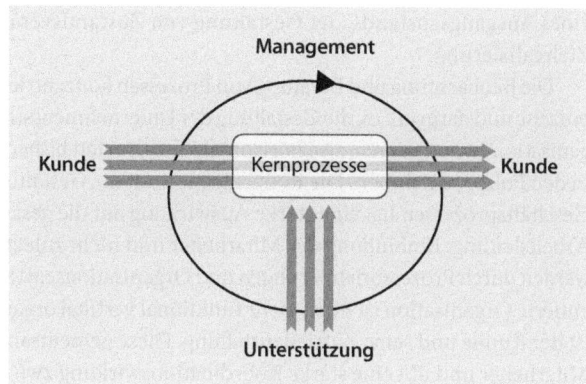

Abb. 4.1 Prozesskategorien

Während primäre Geschäftsprozesse für den externen Kunden direkt sichtbar werden (am Ende steht ein sichtbares Produkt), laufen *sekundäre Geschäftsprozesse* für den Kunden nicht sichtbar ab und beinhalten z. B. Aufgaben wie das Personalmanagement oder die Bereitstellung von IT-Infrastrukturen oder ganz generell das Projektmanagement (Schnauffer et al. 2004; Bea et al. 2011; Moldaschl und Stehr 2010). ◘ Abb. 4.1 zeigt die zentralen Prozesskategorien (in Anlehnung an Ould 1995), wobei der Kunde Anfang und Ende der Kernprozesse definiert.

Anders als Kernprozesse haben Unterstützungsprozesse zwar keine unmittelbaren Schnittstellen zum Kunden, sind aber für den organisatorischen Gesamtprozess unabdingbar. Managementprozesse schließlich erfüllen die Koordinationsfunktion, gehören aber nicht zu den Kernprozessen, die zur unmittelbaren Leistungserfüllung aus Kundensicht führen.

4.4 Die Prozessperspektive

Interventionen und Innovationen fordern Organisationen und Unternehmen immer stärker heraus, die Handlungspotenziale und Handlungskontexte zu vervielfachen, um Effizienz zu stärken. Die Situationen, die in Unternehmen neue und andere Kontextlösungen suchen, geben neue Anlässe für unterschiedliche Problemlösungen. Neue Problemlösungen werden in Management- und Serviceprozessen (Sekundärprozessen) gesucht, wobei die Auswahl adäquater Handlungen sich steigert und verändert als auch virtuelle Lösungen größeres Gewicht erlangen (Petersen 2011). Die neuen Lösungen bietet die Prozessperspektive, d. h. die Wahrnehmung für Lösungen konzentriert sich auf die Differenzierung von Abläufen mit dem Ziel, die Prozessorientierung zu flexibilisieren und dabei fortlaufend die Arbeitsteilungsmuster unaufhaltsam zeitlich, räumlich neu zu verteilen und zu dynamisieren. Somit wird die Prozessorientierung zu einer dominanten Arbeitsform, insbesondere in wissensbasierten Organisationen (Moldaschl und Stehr 2010).

Die Strukturierung und Gestaltung der Prozessplanung und ihre Ablaufphasen sind Gegenstand von Modellen (auch als Simulationen) mit Hilfe von Prozessmethoden, die infolge ihrer eigenen Dynamik und Komplexität der Beobachtung und einer Art Beratung ihrer Abläufe von außen und innen bedürfen, um in der Gesamtheit von allen Beteiligten und Betroffenen verstanden werden zu können (Jeschke et al. 2011). *Planungsprozesse* in Organisationen befassen sich mit dem begleitenden Eingreifen als strukturierten Vorgang, dem eine Analyse als Problembeschreibung oder Diagnose vorhergeht. Es vollzieht sich folglich in den Schritten eines Ausgangszustands, der Gestaltung von Zustandsveränderungen als auch Optionen zur Zielrealisierung.

Die Beobachtung und Beratung von Prozessen konzentrieren sich auf die zentralen *Geschäftsprozesse* und darin gilt es, die Gestaltung der Unternehmensstruktur im Hinblick auf die Ablauforganisation zu optimieren, also horizontal Prozesse statt bisher vertikal Aufgaben und Funktionen in den Fokus zu nehmen. Die Konzentration auf die Gestaltung des Unternehmens entlang von Geschäftsprozessen hat eine starke Auswirkung auf die gesamte Organisationsstruktur, sprich: Arbeitsleitung, Einbindung der Mitarbeiter und nicht zuletzt die Verflachung von Hierarchien werden durch Prozessorientierungen und Organisationsentwicklung beeinflusst. Die prozessorientierte Organisation ist nicht mehr funktional vertikal organisiert, ihr Bezugspunkt und Fokus ist der Kunde und seine Zufriedenstellung. Diese gemeinsame Sicht bestimmt das Handeln der Mitarbeiter und übt eine starke Koordinationswirkung zwischen den Abteilungen aus, die sich in einer horizontalen Zusammenarbeit vollzieht, statt vertikaler Abgrenzung. Es gilt, den Schritt von einer funktionsorientierten hin zu einer prozessorientierten Unternehmensorganisation hier aufzuzeigen (Bleicher 1991; Gaitanides 1994).

Ein Prozess beschreibt eine Reihe von zusammengehörigen Tätigkeiten, die unter Aspekten der *funktionalen Aufgabenteilung* nicht zusammen gehören, bzw. gesehen werden. Ziel der Prozessorientierung ist es, diese einzelnen Prozessabläufe aufeinander abzustimmen und zu einem zusammenhängenden (optimierenden) Prozess mit neuen Handlungsoptionen zu verbinden. Die Gesamtheit der Prozesse in einem Unternehmen, die zusammen zur Leistungserstellung beitragen, wird als Geschäftsprozess bezeichnet. Ein wichtiges Merkmal von Geschäftsprozessen ist erreicht, wenn eine funktionsüberschreitende Verkettung wertschöpfender Aktivitäten die von Kunden erwartete Leistungen stabil erzeugen können (Schmelzer und Sesselmann 2013). Das geschieht durch computergestützte Informationssysteme, die komplette abteilungsübergreifende Prozesse informationstechnisch unterstützen und miteinander verbinden.

Für die Gestaltung der Geschäftsprozesse sind folglich Beobachtung und Beratung über den Einsatz eines entsprechenden *IT-Systems* zunächst zentral. Daraus ergeben sich Anforderungen an eine schnellere Dokumentation, Optimierung von Prozessverfahren für sich wandelnde und neu horizontal zusammengesetzten Aufgaben, individuelle Kundenanforderungen, etc. Der Begriff Geschäftsprozess ist aber infolge von technisch-organisatorischen Entwicklungsoptionen und sich wandelnden Innovationserwartungen nicht exakt beschrieben, d. h., die Erwartungen, Bedingungen sowie Werkzeuge für die Geschäftsmodellierungen sind Wandlungsprozessen ausgesetzt. In der Literatur ist eine Vielzahl von Begriffsklärungen aus unterschiedlichen Perspektiven zu finden. Dadurch ergeben sich unterschiedliche Definitionsansätze für den Geschäftsprozessbegriff. Beispielsweise definieren Hammer und Champy (2003) Geschäftsprozesse als Unternehmensprozesse und beschreiben diese als eine Menge von zusammengehörenden Aktivitäten, wobei eine Aktivität eine Arbeitseinheit ist und von einer Person durchgeführt werden kann, jedoch als Einzelleistung keinen Wert für den Kunden hat. Für den Kunden muss das Ergebnis von Wert (Leistung/Produkt) sein, wovon zahlreiche Inputs abhängen (Hammer und Champy 2003). Das betrifft den Einsatz von IT und ihren Werkzeugen.

Als Beispiel wird noch eine zweite Definition vorgestellt, die auf die Interaktion von IT-Werkzeugen und Informationen durch die Mitarbeiter setzt und in die Mikroökonomie der Organisation eingreift, also über Interventionen Problem(er)findungen und Lösungen hierfür markiert. Das wird beispielsweise von Ferstl und Sinz (1993) formuliert, sie verstehen einen Geschäftsprozess als eine Transaktion oder vielmehr als eine Folge von Transaktionen zwischen betrieblichen Objekten. Gegenstand der *Transaktion* ist der Austausch von Leistungen und/oder Informationen/Nachrichten zwischen den Objekten, die z. B. vom Vertrieb aus als Lieferung den Kunden erreichen. Bezüglich

4.4 · Die Prozessperspektive

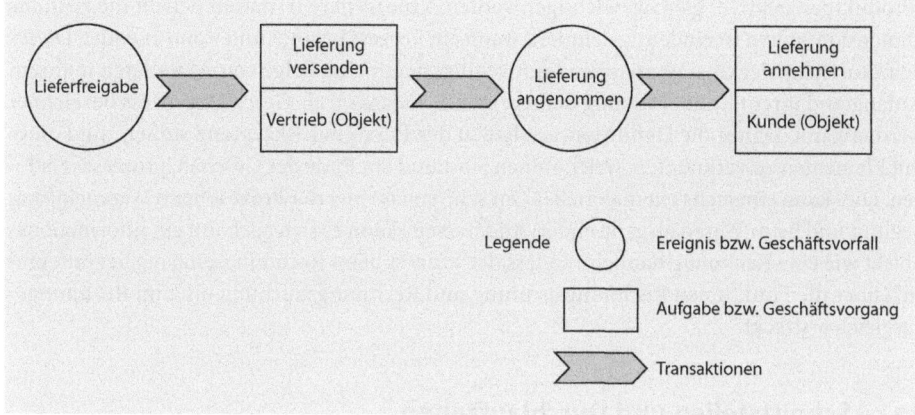

Abb. 4.2 Beispiel der Transaktionsdarstellung „Lieferung"

jeder Transaktion eines Geschäftsprozesses ist den beteiligten Objekten je eine Aufgabe zugeordnet. Eine Aufgabe des dargestellten Objekts Vertrieb wäre der Versand der Lieferung. Der Kunde nimmt als seine Aufgabe die Ware an. Eine Transaktion ist somit durch die Aufgaben mehrerer Objekte spezifiziert. Ist ein Objekt an mehreren Transaktionen beteiligt, so sind ihm entsprechend viele Aufgaben zugeordnet. Eine Aufgabe wird in Form eines Geschäftsvorgangs durchgeführt. An einem Geschäftsprozess sind somit minimal zwei Geschäftsvorgänge der zugehörigen Objekte beteiligt. ◘ Abb. 4.2 zeigt ein Beispiel für die Darstellung der Transaktion „Lieferung" (in Anlehnung an Ferstl und Sinz 1993).

Soweit zum Gegenstand dessen, was *Prozessorientierung* ausmacht. Innerhalb des Geschäftsprozesses erfolgt durch den Ressourceneinsatz ein definierter Wertzuwachs, der sich im Prozessergebnis infolge einer spezifischen Problembearbeitung auszeichnet. Diesen Wertzuwachs bezeichnet Hohmann als Wertschöpfung. Er betrifft die Differenz zwischen dem Wert des Inputs (Kosten der Wertschöpfungsaktivitäten) und dem Wert des Outputs (Verkaufspreis) (Hohmann 1999) in den Möglichkeiten der Zielerreichung. Innerhalb dieser Modelle gibt es zahlreiche Differenzierungen einer Umsetzung, wobei die Abfolge von Aufgaben z. B. auch über mehrere organisatorische Einheiten verteilt sein kann und deren Ausführung von informationstechnologischen Anwendungen unterstützt wird. Ein Prozess ist zugleich Produzent und Konsument von Leistungen und verfolgt die von der Prozessführung gesetzten Ziele. Als spezielle Form der Ablauforganisation konkretisiert der Geschäftsprozess die Geschäftsstrategie und verknüpft sie mit dem Informationssystem. Somit kann der Geschäftsprozess als Bindeglied zwischen der Unternehmensstrategie und der Systementwicklung bzw. den unterstützenden Informationssystemen gesehen werden (Oestereich und Weiss 2003).

Die *Zielerreichungen* hängen ab von den unterschiedlichen Sichtweisen auf die Objektperspektive und Zielerwartungen infolge der aufgeführten Definitionen. Objekte können demnach die Geschäftsprozessbeteiligten (Lieferant/Kunde) sein, und sie orientieren sich dabei an den operativen Prozessen und der Art der Tätigkeit oder, wie bei Hohmann, an dem materiellen Prozess mit seinem daraus resultierenden Output (Ware) (Vahs 2012). Dass ein Prozess oder ein Geschäftsprozess sich immer an einer Folge von Aktivitäten orientiert, ist unumstritten. Das Interessante daran ist, dass Aktivitäten einerseits Orientierungen in Verbindung mit Begriffen wie Funktionen oder Aufgaben (Mitgliederperspektive) und andererseits Transaktionen

(Produktperspektive) gleichgewichtiger werden. Eine weitere Irritation betrifft die zeitliche Dimension: Selten ist eindeutig definiert, wann ein Prozess beginnt und wann er endet. Dieses definitorische Merkmal ist zwingend notwendig, damit eine Folge von Aktivitäten in ihrem Anfang und ihrem Ende eindeutig definiert wird, sodass sie als Geschäftsprozess bezeichnet werden kann. Damit die Definitionsansätze in der Praxis auf Akzeptanz stoßen, sind diese mit Elementen zu verknüpfen, welche einen Start und ein Ende des Geschäftsprozesses festlegen. Dies kann einerseits ein materielles Gut sein, sodass hier der Prozess beim Wareneingang beginnt und beim Warenausgang endet. Andererseits kann es sich auch um ein Informationsobjekt wie eine Rechnung handeln, sodass der Prozess beim Rechnungseingang beginnt und sich über die Funktionen Rechnungsprüfung und Rechnungsbuchung bis zum Rechnungsausgleich erstreckt.

4.5 Schnittstellen und Durchlaufzeiten

Innovationserwartungen fordern Organisationen und Unternehmen immer stärker heraus, die Möglichkeiten von Handlungen und Handlungskontexten zu vervielfachen und dabei geraten *Schnittstellenproblem* wie u. a. die Organisation von Durchlaufzeiten bzw. die Unterstützung durch Simulationsprozesse verstärkt in den Fokus. Dem Eingreifen, d. h. Aktionen situativ zu gestalten, wird mehr Aufmerksamkeit eingeräumt, es nehmen auch neue Anlässe zu, die in Unternehmen neue und andere Kontext- und problemlösungen abfordern. Neue Optionen werden für Problemlösungen jeweils für den Ausgangszustand, der Durchführung als Zustandsveränderung als auch in der Zielrealisierung gesucht, wobei der Anteil von Interaktionen zwischen Maschine und Mensch als auch zwischen Mensch und Mensch in Kooperation mit Maschinen sich intensiviert. Die Auswahl adäquater Handlungen ändert sich und auch virtuelle Lösungen erlangen ein größeres Gewicht. Die neuen Lösungen bietet die Prozessperspektive, zunehmend durch Simulationen unterstützt, mit dem Ziel, ein schnelleres gezieltes Eingreifen zu verfolgen. Die Orientierungen betreffs der Aufmerksamkeit des Handlungs- und Aktionswissens der Mitglieder wird wichtiger, damit der Prozess Wirkung und Nutzen entfalten kann. Nicht die Abstraktion der Planung muss in ihrem Aufbau in ihrem Wesen verstanden werden, sondern die Handlungs- und Aktionsweise wird im Durchspielen der aufeinanderfolgenden Schritte deutlich und kann direkter zum Praxisverstehen der Prozesse beitragen. Der Prozess des Verstehens ist im Praxisvollzug eingebunden.

Im Einzelnen besteht ein Geschäftsprozess insgesamt aus folgenden Komponenten:
- Anforderungen der Kunden
- Inputs in der Umsetzung
- Leistungserstellung
- Ergebnisse für die Kunden (Kundenleistung)
- Geschäftsprozessverantwortlicher.

Notwendig ist hierbei die Festlegung von Ziel- und Messgrößen zur Steuerung des Geschäftsprozesses. ◘ Abb. 4.3 zeigt die relevanten Komponenten eines Geschäftsprozesses (in Anlehnung an Schmelzer und Sesselmann 2013).

Charakteristisch ist hierbei, dass ein Geschäftsprozess bei den Kunden beginnt und endet, dieses kann auch die Organisation des Prozesses betreffen. Ausgangspunkt sind hier im ersten Fall die Anforderungen, Wünsche und Erwartungen des externen Kunden, wobei am Prozessende die Übergabe der Ergebnisse an den Kunden steht. Durch die Schnittstellen zum Kunden werden auch Anfang (von) und Ende (bis) des Prozesses definiert. (Schmelzer und Sesselmann

4.5 · Schnittstellen und Durchlaufzeiten

◻ **Abb. 4.3** Komponenten eines Geschäftsprozesses

2013) Damit ein Geschäftsprozess optimal ablaufen kann, müssen die Schnittstellen und Rahmenbedingungen beachtet werden, die einen direkten Einfluss auf die Durchführung des Geschäftsprozesses (die Primärorganisation) wie auch die Prozessabwicklung (Sekundärorganisation) ausüben. Dies sind:

- unternehmensinterne Faktoren: Geschäftsprozesse orientieren sich direkt an der Wertschöpfungskette und den Zielen des Unternehmens. Teilprozesse orientieren sich in ihrem Beitrag an der Zielerreichung des Geschäftsprozesses, womit solche Teilprozesse, die nicht wertschöpfend bzw. nicht auf das Erreichen eines Unternehmensziels ausgerichtet sind, als ineffizient anzusehen und aus dem Geschäftsprozess zu eliminieren sind (Elgass und Kremar 1993).
- unternehmensexterne Faktoren: Dies sind Umweltbedingungen bzw. -einflüsse, die von außen auf das Unternehmen wirken (gesetzliche wie ökonomische Umweltbedingungen, technologische wie soziokulturelle Umwelten). Auf diese Faktoren kann die Organisation nicht direkt Einfluss nehmen.

Subjekte oder Aufgabenträger des Geschäftsprozesses sind die *Ausführungsorgane* der einzelnen Teilprozesse. Sie liefern einen direkten Beitrag zur Zielerreichung. Bei den Subjekten handelt es sich traditionell um menschliche Aufgabenträger im Unternehmen, wobei zunehmend Aufträge vollständig bzw. teilweise von maschinellen Aufgabenträgern übernommen werden. Dadurch bedingt ergeben sich verschiedene Kombinationen zwischen technischen und menschlichen Prozessabfolgen, d. h. der Input eines Geschäftsprozesses kann je nach Art des Prozesses aus materiellen bzw. auch immateriellen Gütern sowie aus einer Kombination aus beiden bestehen. Ihre Kombinationsvariationen können zu Schnittstellenproblemen führen, bzw. sie können einen erheblichen Koordinationsaufwand nach sich ziehen. Informationen als immaterieller Input sind für die Abwicklung des Geschäftsprozesses in aller Regel nicht nur von entscheidender Bedeutung, da ohne sie der Prozess nicht in der gewünschten Weise ablaufen kann. Sie werden auch wichtiger und tragen dazu bei, dass für Ablaufprozesse verstärkt Varianten von Rationalisierungsmustern ausweiten, die z. B. Phasen relativer Stabilität kürzer und seltener oder aber die Arbeitsteilungsprozesse dynamischer werden lassen und dazu führen, dass allgemein geltende Regeln sich pluralisieren und damit ihre Wirkung beeinträchtigen. Es wird insgesamt schwieriger, prozessrelevante Informationen zum richtigen Zeitpunkt am richtigen Ort bereitstellen zu können.

Arbeitsmittel unterstützen die Menschen bei der Durchführung des Geschäftsprozesses, spielen aber bei der Fragestellung, ob es sich um einen Geschäftsprozess handelt, nur eine sekundäre Rolle. Bei den Arbeitsmitteln handelt es sich oftmals um Informationstechnologien, die Teilprozesse entweder vollständig durchführen (Arbeitsmittel = Aufgabenträger) oder zumindest dem Aufgabenträger eine Arbeits- und Entscheidungshilfe zur Verfügung stellen.[1] Unter dem Aspekt, dass besondere Koordinationsprobleme durch die verschiedenen Möglichkeiten von Schnittstellen entstehen, ist es bei der Beschreibung von Geschäftsprozessen besonders wichtig, die verschiedenen Arten der Beziehungen, welche innerhalb des Geschäftsprozesses existieren, einzubeziehen. Es werden zeitliche, logische und räumliche Beziehungen unterschieden, wie bereits benannt. Speziell der Faktor Zeit ist innerhalb des Geschäftsprozesses neben Kosten sowie Qualität wichtig, d. h. die Zeit, die vom Startereignis bis zum Erreichen des definierten Endzustandes vergeht, gehört zu den Koordinaten der Prozessgestaltung. Sie unterteilt die Prozessgestaltung in Bearbeitungszeit, Transfer- und Liegezeit (Gaitanides 1994):

- Bearbeitungszeit betrifft den Zeitaufwand, der für den Prozessoutput benötigt wird, unabhängig davon, ob die durchzuführenden Schritte einen wertschöpfenden Charakter besitzen,
- Transfer- oder Transportzeit betrifft die Zeit der Übermittlung eines Prozessergebnisses vom Lieferanten (Unternehmen) zum Kunden, z. B. Transport von erzeugten Waren,
- Liegezeit betrifft alle Zeitsegmente, in denen ein Vorgang unbearbeitet in einem Prozess verweilt, z. B. Bearbeitungsstapel auf einem Schreibtisch.

Die *logischen Beziehungen* sind unter dem Begriff der Ablauflogik zusammengefasst, welche die genaue Reihenfolge der einzelnen Teilprozesse innerhalb des Geschäftsprozesses festlegt. Dadurch werden die Abhängigkeiten innerhalb des Geschäftsprozesses sichtbar. Des Weiteren ist zu erkennen, welche Aktivitäten parallel, nebenläufig bzw. sequenziell durchgeführt werden können. Die räumlichen Beziehungen stehen im Zusammenhang mit der Aufbauorganisation. Sie betreffen die Arbeitsmittel, durch die der Geschäftsprozess unterstützt wird, und die Aufgabenträger, die innerhalb des Prozesses tätig werden. Da die Subjekte (Mitarbeiter des Unternehmens) und die Arbeitsmittel (IT-Ressourcen) im Unternehmen bestimmten Abteilungen zugeordnet werden, muss bei der Prozessbeschreibung auf die Einbeziehung sämtlicher für den Prozess relevanter Unternehmensteile geachtet werden (Scholz 1993).

Bei genauer Betrachtung der benannten Beziehungen wird deutlich, wie eng die einzelnen Beziehungsdimensionen miteinander verzahnt sind, jedoch zeitliche wie arbeitsteilige Koordinierungsfragen nach sich ziehen, bzw. dass diese berücksichtigt werden müssen. Allgemein werden die Ablaufprozesse als kontinuierliche Prozessverbesserungsprozesse gesehen, die in folgenden vier Phasen organisiert bzw. reorganisiert werden, um die Vorgehensweisen zu optimieren: Die Phasen sind Prozessdefinition, -strukturierung, -realisierung sowie -optimierung (Vahs 2012). Darauf wird auch in ▶ Kap. 5. eingegangen. Die Orientierung richtet sich entschieden an eine effiziente Ausführung, früher geltende Funktionsorientierungen treten zurück.

4.6 Business Process Reengineering

Um wettbewerbsfähig zu bleiben und kundenorientiert zu arbeiten, ist eine kostengünstige und schnelle Abwicklung der Geschäftsprozesse unabdingbar. Die Realisierung von *schlanken Prozessen* im Unternehmen mit entsprechenden organisatorischen Maßnahmen und Hilfsmitteln ist hierzu notwendig. Dieser Gestaltungsansatz stellt die prozessorientierte Vorgehensweise innerhalb der Ablauforganisation und damit die Geschäftsprozesse in den Mittelpunkt der

---

1   Ein Beispiel ist die Unterstützung der Geschäftsmodellierung im Bereich der Geschäftsoptimierung durch die Bereitstellung eines PC mit der entsprechenden Software.

4.6 · Business Process Reengineering

Organisationsgestaltung. Die Bildung und Optimierung von Geschäftsprozessen im Unternehmen werden zum zentralen Gestaltungsgegenstand. Die Ablösung der lokalen, funktionsorientierten Betrachtung durch eine ganzheitliche und integrierte Sicht auf die Geschäftsprozesse entlang der Wertschöpfungskette wird heute von vielen Unternehmen als Lösung der Probleme erkannt (Hohmann 1999; Scheer 1998; Staud 2006; Vahs 2012). Die Bedeutung der Prozessorientierung ist heutzutage unumstritten. Es gibt kaum ein Unternehmen, das sich noch nicht mit prozessorientierten Konzepten wie Business Process Reengineering (BPR) oder Geschäftsprozessoptimierung (GPO) beschäftigt hat. Das Konzept des Business Process Reengineering stammt ursprünglich aus der betriebswirtschaftlichen Managementlehre (Hammer und Champy 2003) und versucht, durch ein radikales Re-Design bestehender Prozesse den Unternehmenserfolg nachhaltig zu steigern. Während in traditionellen Organisationskonzepten davon ausgegangen wird, dass Prozesse innerhalb von funktionalen Organisationseinheiten ablaufen, wird im *Business Process Reengineering* nunmehr die Aufbauorganisation an den Prozessen ausgerichtet. Externe und interne Kunden bilden das Ziel der Prozesse; diese werden idealerweise so gestaltet, dass nur Aktivitäten, welche eine Wertschöpfung aus der Sicht des Kunden schaffen, durchgeführt werden.[2] Zu gleicher Zeit sollen Qualitätsverbesserungen für die Kunden, kürzere Durchlaufzeiten sowie Kosteneinsparungen realisiert werden können. Hammer und Champy definieren Business Process Reengineering bereits im Untertitel ihres Werkes als „Radikalkur" für das Unternehmen. Sie verstehen hierunter ein grundlegendes Überdenken des Unternehmens und seiner Unternehmensprozesse. Es wird insbesondere nicht auf eine Optimierung bestehender Abläufe, sondern auf einen Neubeginn, d. h. ein völliges Überdenken der Strukturen, abgezielt. Aus diesem Grund spielt der Ist-Zustand der Abläufe für die Prozessgestaltung eine eher untergeordnete Rolle. Hammer & Champy beschreiben ihr Konzept mit den drei Schlüsselwörtern fundamental, radikal und dramatisch:

- *fundamental* steht für die Beantwortung der Frage nach dem Sinn und Zweck jeder Tätigkeit im Unternehmen und auch der Art und Weise, wie sie durchgeführt wird,
- *radikal* steht für den Willen, auch grundlegende Veränderungen im Unternehmen durchzusetzen, d. h. es geht nicht um die Optimierung von bestehenden Abläufen, sondern um einen Neubeginn, d. h. ein völliges Überdenken der Strukturen,
- *dramatisch* umschreibt die Forderung nach Veränderungen des Unternehmens und der Effizienz seiner Arbeitsabläufe in Quantensprüngen.

Hammer und Champy (2003) weisen der Informationstechnologie eine tragende Rolle zu. Ihnen geht es vor allem darum, dass die innovativen Möglichkeiten der Informationsverarbeitung ausgenutzt werden. Kurz gefasst bedeutet Business Process Reengineering die Beantwortung und auch die Umsetzung der Frage: „Wie würden wir vorgehen, wenn wir noch einmal ganz von vorne beginnen würden?" Das Management hat also die Aufgabe, neu zu überdenken, wie die Arbeit durchgeführt und die Organisation bei einem Neuanfang strukturiert werden würde, um somit die traditionelle funktionale Denkweise zu überwinden. Demzufolge werden die Prozesse an den Anforderungen der Kunden sowie entsprechenden Dienstleistungen ausgerichtet und nicht an denen der Organisation (Gadatsch 2002).

Die Radikalität des Business Process Reengineering-Ansatzes ist der Grund, warum er in der Praxis nur schwer realisierbar ist. Daher wird für die Gestaltung der Geschäftsprozesse oftmals ein

---

2 Aktivitäten können ausgelöst werden durch folgende typische Fragen: Welche Aktivitäten müssen durchgeführt werden? Welche Sachmittel und Informationen sind erforderlich? Welche Mitarbeiter werden benötigt? Wie lange dauert die Durchführung? (Hirzel, Kühn & Gaida 2008)

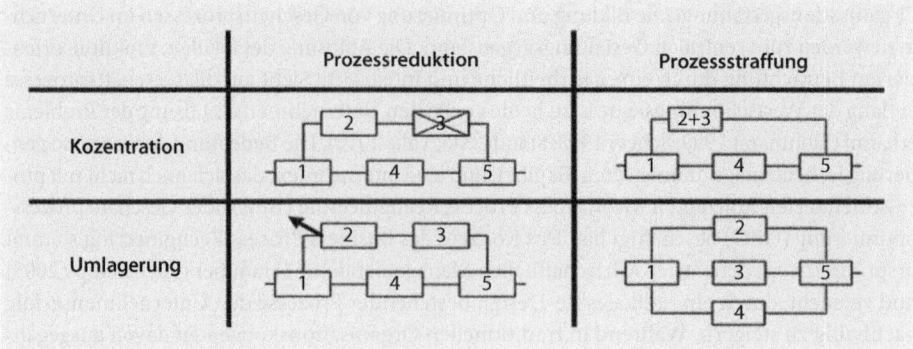

Abb. 4.4 Ansätze zur Durchlaufzeitenreduzierung

kontinuierliches Vorgehen vorgeschlagen, bekannt geworden unter dem Stichwort kontinuierlicher Verbesserungsprozess (als KVP allgemein bekannt) (Picot et al. 2012; Reichwald und Piller 2009). Entsprechend diesem Ansatz werden die Prozesse permanent weiterentwickelt, sodass Effizienzsteigerungen in kleinen Schritten erreicht werden. Business Process Reengineering und ein kontinuierlicher Verbesserungsprozess betreffen Fragen der Optimierung von Geschäftsprozessen. KVP versucht eine Optimierung vorhandener Prozesse vorteilhaft und rational durch Nutzung von Lerneffekten, die jedoch nicht wirklich zu radikalen Innovationen führen. Es sind Versuche, die Prozessentwicklungen durch die Steuerung von Unternehmensprozessen positiv zu beeinflussen, also von Arbeitsteilungsprozessen der Geschäftsebene. Obgleich die Begriffe nicht selten synonym verwendet werden, sind Business Process Reengineering und Geschäftsprozessoptimierung unterschiedliche Ansätze zur Restrukturierung der Geschäftsprozesse eines Unternehmens.

Kerngedanke der Geschäftsprozessoptimierung ist die kontinuierliche Verbesserung bestehender Geschäftsabläufe. Im Gegensatz zum Reengineering bleiben die funktionalen Strukturen im Unternehmen weitgehend unverändert (Gaitanides 1994). Ein wesentliches Ziel der Geschäftsprozessoptimierung ist die Verkürzung der Durchlaufzeiten mittels verschiedener Maßnahmen wie Parallelisierung von Abläufen, Vermeidung von Zyklen, Auslagern von Aktivitäten oder aber Verlagerung von Aktivitäten. *Gestaltungsmöglichkeiten* zur Durchlaufzeitenreduzierung (in Anschluss an Bleicher 1991 und Gadatsch 2002) zeigt ◘ Abb. 4.4.

Maßnahmen zur *Durchlaufzeitenreduzierung* können einerseits nach Prozessstraffung vs. Prozessreduktion und andererseits nach Konzentration vs. Umlagerung systematisiert werden. In der Vertikalen: Umlagerung bedeutet, dass ein Prozessschritt zwar erhalten bleibt aber an einer anderen Schnittstelle als bisher eingebunden wird, Konzentration hingegen zielt darauf ab, die absolute Anzahl der Prozessschritte zu verringern – diese beiden Aspekte zielen auf einen übergeordneten Gesamtprozess. Die horizontale Differenzierung in ◘ Abb. 4.4 zielt auf den betrachteten Teilprozess. Durch Prozessreduktion werden einzelne Prozessschritte aus einem Teilprozess entfernt, durch die Prozessstraffung bleiben alle Teilschritte erhalten, verlieren aber ggf. ihre Selbständigkeit. Dies betrifft das Feld rechts oben in ◘ Abb. 4.4, hier findet eine Zusammenlegung von Aktivitäten statt, im Feld rechts unten werden hingegen Teilschritte parallelisiert (umlagernde Prozessstraffung) – hierdurch wird die Arbeitsteilung im Teilprozess erhöht. Im Feld links oben wird ein Teilprozessschritt gestrichen, wodurch die Anzahl der Schnittstellen reduziert wird (konzentrierte Prozessreduktion). Bei der Prozessreduktion links unten findet hingegen eine Auslagerung eines Teilprozessschritts statt, wodurch er auf den Teilprozess keinen Einfluss mehr hat, im Gesamtprozess aber an anderer Stelle einzupassen ist (Gadatsch 2002).

Das Business Process Reengineering bietet eine unmittelbare Sichtbarkeit der Veränderung und damit eine bessere Erfolgswahrnehmung, als eine kontinuierliche Verbesserung von Geschäftsprozessen, es birgt aber auch höhere Risiken. Geschäftsprozessoptimierung zielt dagegen eher auf inkrementelle Veränderungen ab, die in kleinen, aber überschaubaren und weniger riskanten Schritten realisiert werden. In beiden Konzepten liegt dennoch der Fokus auf einer optimierten Prozessgestaltung. Was sind nun die wichtigsten Kennzeichen der Prozessorientierung? Innerhalb dieses Ansatzes steht die Kundenorientierung im Vordergrund der Betrachtung. Der Kunde als Auslöser und Empfänger einer Prozessleistung kann sowohl externer als auch interner Kunde sein. Dabei bemisst sich die Prozesseffizienz an dem vom Kunden direkt oder indirekt wahrnehmbaren Nutzen, z. B. durch Schnittstellen zum Prozess, bei der Erbringung von Dienstleistungen oder aber indirekt durch (Dienstleistungs-)Produkte, die vom Prozess erstellt werden.

Die Ausrichtung der Aufbauorganisation an den Geschäftsprozessen bewirkt eine 90-Grad-Drehung der Organisation. Neben der Identifikation und Klassifikation von Prozessen nach Kern- und Serviceprozessen stellt sich die Frage nach dem richtigen Maß an Prozessstandardisierung versus Prozessdiversität. Eine informationelle Vernetzung sowie die Definition von Verantwortungsbereichen und Prozessverantwortlichen reduzieren die Koordinierungskomplexität abteilungsübergreifender Geschäftsprozesse (Vahs 2012; Osterloh und Frost 1996). Die Wertschöpfung erfolgt entlang der Prozesse, die permanent daraufhin zu überprüfen sind, dass sie einen Beitrag zur betrieblichen Wertschöpfung leisten. Nicht wertschöpfende Tätigkeiten werden eliminiert, bzw. konsequenterweise werden Prozesse, die von fremden Firmen besser beherrscht werden und nicht zum eigenen Kerngeschäft gehören, ausgelagert. Dieses Outsourcing reduziert die Fertigungstiefe und setzt Ressourcen frei, um sich auf die eigenen Kernkompetenzen zu konzentrieren. Zusammenfassend soll darauf verwiesen werden, dass alle prozessorientierten Organisationsgestaltungsvorhaben sich an den Zielkriterien von Zeit – Kosten – Qualität ausrichten, also Ziele verfolgen wie Senkung der Durchlaufzeiten, Kostenreduzierung und Steigerung der Qualität. Für die Qualitätserhaltung bzw. -verbesserung ist eine Übereinstimmung von Anforderungen und Leistungen erforderlich. Defizite in der Prozessqualität wirken sich unmittelbar auf die Produktqualität aus.

4.7 Darstellung und Prozessentscheidung

Der Leitgedanke der Arbeitsteilung, der bei der Funktionsorientierung zugrunde liegt, führt nicht nur zur Zerteilung der logisch zusammengehörenden Abläufe, sondern wirkt sich auch auf die Gestaltung und Form der Aufbauorganisation aus. Probleme, welche die funktionsbezogenen und hierarchischen Organisationsstrukturen mit sich bringen, sind u. a.:

- Steuerungsprobleme
- Doppelarbeiten
- Ressourcenverschwendung
- Leistungsverluste
- geringe Kundenorientierung
- Motivationsprobleme (Gadatsch 2002)

Die Mängel einer *funktionalen Organisationsorientierung* können lokalisiert werden, da ein Kundenauftrag bis zur Auslieferung eine Vielzahl von Funktionen durchlaufen muss und dadurch mit vielfachen Barrieren konfrontiert wird. Die Koordination und Regelung der Beziehungen sind aufwendig und schwierig. Zum Beispiel Barrieren im Einkaufsprozess können in Sachbarrieren (falschen Teilenummern), in Prozessbarrieren (Doppelarbeiten/Liegezeiten) sowie in

Verhaltensbarrieren (unklaren Zielen, Problemen in der Zusammenarbeit) liegen (Vahs 2012). Alle von Gadatsch benannten funktionsbezogenen Problemaspekte spiegeln sich bereits in einem so kleinen Beispiel wider. Eine Konfliktschlichtung ist zur Bearbeitung des Kundenauftrags erforderlich. Das Beispiel zeigt, dass das oftmals über mehrere Hierarchiestufen hinweg erfolgt, da der Kundenauftrag verschiedene Funktionen und Abteilungen durchläuft. Es gibt keine eindeutige Verantwortung für den Auftrag, und die Zuständigkeiten und Verantwortlichkeiten wechseln, je nachdem, in welchem Bearbeitungszustand sich der Auftrag gerade befindet. Versucht man, eine Fehlersuche vorzunehmen, geht diese tief in die Mikroprozesse und zeigt die Durchdringung von Organisationsprozessen und interaktiven Prozessen. Die Darstellung von Prozessen als Grundlage der Analyse erfolgt vielfach in Flussdiagrammen (flowchart). Die stellen eine Abfolge von Handlungen, Entscheidungen, Inputs und Outputs (Ergebnissen) zur Lösung einer Aufgabe dar. Die Symbole für solche flowcharts sind international normiert (ISO 5807, DIN 66001) genormt und werden insbesondere in der EDV-gestützten Organisationsplanung eingesetzt (Stahlknecht & Hasenkamp 2012). Das folgende Beispiel demonstriert eine Geschäftsprozessoptimierung im Bereich der Ersatzteilbeschaffung, wobei zur besseren Nachvollziehbarkeit der Prozess in Verbindung mit der Struktur (und nicht mit Hilfe von flowcharts) dargestellt wird:

1. Der Prozess beginnt beim Vertriebsleiter, der sich persönlich um eingehende Anfragen der Kunden kümmert.
2. Danach wird das Angebot vom Sachbearbeiter A erstellt und an den Kunden versandt. Bevor das Angebot verschickt wird, erfolgt eine Kontrolle durch den Vertriebsleiter. Da dieser nicht immer anwesend ist, kann es vorkommen, dass ein vom Sachbearbeiter A fertig erstelltes Angebot einige Tage unbearbeitet bleibt.
3. Wenn der Kunde eine Bestellung in Auftrag gibt, wird diese vom Sachbearbeiter C manuell geprüft und danach vom Sachbearbeiter D im Auftragsbearbeitungssystem erfasst.
4. Der Kunde erhält eine Auftragsbestätigung, nachdem der Vertriebsleiter den Auftrag gesehen und freigegeben hat.
5. Nach der Erfassung des Auftrages geht dieser an den Leiter der Logistikabteilung. Dieser entscheidet persönlich, ob ein Teil vom Lager entnommen werden kann, beschafft werden muss oder gar noch zu produzieren ist.
6. Da er sich in diesem Fall unsicher ist, fragt er beim Vorstand nach.
7. Der Lagerleiter erhält daraufhin den Auftrag, das Material auszuliefern. Da er an diesem Tag nicht im Betrieb anwesend ist, übergibt er den Auftrag erst am folgenden Werktag an einen seiner Sachbearbeiter, z. B. H.
8. Dieser entnimmt das Teil, versendet es an den Kunden und löst eine Nachbestellung des Ersatzteils beim zuständigen Lieferanten aus.
9. Nach dem Versand übermittelt Sachbearbeiter H im Lager seinem Vorgesetzten die Abgangsbuchung. Dieser prüft den Beleg und verschickt ihn an den Leiter des Rechnungswesens.
10. Der Leiter Rechnungswesen übergibt den Beleg an den Leiter der Buchhaltung und dieser wiederum an einen seiner Sachbearbeiter. Da der Leiter Rechnungswesen häufig vom Vorstand für Planungsaufgaben eingesetzt wird, bleiben die Belege erneut einige Tage liegen.
11. Der Sachbearbeiter M erstellt in diesem Fall die Rechnung und verschickt sie an den Kunden.

Die Grundeigenschaften Bereichsoptimierung, großer Koordinationsaufwand und Funktions- statt Kundenorientierung der funktionalen Organisation spiegeln sich in ◘ Abb. 4.5 wider, bzw.

4.7 · Darstellung und Prozessentscheidung

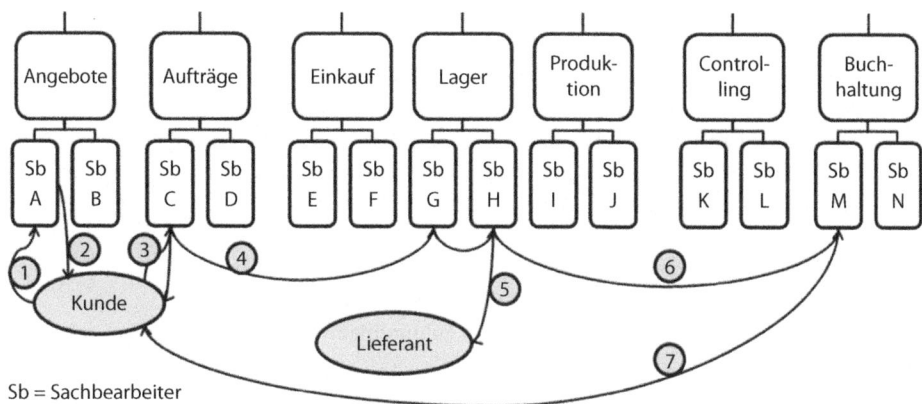

● Abb. 4.5 Ersatzteilbeschaffung aus prozessorientierter Sicht

die Identifizierung von Schwachstellen verdeutlicht um ein Weiteres die Grenzen der funktionsbezogenen Organisationsstruktur. Schwachstellen werden über die Prozesse identifiziert:
- Führungskräfte entscheiden in operativen Fragen bis hinauf zur Geschäftsführung
- Einbindung vieler Personen mit häufigen Bearbeitungswechseln
- Wenig Kontakt auf der Sachbearbeiterebene, da die Weitergabe von Vorgängen häufig durch Führungskräfte erfolgt
- Bei Abwesenheit greift offensichtlich keine Vertretungsregelung

Hieraus ergeben sich mehrere Verbesserungsmöglichkeiten im Sinne einer Prozessoptimierung, d. h. Veränderung in kleinen Schritten
- Der Vorstand sollte in der Regel nicht in operative Fragen der Geschäftsprozesse eingebunden sein
- Führungskräfte greifen nur in Ausnahmefällen in den Prozess ein, der Prozess wird durchgängig von der Sachbearbeiterebene gesteuert
- Der Kunde kommuniziert direkt mit den (zuständigen) Sachbearbeiter
- Sachbearbeiter geben untereinander relevante Informationen direkt weiter
- Mitarbeiter führen einen Bearbeitungsschritt komplett durch

Wendet man diese Grundsätze auf den Geschäftsprozess an, so könnte eine optimierte Version des Prozesses den in ● Abb. 4.5 dargestellten Verlauf nehmen (in Anlehnung an Gadatsch 2002).

Der Ablauf des überarbeiteten Geschäftsprozesses stellt sich nun wie folgt dar:
1. Der Prozess beginnt beim Sachbearbeiter im Vertrieb, der auf der Grundlage der Kundenanfragen die Angebote selbstständig erstellt.
2. Danach wird das Angebot von Sachbearbeiter A erstellt und an den Kunden versandt.
3. Wenn der Kunde eine Bestellung in Auftrag gibt, wird dieser von Sachbearbeiter C geprüft und anschließend direkt im Auftragsbearbeitungssystem erfasst.
4. Anschließend wird von Sachbearbeiter C der zuständige Einkäufer, Lagerist oder Produktionssachbearbeiter informiert, je nachdem, wie der Geschäftsvorfall zu beurteilen ist (Alternativen sind Lagerverkauf, Eigenfertigung oder Fremdbezug). Der Kunde erhält zugleich eine Auftragsbestätigung mit Angabe des Liefertermins.

5. In dem hier betrachteten Fall erhält der Mitarbeiter G im Lager den Auftrag, das Material an den Kunden auszuliefern. Da er an diesem Tag nicht anwesend ist, übernimmt Sachbearbeiter H seine Aufgabe. Er entnimmt das Teil vom Lager, versendet es an den Kunden und löst eine Nachbestellung des Ersatzteils beim zuständigen Lieferanten aus.
6. Der Mitarbeiter H informiert nun Sachbearbeiter M in der Buchhaltung.
7. Der Sachbearbeiter M erstellt nun auf der Grundlage der erhaltenen Informationen die Rechnung und verschickt sie an den Kunden.

Die Prozessoptimierung ergab die folgenden positiven Effekte:
- Deutlich weniger Prozessschritte (sieben anstatt elf),
- Keine unnötige Einbindung von Vorstand oder Führungskräften (flache Kommunikation),
- Vertretungsregelung vorhanden,
- Der Kunde kommuniziert (ohne Umwege über Führungskräfte) direkt mit den zuständigen Sachbearbeitern,
- Die Sachbearbeiter verschiedener Abteilungen kommunizieren direkt untereinander,
- Mitarbeiter führen einen Bearbeitungsschritt komplett durch.

Aus den Grundeigenschaften Gesamtoptimierung, Kundenorientierung, Prozessverantwortung und Prozessmanagement bringt die Prozessorientierung generell folgende Vorteile mit sich:
- stärkere Kundenorientierung,
- Ausrichtung des Unternehmens auf übergreifende strategische Ziele,
- klare Verantwortlichkeiten für marktrelevante Leistungen,
- Reduzierung von Schnittstellen,
- Motivationssteigerung bei den Mitarbeitern durch mehr Eigenständigkeit, Zurechenbarkeit und Verantwortung.

Neben diesen durchaus gewichtigen Vorteilen wird zunehmend auch Kritik an der Prozessorientierung geübt. Gerade Projekte zum Business Process Reengineering scheitern häufig daran, dass die Maßnahmen nicht konsequent bzw. nicht weitreichend genug umgesetzt wurden, vielleicht sich auch nicht weitreichend umsetzen ließen, weil kulturelle und mikropolitische Aspekte zu wenig berücksichtigt wurden. Neuere Modelle wie die lernende Organisation zielen nicht auf deduktive Fehlersuche in Funktionsstrukturen ab, sie suchen Wege zu ermitteln, wie die Organisation über die Prozessgestaltung zu verbessern ist, und suchen darin Lernmöglichkeiten, die das Individuum und die Organisation gleichermaßen aktiv einbinden, indem ein Dialog stattfindet. Dieser Dialog versucht, den Wissensstand des von allen Organisationsmitgliedern geteilten Wissens zu bearbeiten, um die daraus generierten Effekte für die Prozessentwicklungen zu nutzen, die dann Auswirkungen auf die funktionsbezogene Geschäftsebene haben. Dabei geht es nicht nur um das explizite Wissen und dessen (Weiter-) Entwicklung, die im Umlauf in der Organisation gegeben sind. Wenn interaktive Formen immer mehr ein Garant für Wertschöpfung sind (Reichwald und Piller 2009; Staiger 2008; Reinhard 2014), ist die lernende Organisation als eine Modellierung von Prozessgestaltung von Bedeutung, in ihr kann implizites Wissen für die Organisation von Nutzen sein. Das zieht Konsequenzen nach sich. Eine radikale Umsetzung des Konzeptes Business Process Reengineering kann zu Projekterfolgen führen, aber auch Ansätze innerhalb von lernenden Organisationen können das erzielen. Es bedarf aber offensichtlich neuer Prozessverantwortlicher,[3] sonst

---

[3] Zum Beispiel Wissenspromotoren statt Machtpromotoren, die statt der Barrieren Brücken für die Bearbeitung von Schnittstellen schaffen (Hauschildt & Salomon 2007; Schnauffer et al. 2004).

bleiben häufig die alten Machtstrukturen in den funktionalen Einheiten bestehen. Dies führt zu unklaren Weisungen, schlecht definierten Aufgaben und schließlich zur Konfusion der Mitarbeiter.

Der Weg zu einem *prozessorientierten Unternehmen* ist sicher keine leichte Aufgabe. Unternehmen, die prozessorientierte Projekte mit der Strategie verknüpfen, mit anderen „Change-Programmen" abstimmen, die richtigen Prozessverantwortlichen auswählen, sich auf eine lange Prozesslaufzeit vorbereiten, durch schnelle Erfolge („Quick Wins") Mitarbeiter und vor allem das Management überzeugen und auf deren Unterstützung bauen können (Kathan und Letmathe 2010). Die Schnittstellen sind deshalb so zentral und ihnen wird zunehmend Aufmerksamkeit entgegengebracht. Insgesamt ist es das Ziel von Prozessmanagement Stabilität in den Prozessen zu gewährleisten. Damit stößt das Prozessmanagement aber an die *Grenzen organisationaler Temporalität* – ein Rest an Variationspotenzial muss in den Prozessen erhalten bleiben, sonst wird auch diese Perspektive absolut gesetzt und Innovationspotenziale bleiben ungenutzt. Anders formuliert: Die Grenzen der Projektorganisation sind erreicht, wenn die Prozess- Perspektive der Temporalität die anderen beiden Perspektiven (Struktur und Institution) verdrängt.

4.8 Fragen

1. Welche Perspektive der Temporalität wird eingenommen, wenn fluide Strukturen betrachtet werden?
2. Prozessorganisation: Wie hängen Prozesse und Wertschöpfungszuwachs zusammen?
3. Skizzieren Sie organisationsbezogen die Unterschiede zwischen funktionsorientierter und prozessorientierter Sicht.
4. Welche Folgen hat das Business Process Reengineering für die Aufbauorganisation?

Literatur

Bea F, Scheurer S, Hesselmann S (2011) Projektmanagement. UTB, Stuttgart
Bleicher K (1991) Organisation: Strategien, Strukturen, Kulturen, 2. Aufl. Gabler, Wiesbaden
Elgass P, Kremar H (1993) Computergestützte Geschäftsprozessplanung. Inform Manage 1(93):42–49
Ferstl O, Sinz E (1993) Geschäftsprozessmodellierung. Wirtschaftsinformatik 6:589–592
Gadatsch A (2002) Management von Geschäftsprozessen – Methoden und Werkzeuge für die IT-Praxis. Vieweg Verlagsgesellschaft, Wiesbaden
Gaitanides M (1994) Prozeßmanagement, Konzepte, Umsetzung und Erfahrungen des Reengineering. Hanser, München
Hammer M, Champy J (2003) Business Reengineering: die Radikalkur für das Unternehmen. Campus, Frankfurt a. M.
Hauschildt J, Salomo S (2007) Innovationsmanagement, 4. Aufl. Vahlen, München
Hirzel M, Kühn F, Gaida I (2008) Prozessmanagement in Der Praxis: Wertschöpfungsketten Planen, Optimieren und erfolgreich steuern, 2. Aufl. Gabler, Wiesbaden
Hohmann P (1999) Geschäftsprozesse und integrierte Anwendungssysteme – Prozessorientierung als Erfolgskonzept. Fortis, Köln
Holst E, Seifert H (2012) Arbeitszeitpolitische Kontroversen im Spiegel der Arbeitszeitwünsche. WSI Mitt 2(2012):141–149
Jeschke S, Isenhardt I, Hees F, Trantow S (Hrsg) (2011) Enabling Innovation. Innovationsfähigkeit – Deutsche und internationale Perspektiven. Springer, Berlin
Kathan D, Letmathe P (Hrsg) (2010) Wertschöpfungsmanagement im Mittelstand. Gabler, Wiesbaden
Kühl S (2011) Organisationen. Eine sehr kurze Einführung. VS Verlag, Wiesbaden
Laux H, Liermann F (1997) Grundlagen der Organisation – Die Steuerung von Entscheidungen als Grundproblem der Betriebswirtschaftslehre, 4. Aufl. Springer, Frankfurt a. M

Moldaschl M, Stehr N (Hrsg) (2010) Wissensökonomie und Innovation. Beiträge zur Ökonomie der Wissensgesellschaft. Metropolis, Marburg

Oestereich B, Weiss C (2003) Objektorientierte Geschäftsprozessmodellierung mit der UML. Dpunkt.verlag, Heidelberg

Osterloh M, Frost J (1996) Prozeßmanagement als Kernkompetenz. Wie Sie Business Reengineering strategisch nutzen können. Gabler, Wiesbaden

Ould M (1995) Business processes – Modelling and analysis for reengineering and improvement. Praxis plc, Bath

Peters S, v.Garrel J (Hrsg) (2013) Arbeits-Zeitsouveränität für Führungskräfte von Morgen. Hampp, München

Petersen D (2011) Den Wandel verändern: Change-Management anders gesehen. Gabler, Wiesbaden

Picot A, Dietl H, Franck E (2008) Organisation: eine ökonomische Perspektive, 5. Aufl. Schäffer-Poeschel, Stuttgart

Picot A, Dietl H, Franck E, Fiedler M, Royer S (2012) Organisation. Theorie und Praxis aus ökonomischer Sicht. Schäffer-Poeschel, Stuttgart

Reichwald R, Piller F (2009) Interaktive Wertschöpfung: Open Innovation, Individualisierung und neue Formen der Arbeitsteilung. Springer Gabler, Wiesbaden

Reinhardt K (2014) Organisationen zwischen Disruption und Kontinuität: Analysen und Erfolgsmodelle zur Verbesserung der Erneuerungsfähigkeit von Organisationen durch Kompetenzmanagement. Hampp, München

Scheer A-W (1998) Vom Geschäftsprozess zum Anwendungssystem, 3. Aufl. Springer, Berlin

Schmelzer H, Sesselmann W (2013) Geschäftsprozessmanagement in der Praxis. Kunden zufrieden stellen, Produktivität steigern, Wert erhöhen. 8. Aufl. München: Hanser

Schnauffer H-G, Stieler-Lorenz B, Peters S (Hrsg) (2004) Wissen vernetzen. Wissensmanagement in der Produktentwicklung. Springer, Berlin

Scholz R (1993) Geschäftsprozessoptimierung – crossfunktionale Rationalisierung oder strukturelle Reorganisation. Bergisch Gladbach

Stahlknecht P, Hasenkamp U (2012) Einführung in die Wirtschaftsinformatik, 12. Aufl. Springer, Berlin

Staiger M (2008) Wissensmanagement in kleinen und mittelständischen Unternehmen. Systematische Gestaltung einer wissensorientierten Organisationsstruktur und -kultur. Hampp, München

Staud J (2006) Geschäftsprozessanalyse: Ereignisgesteuerte Prozessketten und objektorientierte Geschäftsmodellierung für Betriebswirtschaftliche Standardsoftware. Springer, Heidelberg

Steinmann H, Schreyögg G (2005) Management. Grundlagen der Unternehmensführung. Konzepte – Funktionen – Fallstudien. Gabler, Wiesbaden

Vahs D (2012) Organisation. Ein Lehr- und Managementbuch. 8. Aufl. Stuttgart: Schäffer-Poeschel

Gestaltung III: Projektorganisation

5.1 Überblick – 88

5.2 Dynamische Lösungen – 88

5.3 Grundlagen von Projektorganisation und Projektmanagement – 89

5.4 Temporäre Organisationsformen – 92

5.5 Ansätze des Projektmanagements – 94
5.5.1 Projektmanagement und alternative Projektformen – 94
5.5.2 Systemisches Projektmanagement – 98
5.5.3 Virtuoses (konfiguriertes) Projektmanagement – 99
5.5.4 Vom agilen Projektmanagement zum Social Project Management – 102
5.5.5 Erfahrungsgeleitetes, situatives Projektmanagement – 104

5.6 Ressourcen und Grenzen – 106

5.7 Projektkulturen: Akteure, Wissensaustausch und Netzwerke – 109

5.8 Planung und Ungewissheit – 113

5.9 Fragen – 117

Literatur – 117

© Springer-Verlag Berlin Heidelberg 2016
M. Elbe, S. Peters *Die temporäre Organisation*,
DOI 10.1007/978-3-662-49401-1_5

5.1 Überblick

Zusammenfassung
Im fünften Kapitel wird die statische Sicht der Organisation aufgegeben und eine dynamische Perspektive eingenommen. Mit Projektorganisation werden zeitlich begrenzte Formen organisationaler Kooperation bezeichnet, die traditionell stabile Sicherungsbeziehungen durch dynamische, zeitlich begrenzt gesicherte Ansätze der Arbeitsteilung ergänzen. Die Grundlagen von Projektorganisation und Projektmanagement als temporäre Organisationsformen werden im vorderen Teil des Kapitels diskutiert. Anschließend werden die zunehmend dynamischen Ansätze des Projektmanagements dargestellt. Ressourcen, Grenzen und Projektkulturen werden als wichtige Einflussgrößen thematisiert und abschließend wird der Zusammenhang zwischen Planung und Ungewissheit als wichtiger Beitrag zum Verständnis von Projektorganisation als spezifischem Ansatz der Temporären Organisation angesprochen.

5.2 Dynamische Lösungen

Organisationen sind prinzipiell an Veränderungen und temporären Einflüssen interessiert, die ihre Effizienz in spezifischen (internen und externen) Situation steigern helfen (Kieser 2014) und damit das Rationalitätspotentials des Organisierens erhöhen sollen. Gesucht werden dynamische Lösungen, um unter Wettbewerbsbedingungen Erfolge erzielen zu können. Diese Situations-Perspektive betont eine doppelte Temporalität: die perspektivische Gebundenheit und die zeitlich-situative Gebundenheit. Neben der Veränderung der zeitlich strukturierten Ablaufprozessen hat sich eine weitere Perspektive etabliert, die Veränderungen vorantreibt: die Projekt-Organisation als dynamisch-zeitlich begrenzte Form der Organisation (Baecker 2003; Peters 2012). Die Temporalität rückt damit in das Zentrum des Gestaltungsansatzes schlechthin, auch auf Dauer gestellte Strukturen und Prozesse werden nun verzeitlicht, der Darstellungsmodus durch den Handlungsmodus ersetzt. Mit dem Begriff Projekt wird eine schnelle Lösung durch den spezifischen Bearbeitungsmodus der Temporalisierung verbunden, anders formuliert: Projekte haben einen definierten Beginn und ein definiertes Ende. Die dynamische Variation unterschiedlicher Lösungsansätze, unter Veränderungen interner und externer Organisations- und Umweltfaktoren, ist ein Merkmal der Wandlungsfähigkeit von Projekten. Die Projekt-Organisation erzeugt dadurch zunehmend größere Freiheitsgrade des Handelns im Vergleich zu traditionellen Organisationsformen. Aufgrund dieser Flexibilität nimmt die Projektwirtschaft (als Ausrichtung der organisationalen Aktivitäten auf die Realisierung von Projekten) ständig zu und mit ihrer Bedeutungszunahme haben sich neue Aufgaben und Koalitionen entwickelt. So erfordert die Handhabung und Optimierung von IT-Prozessen eine immer intensivere Abstimmung zwischen Akteursgruppen unterschiedlicher Prozessstufen in der Organisation, aber auch innerhalb einzelner Akteursgruppen oder parallel arbeitender Akteursgruppen. Hier kommen alternative, an personelles Wissen gebundene Formen der Verknüpfung von Technik mit Hilfe weicher, immaterieller Faktoren zum Tragen.

Drei Faktoren begründen die gesteigerte Temporalität: Der Situationsbezug, die Einmaligkeit der Aufgabenstellung und die Begrenzung der zeitlichen, personellen und finanziellen Ressourcen für die Erarbeitung einer speziellen Problemlösung (Bea und Göbel 2002; Bea et al. 2011; Kuster et al. 2011; Boltansky und Chiapello, 2003; Bröckling, 2007). Diese besondere Form der Problemlösung macht den Projektcharakter aus. Insgesamt stellen projektorientierte Arbeitsweisen zunehmend ein zentrales Instrument zur wirkungsvollen Umsetzung von Organisationsstrategien dar (Becker 2010). Projektarbeit kann Organisationen dabei unterstützen, die vielfältigen Formen der Zusammenarbeit und Interaktionen zeitnah und gegenstandsbezogen so zu strukturieren, dass die Problembearbeitung keine dauerhafte Institutionalisierung nach sich zieht. Die bereits etablierten Prozessstrukturen werden unter der Perspektive von Projektorganisation einer zeitlichen Limitierung unterzogen, um gewünschte Ergebnisse zu erzielen. Dabei erlaubt die Einmaligkeit der jeweiligen Projekte es der Organisation, ihre Routinen unabhängig von Projekten aufrecht zu erhalten und gleichermaßen in Projekten Neues zu generieren, das direkte Eingreifen in technische Steuerungsprozesse als Teil von Planungsprozessen zu begreifen. Die sichere Bewältigung von technischen-administrativen Routinen (z. B. im Rahmen von IT-Projekten) wird zur Voraussetzung für die interaktive Projektarbeit mit Konsequenzen für die Zusammenarbeit sowie die Verteilung von Delegations- und Weisungsrechten. Ansonsten wäre eine Entscheidung über Kommunikationswege durch eine vorgesetzte Instanz nicht möglich; es würde der Informationsvorsprung der Instanz, auf der ihre Anerkennung beruht, unterlaufen (▶ Kap. 3). Der Aufforderungscharakter wird dahingehend aktualisiert, dass sich die Organisation situativ-dynamisch überlegen kann, was anders als bisher gemacht werden könnte (Baecker 2003). Jedoch nicht allein Wettbewerbsaspekte und Globalisierung sorgen dafür, dass die Projektarbeit zunimmt. Die Bedeutung der weichen, immateriellen Faktoren, insbesondere das Können und das Wissen der Mitarbeiter werden für die erfolgreiche Abwicklung von Prozessen immer wichtiger. Projekte werden die Orte der Einrichtung von eigenständigen weisungsbefugten organisatorischen Einheiten mit einzigartiger, temporärer Spezialisierung und Arbeitsteilung. Der instrumentelle und der institutionelle Modus der Darstellung werden dynamisiert und das instrumentelle Verständnis wird Teil der institutionellen Perspektive.

Das Projekt als eine eigenständige Organisationseinheit ist situativ schnell aufzubauen und ebenso schnell wieder zurückzubauen nach Erfüllung spezieller Ziele:

- Innerhalb der Ablaufprozesse im Projekt werden zeitliche, räumliche, technische, bzw. mengenmäßige sowie logische und auch rechtliche Beziehungen zur Erreichung des gesetzten Zieles geplant. Personelle Tätigkeitsprofile der Akteure und die Verfügbarkeit von Ressourcen stellen hierbei Rahmenbedingungen dar.
- Die Fixierung der Aufgaben, Ressourcenverteilung, Einbindung der Stakeholder etc. erfolgt in Abgrenzung gegenüber anderen Vorhaben sowie zwischen Projektorganisation und Linienstrukturen und weist damit Grenzen der Weisungsbefugnisse von Projektleitern und Projektakteuren aus (Rieteke und Wagner 2014; Witschi et al, 2014; Bea et al. 2011; Ahlemann und Eckl 2010; Mayer et al. 2008).

Die Erkenntnis- und Handlungsmöglichkeiten der Organisation lassen sich durch die Ergänzung mittels zeitlicher Limitierung in Projekten und den damit verbundenen temporären Gestaltungsoptionen ein weiteres Mal steigern bzw. vervielfältigen, wodurch einerseits das Rationalitätspostulat der Organisation bedient wird, andererseits aber neue Handlungsräume für mikropolitisches Handeln in der Organisation eröffnet werden.

5.3 Grundlagen von Projektorganisation und Projektmanagement

Organisationen sind darauf ausgerichtet, Komplexität mittels neuer Kooperationsformen zu bewältigen. Dabei können die in der Organisation verankerten Strukturen Gültigkeit auf der Grundlage von arbeitsteiliger Spezialisierung beanspruchen. Neue Kooperationsformen bilden sich über Prozessstrukturen und Prozessmanagement heraus. Projektformen bieten darüber hinaus zeitlich- räumliche Steigerungen von Koordinationsmöglichkeiten. Über veränderte Koordinationsmuster, wie die Festlegung von Prozess- und Projektprioritäten werden Veränderungen im Zeitverlauf effizienter bewältigt. Es ist für Organisationen eine ständige Herausforderung, die Abläufe ihrer Prozesse mit immer neuen Theorien und Methoden permanent zu optimieren und veränderten Situationsbedingungen anzupassen. Erkennbar hat sich seit dem zweiten Milleniumswechsel ein Trend abgezeichnet, bei dem sich innerhalb von Organisationen, aber auch zwischen Organisationen umfangreiche Projektstrukturen und Arbeitsbeziehungen entwickeln, die diese vor neue Herausforderungen stellen. So gesehen ist die Koordination von Projekten (für Einzelne wie auch mehrerer) eine beständige Organisationsaufgabe. Es lässt sich daher die Frage aufwerfen, ob Projekte die neue Form von Organisationen werden. Was oben bereits angedeutet wurde, soll hier (in Anschluss an Hagen 2009) nochmal konkretisiert werden:

> **Ein Projekt ist ein Vorhaben, das im Wesentlichen durch Einmaligkeit der Gesamtheit der Bedingungen, wie z. B.**
> — **klar begrenzte Zielvorgabe, bzw. Zielsetzung,**
> — **neuartige und komplexe Aufgabenstellung,**
> — **zeitliche Befristung,**
> — **finanzielle, personelle und sachliche Begrenzung,**
> — **Abgrenzung gegenüber anderen Vorhaben sowie**
> — **projektspezifische Organisation**
> **gekennzeichnet ist und damit einer besonderen Temporalität unterliegt.**

Wird der Fokus verstärkt auf das Anwachsen einer wissensbasierten Ökonomie in modernen Gesellschaften geworfen, ist Komplexität eine wesentliche Eigenschaft, die den Projektcharakter ausmacht und sich damit dominant von den Routineaufgaben in Organisationen abgrenzt. Desweiteren lassen sich Projekte in Projektarten, die einen vergleichbaren Projektcharakter besitzen, organisieren. Infolge ihres Intervallcharakters wird dann auch Arbeit und Leben projektförmig gesehen. Dieses ist unter der Hand zum Paradigma des modernen Lebens geworden, da Projekte in besonderen Formen Arbeit und Organisation jenseits klassischer Abgrenzungen „neu" verbinden. In diesem Zusammenhang wird bereits von einer projektidentifizierten Gesellschaft gesprochen. Anders formuliert: Nimmt der Trend zu einer projektorientierten Gesellschaft zu oder ist die Gesellschaft gar auf dem Wege zur Projektgesellschaft? (Boltanski und Chiapello 2003; Hanisch 2013).

Kuster et al. (2011) systematisieren die *Projektarten*, wobei sie die Komplexität der Aufgabenstellung mit der sozialen Komplexität kombinieren. Die Aufgabenkomplexität kann dabei niedrig (mit einer klaren, geschlossenen Aufgabenstellung) oder hoch (offene Aufgabenstellung, mit vielen inhaltlichen oder prozessoralen Möglichkeiten) sein. Auch die soziale Komplexität kann niedrig oder hoch sein. Niedrige soziale Komplexität bedeutet, dass die Zusammenhänge relativ einfach zu überblicken sind und das Risiko in dem Projekt relativ überschaubar bleibt. Hohe soziale Komplexität hingegen ist durch Interdisziplinarität sowie komplexe Zusammenhänge geprägt und weist dementsprechend auch höhere Risiken auf. ◘ Abb. 5.1 fasst (in Anlehnung an Kuster et al. 2011) dies zusammen.

Während Standardprojekte zwar begrenzt und relativ einfach strukturiert sind, weisen Potenzialprojekte aufgrund höherer Aufgabenkomplexität bei niedrigem Risiko auf Zukunftschancen hin. Akzeptanzprojekte haben ein formal höhere Risiko, sind aber aufgrund der relativ einfachen Aufgabenstellung bei interdisziplinärer Bearbeitung letztlich doch gut planbar. Dies ist bei den Pionierprojekten mit deutlich höherem Risiko, aber auch entsprechenden Innovationspotenzialen verbunden. Entwicklungsprojekte sollen Prozesse gestalten, die von mittlere sozialer

5.3 · Grundlagen von Projektorganisation und Projektmanagement

◘ Abb. 5.1 Projektarten

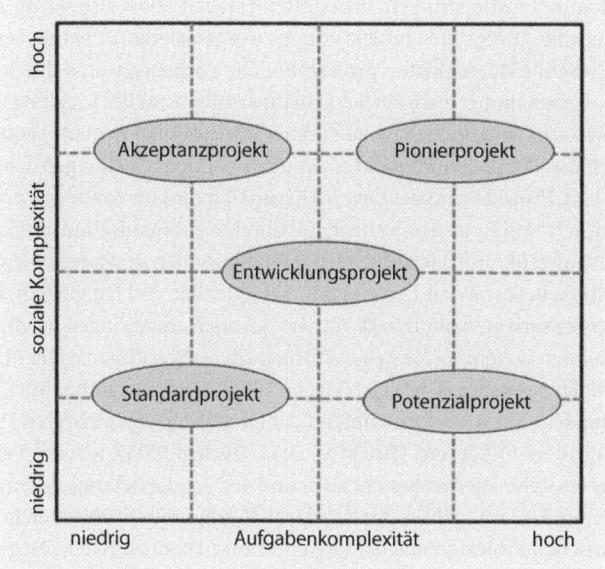

und aufgabenbezogener Komplexität sind. Sie begrenzen dadurch die Risiken und schaffen klare Strukturen im Projektverlauf.

Die Projektorganisation ist eine besondere Form der Prozessorganisation und des Prozessmanagements. Während die *Prozess*organisation verschiedenartige Steuerungsmodelle zur Aufgabenerfüllung in der Organisation beschreibt (► Kap. 4), weist die *Projekt*organisation eine Struktur auf, die aufgrund ihrer Einmaligkeit nicht problemlos im Rahmen der gegebenen Organisation Projekte abwickeln kann (Picot et al. 2012). Hierdurch werden Projekte parallel zur bestehenden Ablauforganisation wirksam. Die Überlagerung gegebener Organisationsstrukturen durch ein Projekt greift damit neue, bisher nicht gegebene Prozessorganisationsformen auf, um diese in Projektformen zu transformieren. Das ermöglicht um ein Weiteres die Bearbeitung von Prozessen außerhalb klassischer Strukturen der Ablauforganisation, und weist somit der Sekundärorganisation weitere neue Aufgaben zu. Die Primärorganisation kann der Abwicklung von Routineaufgaben verpflichtet bleiben. Die Sekundärorganisation kann dynamische, zeitlich befristete Organisationsformen zur Lösung von einmalig anfallenden Aufgaben annehmen: Sie hat den Aufbau und den Ablauf innerhalb von Projektorganisationen zum Inhalt (Schnauffer et al. 2004), wobei die geläufigste Form das Projektmanagement ist (Nausner 2006; Bergmann und Garrecht 2008; Bea et al. 2011; Bröckling 2007; Peters 2011; 2012). Es geht u. a. um sich ändernde Arbeits- und Organisationsformen und die Dynamisierung von Team- und Führungsarbeit, Ressourcen, Personalpolitik, Architekturen von Strukturen. Der Aktions- und Handlungsmodus der Mitglieder tritt in einer eng determinierten zeitlichen Existenz von Projekten sukzessiv in den Mittelpunkt der Aufmerksamkeit. Folglich werden neben formalen Steuerungsaspekten professionelle soziale Handlungen wichtiger. Dies betrifft auch die Suche nach neuen Wegen, um die Wissensanteile von in Projekten arbeitenden Akteuren für Innovationen generieren zu können.

Der Gegenstand Projekt ist als Phänomen der jüngeren Moderne in immer mehr Tätigkeitsfeldern von Produktions-, Dienstleistungs- und Verwaltungsprozessen sowie in

Finanzdienstleistungen anzutreffen (Hagen 2009; Bröckling 2007; Kuster et al. 2011). Der Gedanke, Tätigkeiten projektförmig zu organisieren, ist bereits seit mehr als 6000 Jahren Teil der Menschheitsgeschichte – projektähnliche Vorhaben waren durch die Strukturierung komplexer Aufgaben immer auch ein Schlüsselinstrument zur Entwicklung von Gesellschaften. *Projektmanagement* wird heutzutage auch als eine Schlüsselkompetenz verstanden. Seinen Charakter einer Schlüsselkompetenz bezieht es aus der besonderen Stellung in der modernen Organisationslandschaft. Projekte sind der Ort, wo Kreativität und Innovationen erwartet, Veränderungsprozesse initiiert und Routinen weitgehend durch Neuorganisation aufgelöst werden, also Aufbau- und Ablaufstrukturen sich erneuern. Hinzukommen veränderte Erwartungen an die Innovationsfähigkeit, sowie den Umgang mit Komplexität und Ungewissheit (zwei Wesensmerkmale von Wissensarbeit, worauf in ◘ Abschn. 5.5 noch eingegangen wird). Projektorganisation stellt den Rahmen für temporäre Arbeitsformen - dem Projektmanagement, das durch spezifische Prozessabfolgen gekennzeichnet ist (Hagen 2009). Dies geht einher mit Qualifizierung der Projektleiter und dem Team, und zunehmend der Gestaltung von mehreren Projekten durch ein Projektmanagement Office, etc. (Bea et al. 2011; Becker 2005), wodurch eine eigenständige Projektkultur entsteht. Hierbei besteht aufgrund der Sonderstellung als temporäre Organisationsform die Herausforderung insbesondere darin, Konfigurationsoptionen in und zwischen Projekten sowie zwischen Projekten und der Organisation zu koordinieren. Die grundsätzliche Temporalität der Organisation wird einer weiteren (offensichtlichen) Temporalisierung unterzogen. Effektivitätserwartungen werden in kürzeren Innovationszyklen gesehen sowie in der besseren Bewältigung komplexer Frage- und Aufgabenstellungen, Vernetzung der Kompetenzen der Wissensarbeit(er) und des unterschiedlichen Know-how unterschiedlicher Unternehmensbereichen, etc. (Bergmann und Garrecht 2008). D. h. Projekte werden dort generiert und konfiguriert, wo eine auf Kontinuität und auf standardisierte Routineprozesse ausgerichtete Linienorganisation neueren Anforderungen nicht mehr genügen kann. Projekte beinhalten neue Organisationsentwürfe, ohne die Strukturen der Primärorganisation verändern zu müssen. Die Projektarbeit und damit das Projektmanagement entwickeln sich zu einer Leitmetapher und einem Modell für Organisationsentwürfe schlichthin (Rietiker und Wagner 2014). Zunächst ist zurückliegend das „klassische" Projektmanagement entwickelt worden, jedoch führen die entstehende Wissensgesellschaft und die Erfordernisse der Globalisierung wie Kostendruck, Schnelligkeit, Flexibilität, Dynamik und Innovationsfähigkeit dazu, dass vor allem Wissensarbeit in Projekten realisiert wird, um in Projektstrukturen Komplexität und Abstimmungsprozesse direkt dort besser bewältigen zu können. (Jeschke et al. 2013; Böhle und Busch 2012)

5.4 Temporäre Organisationsformen

Projekte und Projektorganisation sowie projektbasierte Organisationen sind Ausdruck eines neuen Verständnisses der Beziehung sowie der Gestaltung von Struktur und Organisation. Als *temporäre Organisationsform* prägen sie immer häufiger Organisationen und damit auch Managementaktivitäten. In Projektformen geht es um eine temporäre Zusammenarbeit zwischen Unternehmen, Kunden, Zulieferern und – mit einer etwas geringeren Intensität – auch öffentliche Institutionen wie Universitäten, Forschungseinrichtungen und zögerlich Verwaltungen. Sie sind eine auf Zeit angelegte Organisationskooperation. Projekte lassen sich je nach Zielrichtung durchführen als:

- Investitionsprojekte,
- Organisationsprojekte,
- Forschungs- und Entwicklungsprojekte,
- komplexe Dienstleistungsprojekte (Bea et al. 2011).

5.4 · Temporäre Organisationsformen

Organisationen suchen in zeitlich befristeten Projektformen Lösungen, die infolge der temporären Ausgestaltung schneller effizient arbeiten und nach Sicherung von Ergebnissen ebenso schnell wieder abberufen werden – das temporäre System wird so zum Modelle zur Bewältigung von Aufgaben, die sich aus der Standardorganisation herauslösen lassen (Lundin und Söderholm 1995). Projekte stehen seit ihrer Einführung im Militär in den USA seit den 1950er Jahren in dem Ruf, infolge dieser „Kernfähigkeiten" dynamisch und innovativ zu sein (Madauss 2000), wobei sich für die Steuerung von Projekten der Begriff Projektmanagement[1] durchgesetzt hat. Entscheidend ist eine Veränderung der Koordination innerhalb der Organisation, die befristete einzelne Initiativen oder auch das Management mehrerer Projekte gleichzeitig betrifft. Darüber hinaus werden episodische Interventionen sowie kurzfristige Entscheidungen über projektspezifischen Personalaufbau oder -abbau vorgenommen, um eine vorübergehende Zusammenarbeit in der Spezialisierung und Kooperation mit nicht vorgesehener temporärer Dauer zu konfigurieren. Hierfür wird ein ebenso temporäres Commitment von den Beteiligten erwartet.

Das Temporäre zeigt sich bereits in der relativen Stabilität der Organisation, z. B. in der Leiharbeit oder in zeitlich befristeten Austauschbeziehungen durch Verträge, Aufträge etc. Projektorganisationen bieten nun einen temporären Rahmen für neue Arbeitsformen mit Elementen wie spezifischer Projektkultur, Qualifizierung der Projektleiter, Teamarbeit und Weiterbildung, Projektmanagementtools, Projektstrategie oder Führungskulturen. Erfordernis ist, das Verhältnis zwischen temporärer Prozessorganisation und der eigentlichen Organisation als Dauererscheinung zu klären, sodass eine Arbeitsfähigkeit der Projekte gewährleistet und die Zusammenarbeit zwischen Routinestrukturen der Organisation sowie temporären Strukturen der Projekte durch entsprechende Steuerungen zugelassen wird. Zeit ist dabei ein wesentliches Gestaltungselement (Schulte-Zurhausen 2002) sowie Irritationsmoment, das zur Instabilität von Projektstrukturen bzw. Spannungen zwischen Projekt und Organisation beiträgt und als kritischer Gestaltungsfaktor immer mehr die traditionelle Kostenfixierung ablöst.

Die Steuerung von Projekten im Projekt war lange Jahre im Fokus betriebswirtschaftlichen Handelns und Gestaltens, jedoch mit der Ausdehnung von Projekten in allen gesellschaftlichen und ökonomischen Feldern erfordert das Handling von Konfigurationsoptionen in und zwischen verschiedenen Projekten der Organisation und darüber hinaus zwischen Projekten interaktives Gestalten. Projekte werden dort generiert und konfiguriert, wo eine auf Kontinuität und auf standardisierte Routineprozesse ausgerichtete Linienorganisation neue Dynamiken sowie ein anderes Verständnis in Fragen der Handhabung von Ressourcen benötigt. Infolge der Temporalität von Projekten kann die Organisation von Reflexion, Prüfung, Controlling, bzw. Evaluierung von zeitlich begrenzten Aufgaben entlastet werden und sich neuen Aufgaben mit hohem Komplexitätsgrad zuwenden. Projekte können sich innerhalb ihrer eigenen Strukturen hinsichtlich der Prozessoptimierung vernetzen und relativ unabhängig arbeiten. Je mehr Projektformen entstehen, umso mehr verändern Projekte die Arbeit, die Arbeitsform und den Charakter von Arbeit. Die „Projektisierung" von Arbeit verselbständigt sich auf der Sekundärebene von Organisationen und arbeitet vernetzt mit veränderten Produktions- und Rationalisierungsstrategien, um widersprüchliche Anforderungen an Effizienz und Flexibilisierung neu zu formen. Projekte weisen sich zunehmend durch Pluralität, Varietät und Komplexität aus. In ihnen wird das Wissen im Innovationswettbewerb eine ökonomische Ressource (Moldaschl und Stehr 2010). Das Leitbild der Planbarkeit von Projekten hat sich in zahlreichen Modellen weiter ausdifferenziert und ist letztlich da an

---

1 Projektmanagement wird in Deutschland durch die Gesellschaft für Projektmanagement (GPM) gefördert, die wiederum international vernetzt ist (International Project Management Association – ipma).

seine Grenzen gestoßen, wo klar wird, dass durch weitere Planung nicht zunehmende Sicherheit, sondern zunehmende Einschränkung erreicht wird (Bauman 2008). Auch Elbe (2011) und Peters (2012) sowie insgesamt die Autoren des Bandes „Management der Ungewissheit" (Böhle und Busch 2012) weisen darauf hin, dass es gilt neue Ressourcen durch Annahme von Ungewissheit als Chance zu generieren und nicht Planung und Beherrschung von Strukturen und Prozessen als Organisationsprinzip in den Vordergrund zu stellen, sondern die Bewältigung temporärer Herausforderungen aufgrund flexibler Projektpotenziale, die in bestehenden Organisationen angelagert sind.

5.5 Ansätze des Projektmanagements

5.5.1 Projektmanagement und alternative Projektformen

Im *klassischen Projektmanagement* werden für die Bearbeitung und Steuerung von Projekten fortlaufend Methoden, Instrumente und Führungssysteme entwickelt, mit denen temporäre Aufgaben organisiert werden, so der Kerngedanke. Dabei wird bedacht, Weisungs- und Entscheidungsbefugnisse der Organisation unverändert aufrechtzuerhalten, welches mit zunehmender Ausdifferenzierung von Projektorganisationen Spannungen nicht umgehen kann (Rieteke und Wagner 2014). Wichtige Elemente des ‚klassischen' Projektmanagements sind:

- *Planung*: Prognose der Zukunft und die Vorbereitung auf diese mit Hilfe eines Wirtschaftsplans,
- *Organisation:* als Vorbereitung des Handelns betrifft die formale Struktur, die die Strukturen für die arbeitsteilige Bewältigung der Gesamtaufgaben erforderlich macht,
- *Führung*: Ausübung im Sinne von Befehlsgewalt, die als notwendig angesehen wird, um die Interessen der in den Projekten arbeitenden Mitarbeiter auf eine einheitliche Zielsetzung hin auszurichten,
- *Steuerung*: Koordination als Handeln mit dem Ziel, Tätigkeiten und Ressourcen örtlich, zeitlich und sachlich in Einklang zu bringen,
- *Kontrolle:* als Registrierung und Rückkopplung des erzielten Handlungserfolgs an die vorausgegangene Planung (Steinmann und Schreyögg 2005).

Diese Kriterien für die Gestaltung von Organisationsentwicklung entsprechen den Grundlagen in fünf zeitlich aufeinanderfolgenden Projektphasen:

Die aufeinander folgenden Projektphasen in ◘ Abb. 5.2 entsprechen der Bearbeitung von Prozessstrukturen, auf die in ▶ Kap. 4 bereits verwiesen wurde (Vahs 2012), wo sie mit Begriffen wie Prozessdefinition, -strukturierung, -realisierung, und -optimierung umschrieben werden.

Zunächst entwickelte sich der Ansatz des Projektmanagements als *technisch-rationales Modellierungsvorhaben* auf IT-Basierung zur Bearbeitung einmaliger Aufgaben ohne ‚Störungen' aus der Organisation. Der Fokus lag zunächst auf der Betonung der methodischen Elemente des Projektmanagements, erst in den 1990er Jahren ist die Integration der sozial-organisatorischen Elemente mit aufgenommen worden. Aus heutiger Entwicklungsperspektive wird diese Form als PM-1 (Projektmanagement 1) im Nachhinein benannt, nachdem innerhalb von alternativen Projektformen das PM-2 Bedeutung erlangt. Innerhalb des klassischen Projektmanagements umschreibt es faktische Abläufe in Form einer Soll-Ist-Ermittlung und hebt Entwicklung und Gestaltung einzelner Aspekte im Modus des Planbaren und der Ausdifferenzierung von IT-Prozessen besonders hervor (Söderlund 2002). In diesem Sinne werden Steuerungssysteme über Rationalität entwickelt, Änderungen dieser Prinzipien sind nicht intendiert, und alle

5.5 · Ansätze des Projektmanagements

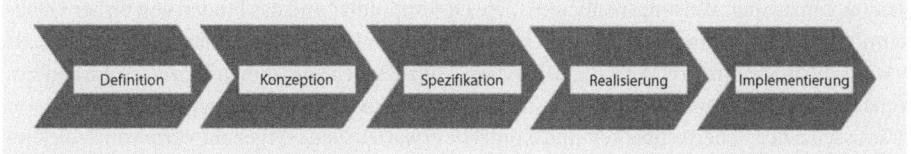

◘ **Abb. 5.2** Aufeinanderfolgende Projektphasen

Prozesssteuerungen gelten für die operativ ausführende Perspektive. Von ihnen wird die Einhaltung von Standardisierung zur Erreichung von Effizienz erwartet. Das betraf innerhalb zurückliegender Entwicklungen Zielvorgaben, technische Innovationen über Projekte zu beschleunigen. Generell wird im Projektmanagement von einer vollständigen Erfassbarkeit und Prognostizierbarkeit der Arbeitsabläufe ausgegangen, um anschließend entsprechend planen und störungsfrei realisieren zu können. In der Umsetzung bedeutet dies, dass ein temporäres Problem infolge der zeitlichen und räumlichen Isolierung aus den Organisationsroutinen herausgelöst und mit Methoden des Projektmanagements im temporären Kontext bearbeitet wird. Hierbei stellt ein Projektteam eine effiziente Aufgabenbearbeitung sicher, wobei auftretende Konflikte und Probleme mit spezifischen Methoden bewältigt und Risikofaktoren gezielt in geregelte, technisch orientierte Bahnen gelenkt werden, wodurch Pfade für neue Ideen entstehen (Bröckling 2007; Madauss 2000). Der Grundgedanke ist, das alle Projekte im Kern gleich sind und mit einem wiederum im Kern identischen Projektmanagement abgewickelt werden sollen.

Das klassische Projektmanagement (PM-1) erlaubt die Bearbeitung eines mittleren Komplexitätsausmaßes mit Entscheidungsstrukturen, Komplexität zu selektieren. D. h. was nicht bearbeitbar ist, ist auszuschließen. Komplexität wird in einzelne Arbeitsschritte zerlegt. Infolge gestiegener Anforderungen an Projektbearbeitungen hat sich in den zurückliegenden Jahren das sogenannte *multiple Projektmanagement* entwickelt, in dem nicht mehr nur das Management von (Einzel-)Projekten, sondern vielmehr das Management von Projektzusammenhängen oder Projektportfolios Gegenstand der temporären Organisation ist. Diese besondere Organisationsform soll durch die Beiträge der einzelnen Projekte zur rentabilitätsorientierten und strategischen Unternehmensentwicklung beitragen, so die betriebswirtschaftliche Perspektive. Erst infolge der Komplexität von Anforderungen und Ausdifferenzierungen von F&E-Projekten, Organisationsprojekten und auch komplexen Dienstleistungsprojekten hat der Diskurs über Projektformen und Projektorganisation begonnen. Das Projektmanagement ist ständig auf der Suche nach neuen Arbeits- und Organisationsformen sowie veränderten Regelungen von Management- und Führungssystemen, inklusive der Steuerung des Personals in Projekten, die Innovationsoptionen bieten können. Dadurch gerät das Anliegen von Projektmanagement und seine ursprüngliche Innovationsannahme, dass dieses sich unbegrenzt über IT-Strukturen generiere, an seine Grenzen und ein neuer Fokus von Interessen auf der Ebene von Handlungsformen und ihrer Steuerbarkeit gewinnt Bedeutung. Das klassische Projektmanagement vermag hingegen innerhalb dieser Strukturen Planabweichungen und Misserfolge nur als Defizite der Planung zu betrachten, die es zu eliminieren gilt. Das beinhaltet, dass zwar die Bedingungen für Veränderungen außerhalb von Organisationsroutinen durch die temporäre Einrichtung geschaffen wurden, jedoch wurde es wiederum erforderlich, nach Veränderungen zu suchen, die auch die geronnenen Handlungsanweisungen in den Projekten flexibilisieren, bzw. dynamisieren.

Vor diesem Hintergrund entwickeln sich neue Formen von Projektmanagement mit stärkerer Betonung des Faktors Projektführung vs. Unternehmensführung, Teamarbeit in Projekten,

Ressourcenzugang, Weisungsrechten etc. Die Diskontinuität und das Finden von bisher Unbekanntem werden nunmehr auf der Suche nach sozialen Innovationen neben technischen als erwünscht programmiert (Wolf 2012). Das belegt, inzwischen wird diesen Prozessen ein anderes Verständnis von Innovationsfähigkeit unterlegt und Innovation wird weniger in Strukturen von Prämissen einer Beherrschbarkeit und Kontrolle erwartet. Neue Gegenentwürfe von Projekten weisen sich zunehmend durch Pluralität, Varietät und Komplexität aus, indem nunmehr das Wissen im Innovationswettbewerb eine ökonomische Ressource (vgl. Moldaschl und Stehr 2010) wird. Es geht zunehmend um eine neue Pragmatik im Umgang mit Ungewissheit, Uneindeutigkeit und Unsicherheit (Böhle und Busch 2012). Darin liegt der Motor für Veränderungen und Innovationen. Relevant sind heutzutage insbesondere auch *soziale Innovationen*, die der Konfiguration sozialer Arrangements bedürfen, wie sich in den neueren Ansätzen des Projektmanagements (s. u.) aufzeigen lassen wird. Der Fokus von Projektarbeit öffnet sich ergänzenden sozialen Handlungen und situativen Aktionen. Mitarbeiter und ihr Wissen sind die entscheidenden Ressourcen in Bezug auf Innovationserwartungen.

In Ergänzung zum klassischen Projektmanagement verweisen *alternative Projektformen* darauf, das Innovationsoptionen in alternativen Formen von Steuerungsprozessen liegen, d. h. die Steuerung wissensbasierter Tätigkeiten nicht mehr nur aus den gegebenen Bedingungen der Organisation und dem Projektmanagement beantwortet werden können (Wilkesmann 2010; Vahs 2012; Heidling 2012). Die klassische Projektorganisation gerät an Grenzen ihrer Effektivität und Innovationserwartung, weil wissensbasierte Tätigkeiten und gegebene Strukturen Unvereinbarkeitsmomente in Fragen des Einsatzes und Umgangs mit materiellen wie immateriellen Ressourcen aufzeigen. Da innerhalb von Projektorganisation die Innovationsfähigkeit als das dominante Ziel ausgewiesen wird, werden zunehmend Handlungsspielräume aller dort tätigen Akteure gezielter gesucht, um mit den Unwägbarkeiten in Ablaufstrukturen umzugehen. Handeln in Projektkontexten ist heute etwas anderes als funktionales und zweckrationales Handeln in klassischen Organisationsstrukturen. Wissensorientierte Tätigkeiten folgen veränderten Mustern der Generierung von Handlungsoptionen, und damit ist eine Öffnung zu interdisziplinären Ansätzen im Umgang bzw. zur Ermöglichung von Innovationen außerhalb des klassischen Managements und seiner Lehre gefragt. Die Aktualisierung der Akteursebene bietet in veränderten Projektformen dazu Alternativen. Es geht um die Gestaltung von Wissensflüssen zwischen den Wissensträgern, indem technische und soziale Innovationen in einem engen Zusammenspiel organisationsspezifisch entwickelt werden. Wichtige Begriffe sind neben dem Projektmanagement die Projektarchitektur und -prozesse, die Kommunikationsregeln, die Arbeitsorganisation, das Einspeisen inhaltlicher Impulse in das jeweilige Wissensverarbeitungsnetzwerk, die Auswahl der Methoden etc.

Zunächst handelt es sich bei alternativen Projektformen um die Suche gesteigerter Lösungsoptionen, die es erlauben, das Managementhandeln dynamischer zu verstehen, also Kommunikation und ein offener Umgang mit nicht beherrschbaren Entwicklungen in Führungs- und Steuerungsphasen zuzulassen. Diese Projekte bezeichnen sich zunächst als Gegenentwürfe und versuchen auf das fortgeschrittene Projektmanagement (PM-2) als Kommunikationssystem aufmerksam zu machen. Insbesondere in (produktionsnahen) Dienstleistungen, Verwaltung, im Gesundheitswesen und anderen Bereichen erzielen Projekte eine neue Aufmerksamkeit: Projekte, in denen die Planungsperpektive auf der Suche nach neuen Leitbildern jenseits der technischen Rationalisierung und Kontrolle von Arbeits- und Organisationsprozessen in Richtung eines flexiblen sozialen Handelns variiert wird. Solche Projekte eröffnen neue Perspektiven auf das Projektmanagement. Ihnen ist gemeinsam, dass sie „Personal" gegenüber der bisherigen Dominanz technischer Strukturen als einen Erfolgsfaktor einsetzen, also die Teamzugehörigen oder zumindest die Projektleitung als Führungskraft thematisieren und damit der bisherigen Steuerung durch das Management über die Gestaltung von Wissensflüssen eine Alternative

5.5 · Ansätze des Projektmanagements

entgegensetzen. Neue Muster von Arbeitsorganisation werden in diesen generiert, um wissensbasierten Tätigkeiten Raum zu geben oder die Auflösung und Reorganisation tayloristischer Arbeitssysteme vorzunehmen. Auf der operativen Ebene der Projektorganisation verschmelzen Arbeit und Organisation in hybriden Formen.

Immer neue Modellkonstruktionen werden mit dem Anspruch entwickelt, Strukturen und Prozesse besser mit Hilfe veränderter Arbeits- und Organisationsentwicklungsinstrumente zu steuern. Im Zuge der gesellschaftsökonomischen Bedeutungszunahme von Projektformen hat sich das Thema Projektmanagement als ein dynamisches Feld zwischen verschiedenen Managementdisziplinen etabliert und seinen Forschungshorizont immer weiter ausdifferenziert. Denn darin werden Chancen gesehen, Intuition zu entwickeln, Gespür für den Entwicklungsverlauf des Projektes zu erhöhen, bzw. dieses in Planungsprozesse einzubeziehen. Der Begriff Antizipation kommt in den gegenwärtigen Ansätzen kaum vor, aber in Planungsprozessen der alternativen Projektformen finden mentale Vorwegnahmen eines zukünftigen Ablaufes Aufmerksamkeit. Es geht insgesamt darum, *weak signals* – weichen Faktoren – immer mehr Aufmerksamkeit entgegen zu bringen und darauf zu vertrauen, dass sie wichtige Stimulatoren für Entwicklungsoptionen sind.

Folglich verändern sich die im klassischen Projektmanagement benannten Aufgaben und Anforderungen an Planung, Organisation, (Personal-) Führung, Steuerung, und Kontrolle. Der Wandel bezieht sich auf folgende Merkmale:
- intensive Vernetzung der Akteure im Projekt und mit Akteuren anderer Projekte durch IT und Netzwerkstrukturen,
- veränderte Arbeitsweisen und wechselnden Wissensträgern während der Dauer eines Projektes,
- ein veränderter Ressourcengebrauch und -austausch, wobei dieser das Projekt, mehrere Projekte und den Austausch mit der Primärorganisation (Linienstrukturen) umfasst.

Wie im Folgenden gezeigt wird, werden in den alternativen Projektmanagementansätzen sozio-technischen Systeme als voneinander abhängig betrachtet. Kompatibilität der Systeme untereinander sowie die Interaktion zwischen den Systemen umfassen die Leistungsfähigkeit von Projektmanagement. Das ist ein um 90 Grad gewandelter Anspruch an die Projektorganisation. Um dieses effektiv zu nutzen, sind immer mehr die sozialen Systeme mit computergestützten Systemen abzustimmen, d. h. die Nutzung der soziotechnischen Systeme erfordert mehr und mehr Aufwand. In der Entwicklung der alternativen Formen von Projektmanagement spiegelt sich dieses wider. Zudem wird nach Barrieren und Hindernissen für Veränderungen von Einstellungen und Verhalten gesucht (Witschi et al. 2014). Die nun folgenden benannten Charakteristika spiegeln sich in den alternativen Projektformen wider.
- *Zeitliche Begrenzung:* Diese nimmt Einfluss auf die soziale und kulturelle Integration aller Teammitglieder zur Bearbeitung einer Aufgabenstellung, (kalte Akquise, sofort Start).
- *Heterogenität:* Bei arbeitsteilig verteilten Projekten nimmt die Heterogenität bei sich ständig verändernder Ressourcenzuführungen und wechselnden Teammitarbeiter zu. Diese sind zudem häufig unterschiedlich in der Trägerorganisation verankert und haben unterschiedliche Wissenszugänge, Qualifikationswege und Karriereerwartungen.
- *Budget:* Durch die Ausstattung und Limitierung des Budgets entsteht ein Druck auf die Projekte. Dadurch ist in der Anfangsphase eines Projektes ein hoher Ressourceneinsatz notwendig, um Instabilität möglichst aufzufangen. Diese Art fragiler Organisation neben der Trägerorganisation macht die Abläufe komplizierter, und störungsanfälliger,
- *Zieldiffusion:* Projekte mit diffusen Aufträgen, bei denen in der Ablauforganisation zwischen Standardisierung und situativen Lösungen zu wechseln ist, weisen eine gesteigerte Komplexität hinsichtlich Beteiligung, Zuständigkeiten, Legitimationen, etc. auf.

Gegenentwürfe zum klassischen Projektmanagement nutzen unterschiedliche Strategien, um diesen Herausforderungen gerecht zu werden, indem sie z. B. ihre Theoriesubstanz anreichern, Methodensets für den Umgang mit Prozessphasen und Innovationsansprüchen entwickeln, empirische Erfahrungen sammeln oder eigenständige Relevanz am Markt gewinnen. Wichtig erscheint in diesem Kontext, wie die jeweiligen Akteure innerhalb ihrer Kontextsteuerung mit dezentralen, reflexiven Steuerungen sowie den Kontextbedingungen aller Teilsysteme umgehen. Die Steuerung der Projekte bedarf nun des Dialogs zwischen Technik und sozialen Handlungen. In alternativen Ansätzen werden Kommunikation und sogenannte weiche Faktoren inhärenter Teil von Arbeitsphasen und neuen Forschungsfeldern wie Netzwerksteuerungen, neue Formen der Wissensproduktion und Kooperationsbeziehungen, transdisziplinäre Kommunikations- und Kooperationsbeziehungen. Dabei bildet die jeweilige theoretische Verankerung die Ausgangsbasis für die Entwicklung differenter Modelle. Insofern liegt in der hier gewählten Reihenfolge das Auswahlprinzip, den alternativen Duktus und Anspruch gegenüber dem klassischen Projektmanagement herauszuarbeiten, es ist jedoch nicht damit intendiert, eine Rangordnung höherer Komplexität damit abzubilden. (Peters 2011, 2012)

5.5.2 Systemisches Projektmanagement

Im Zuge der Ausdifferenzierung des klassischen Projektmanagements hat sich seit Ende der 1970er-Jahre das sogenannte *systemorientierte Projektmanagement* auf der Basis der Systemtheorie und des systemischen Denkens entwickelt. Grund waren die dramatisch zunehmende Komplexität der Aufgabenstellungen und Dynamik der Umfeldfaktoren der Organisation (Saynisch 2008; Heinrich 2015; Hagen 2009; Kuster et al. 2011; Pinnow 2012), die nunmehr insbesondere als kontextabhängige Faktoren Berücksichtigung in der Prozessbearbeitung finden sollten. Das Projekt als soziales System rückte in den Fokus der Bearbeitung bzw. Gestaltung. Diese Voraussetzung als alternative Idee wollte die Einbindung der psychosozialen Dimension, um die sozialen Systeme (Wirklichkeitskonstrukte) im Projekt einzubeziehen. Dieses geschah über verschiedene Theoriekonstruktionen (Dekonstruktivismus), die das Kontextgeschehen zum Gegenstand der Reflexion in der Projektarbeit machen. Dabei geht es darum, eine gleichberechtigte Aufmerksamkeit von sozialen Systemen neben den technischen Systemen zu beanspruchen, auch um Wirklichkeitskonstrukte aus dem Umfeld in Planung und Steuerung mit einzubeziehen. Dadurch wird das Kontext- und Umfeldgeschehen nunmehr Gegenstand der Reflexion für aktives Handeln in Projekten. Die Annahme ist dabei, wenn aus unterschiedlichen Perspektiven auf das Projektgeschehen geblickt wird, werden Zusammenhänge und Wechselwirkungen deutlich, die Chancen auf Veränderungen eröffnen. Ein Bespiel ist der Faktor Teamarbeit, der als psychosoziales System einerseits sowie als professionelles Umfeld der Mitglieder andererseits, einen wichtigen Projektkontext darstellt.

Die systemische Sicht erkennt den *zyklischen Verlauf* der aufeinanderfolgende Projektphasen an und versucht, über die Transformation von Ist- zu Soll-Phasenabläufen im Projekt Problemlösungsprozesse anzubieten (König und Volmer 2008). Damit werden Grundlagen von Prozessentwicklungen auch innerhalb von temporären Prozessstrukturen geschaffen, die sich an Phasenverläufen des klassischen Projektmanagements orientieren. Dennoch heben sie jeweils darin die technisch-lineare Ursachen-Wirkungs-Ketten auf und die in den Projekten gegebene Eigendynamik wird essenziell anerkannt. Sie gilt heute als unangefochtene Grundlage von Projektmanagement. Projekte sind somit auf die sie selbst erhaltende Differenz von Projekten (System) und Umwelt (Organisation) angewiesen und darin liegen organisatorische Spannungsfelder. Denn sowohl die Handlungsfähigkeit von Organisation als auch die der Projektorganisation sind jeweils unabhängig voneinander und different mit sozialen Prozessen ihrer Umwelt verknüpft und halten über ihr Handeln innerhalb ihrer Gruppenzugehörigkeiten ihre Funktionsfähigkeit aufrecht. Um die autonome Steuerung der internen Prozesse im Projekt zu ermöglichen, bedarf es jedoch verschiedener Abstimmungsprozesse über Dialoge und auch über die Verträglichkeit der Akteure untereinander, welches mit dem Fokus auf Teamarbeit versucht wird einzufangen. Das verdeutlicht eine gewisse Offenheit im Umgang mit Vorgaben und Planbarkeit von Projektprozessen, die im Sinne selbstreferenzieller Modelle in den Steuerungsprozessen integriert zu bearbeiten sind. In dieser Form ist das Projektmanagement auf unterschiedliche Kooperationen und Kopplungen der Anordnung von Aktivitäten im Projekt und zur Organisation angewiesen. Dieses Modell zeigt, dass die Komplexität hinter der Strukturierung von Planbarkeit und Beherrschung mit den dazu gehörenden Regelwerken, nicht die gesamte Situation erfassen kann und deshalb alle Planungsvorhaben immer nur Teile des Systems berühren.

In der Umsetzung bedeutet das, die Aufmerksamkeit wird gleichberechtigt dem technischen System sowie dem sozialen System gewidmet. Die systemische Sicht erkennt die zyklischen Phasen und deren Bearbeitung im zeitlichen Verlauf an und versucht über die Transformation von Ist- zu Soll-Phasenabläufen neue Problemlösungen auf der Systemebene der sozialen Umweltfaktoren anzubieten. Da ein Projekt ein temporäres soziales System ist, müssen die einzelnen Projektphasen in ihrer jeweiligen Unterschiedlichkeit ebenso sozial wie technisch unterschiedlich bearbeitet werden. Wollen Projekte erfolgreich arbeiten, sind sie auf die, um ihrer selbst willen erhaltende, Differenz von Projekten (System) und Umwelt (Organisation) angewiesen. Das Projektmanagement lässt sich nur erfolgreich umsetzen, wenn neben den unterschiedlichen technischen Kooperationen auch die sozialen Kooperationen in den Anordnungen von Aktivitäten innerhalb der gegebenen Ablaufstrukturen beachtet werden.

Dieses Modell verweist auf seine Grenzen, Komplexität kann durch Planung und Beherrschung mit den dazugehörenden (technischen) Regelwerken nicht in seiner Gesamtheit erfasst werden und deshalb berühren alle Planungsvorhaben immer nur Teile des Systems. Dieses anzuerkennen, darin liegen Voraussetzungen für Erfolgsaspekte.

5.5.3 Virtuoses (konfiguriertes) Projektmanagement

Das virtuose (konfigurierte) Projektmanagement wird auch mit dem Konzept des *Projektmanagements zweiter Ordnung* (PM-2) umschrieben. Ausgangspunkt ist die zunehmende Komplexität und der Umgang mit einer unbeständigen Umwelt, die Einfluss auf das Projektmanagement nimmt, welches jedoch nicht reziprok ist, weil personales Handeln im systemischen Ansatz nicht vorgesehen ist. Projekte sind eben nicht nur erfolgreich, sie scheitern nicht technisch, sondern auf der sozialen Ebene und scheitern am System oder aufgrund von Gegebenheiten, welche die Planung hinfällig werden lassen. Das Praxisfeld der Projekte ist aber auf eine Bewältigung von Komplexität angewiesen, die sich auf die soziale Seite von Projekten bezieht, d. h. die Bewältigungsstrategien verlangen die Gestaltung der sozialen Prozesse. Die Verortung des schwierigen Verhältnisses vom Projekt und seinem Umfeld, der Organisation, kann die technische Seite der komplexer werdenden Fragestellungen nicht hinreichend bearbeiten, es muss die soziale Dimension in ihrer Gesamtheit zugelassen werden. Die Einteilung innerhalb von vier Projektwelten, die als Teile miteinander verbunden sind, greift die faktische Komplexität auf und weist auf die Notwendigkeit theoretisch kontextuierter Abstimmungen hin, d. h. die vier Welten des Struktur- und Prozessmodells sind einem konfigurierten System zuzuordnen (Saynisch 2008).

Die *Projekt-Welt 1* in der Tradition faktischer Abläufe einer Soll-Ist-Ermittlung nimmt keine Rücksicht auf soziale, kulturelle, personelle und politische Komplexität, jedoch umschreiben Ist- und Soll-Kriterien die Abarbeitung der in Planungsvorhaben gesetzten Phasen. Das Basiskonzept des PM-2 stellt diese Projektstruktur nicht in Frage, verweist aber auf die notwenige Ergänzung einer Steuerung, das auch das Managementhandeln dynamischer zu verstehen sei. Das klassische Projektmanagement (PM-1) erlaubt nur die Bearbeitung eines mittleren Komplexitätsausmaßes mit Entscheidungsstrukturen, Komplexität zu selektieren, bzw. Komplexität in einzelne komplexe Elemente zu zerlegen.

Die *Projekt-Welt 2* hingegen ist im PM-2-Modell (zweiter Ordnung) die Ebene für Gestaltungsanleitungen, indem sie als ein universelles Referenzmodell verstanden wird und für alle Projektarten (Standard-, Akzeptanz-, Entwicklungs-, Potential- sowie Pionierprojekte) im Umgang mit Komplexität anwendbar erscheint. Das Spezifische dieses Ansatzes liegt auf der Projektorganisationsebene in der Konfiguration, also der Schaffung eines optimalen Verhältnisses zwischen Struktur und Chaosgestaltung, um im systemischen Umgang und der Gestaltung von Strukturen und Prozessen ein optimales Verhältnis von Systematisierung und Innovation, z. B. bei dem Umgang mit offenen Zielen, zu ermöglichen. In diese Handlungen kann Unbekanntes aufgenommen und eine Kommunikation gewährleistet werden. Das betrifft Austausch, Verbesserung, allgemeine Informationswege, Führung, Instrumente etc. Insbesondere mit Hilfe der systemisch-evolutionären Prinzipien sollen diese um selbstorganisatorische Prinzipien für ein offeneres Verständnis arbeitsteiliger Anforderungen in Projekten erweitert werden. Dies erfolgt, indem die reflexive Kommunikation und Beobachtung berücksichtigt werden, um die Projektentwicklung dynamisch zu beeinflussen. Infolge einer gewissen Sicherheit, dass auf dieser Ebene Dialoge über die Verträglichkeit von mehreren Gestaltungsmöglichkeiten eingehalten werden, werden Wirklichkeitskonstrukte als Projektidentität aufgebaut, die Transformationen von Welt 2 zu Welt 3 zu lassen.

In der *Projekt-Welt 3* spielt sich das eigentliche Komplexitäts-Management ab, hier konzentrieren sich Informationswege auf der Basis von Netzwerken und bilden so etwas wie eine virtuelle Tertiärstruktur, die nicht in der Sekundärstruktur der Organisation sichtbar wird (Schnauffer et al. 2004; Reinhardt 2014). Das ist die psycho-soziale Dimension, die innerhalb von Teamstrukturen Gegenstand der Sekundärstruktur ist und die Organisation des Motivierens der Projektmitarbeiter ebenso wie die Kommunikation von Visionen und die individuellen Erwartungsstrukturen (Karrieren) im Kontext personalpolitischer Maßnahmen betrifft. Weniger explizit sind hier darüber hinaus die professionspolitischen Zugehörigkeiten, zunehmend als Wissensarbeit (▶ Kap. 5) bezeichnet, eingewoben. Auf dieser virtuellen Strukturebene ist das Anliegen verankert, neue Wege im Sinne eines universellen Umgangs mit Komplexität, die in organisationale Prozesse implizit eingewoben sind, einzuleiten, um Wissensaustauschprozesse zu generieren. Das verweist darauf, das Welt 3 (Umwelt) sich zum Teil außerhalb von Projektmanagement speist, es sind ungenutzte informelle Wissensressourcen, die als nicht-steuerbare Netzwerke informellen Einfluss auf die Projektstrukturen in einem konzentrierten Austausch zu Welt 2 nehmen.

Die *Projekt-Welt 4* hat anzuerkennen, dass infolge von Gruppenstrukturen und Netzwerken Welt 3 eine Einflussnahme auf die Projekte ausgeübt wird. Professionellen Gruppenstrukturen und wissensbasierten Netzwerken der Akteure kommt mehr Gewicht bei der Gestaltung sozialer Prozesse und Kooperationen zu. Im Kontext des virtuosen, konfigurierten Projektmanagements wird eine effektive Einbeziehung von sozialer und kultureller Komplexität bewusst angestrebt und soll in der Architektur als Welt 4 Anerkennung durch einen dauerhaften Dialog finden. Zur Architektur von Welt 4 entwickeln sich z.Z. differenzielle Systeme heraus, dazu zählen Projekt Management Office und neuere Überlegungen von Projektmanagement und Governance, um z. B. das institutionelle Scheitern von Projekten durch gezielte Steuerungen mit dem Umfeld aufzufangen.[2] In der Umsetzung beinhaltet dieses, dass zyklische Prozesse und Vernetzungen

---

2 Vgl. die Ausgabe der Zeitschrift „Projektmanagement aktuell" 2/2015.

5.5 · Ansätze des Projektmanagements

als disruptive Sprünge (Reinhardt 2014) zu konfigurieren sind. Zunächst geht es um Ergänzungen von allen möglichen Teilsystemen, die Einfluss auf komplexe Umweltaspekte mit veränderten Anforderungen an das Projektmanagement nehmen. Das konfigurierte Modell des Projektmanagements meint letztlich die Legitimation und (Außen-)Repräsentanz der Projekte in der Umwelt der Organisation. Welt 4 ist die systematische Architektur und betrifft Grundhaltungen, sorgt für die Offenheit der Zielführung und lässt dadurch Komplexitätszunahme zu. Es handelt sich um reflexive Steuerung, dialogische Steuerungen, die Partizipationsansätze aufgreifen, etc. Sie konfiguriert Entscheidungen neu, wobei es um den Erhalt von Handlungsoptionen geht, d. h. es geht um Schlüsselprinzipien im Umgang mit offenen Zielen und das Praktizieren eines Varietäts-Engineerings, d. h. mehrere Optionen von Steuerungen werden in Modellen entwickelt. Das System (Projekt) konfiguriert sich direkt und mit der Umwelt, die neben der eigenen Organisation zunehmend Institutionen anderer Träger aus dem Umfeld verschiedener Gremien erfassen kann.

Innerhalb von *Umsetzungsoptionen* ist zunächst die Aufgabe von Organisation und Projekten die, dafür zu sorgen, dass System und Umwelt sich austauschen, wobei beide jeweils komplex strukturiert sind und jeweils mehr Handlungsoptionen haben, als in ihnen aktualisiert werden können. Infolge der immer getroffenen Selektion sind alle Handlungsoptionen von der Gefahr des Misslingens bedroht. Dabei kann die Organisation als Gesamtsystem für jedes Teilsystem (Team, Projektgruppen, etc.) die Funktion der „internen Umwelt" übernehmen. Solange diese nicht entwickelt ist, kann die Kommunikation zwischen dem Teilsystem Projekt und Teilelementen (Umwelt) mit der Organisation nicht hierarchiefrei und informell gelingen und geht auf Kosten von Komplexität. Die Bearbeitung wird allein in den Subsystemen (Projekten) als interne Operationsweise geleistet, d. h. die Bearbeitungsweise wird mit Hilfe von Projektmanagement selektiert. Das erhöht die Möglichkeit, dass Optionen von Prozessvarianten keinen Einfluss und keine Veränderung auf das Gesamtsystem Umwelt (Organisation) erreichen, oder die Prozessvarianten kommen durch Behinderung (Selektion) nicht zum Zuge. Um eine Steuerung innerhalb bewährter Entscheidungsroutinen zu verhindern, sind mehrfach Lösungen im Sinne eines Varietätsangebots auf der Suche nach neuen Optionen von Handlungsalternativen zu erproben, um die wechselseitige Aufmerksamkeit mit neuen Handlungsoptionen in Gang zu bringen bzw. nach veränderten Steuerungen über Handlungs-Optionen zu suchen, die den Mechanismus von vorgenommener Komplexitätsreduktion in dem Teilsystem (Projekt) aufbrechen. Der Aktionsmodus der Akteure als Akteure in mehreren Umwelten vergrößert sich. Zentral ist der Versuch, innerhalb von PM-2 hier vier Projektwelten als Struktur- und Prozessmodell zu einem konfigurierten System zu ordnen.

Innerhalb dieser Form interagieren und selektieren sich diese vier Welten gegenseitig. Das heißt, dass Projekte nicht mehr isoliert temporär arbeiten müssen. Das Modell will die Logik hinter dem sozialen System verstehen, um zu einem proaktiven Management zu kommen, das sich mit der Emergenz von sozialen Systemen und damit sozialer Komplexität ergänzend auseinandersetzt und gewisse Chancen bietet, Komplexität und Ungewissheit in diesem Rahmen thematisieren zu können. Das Spezifische dieses Ansatzes liegt im Projekt in der Konfiguration, also der Schaffung eines optimalen Verhältnisses zwischen Struktur und Chaosgestaltung, um im systemischen Umgang die Gestaltung von Strukturen und Prozessen in ein optimales Verhältnis von Systematisierung und Umgang mit offenen Zielen zu bringen. Sie unterbindet Komplexitätsreduktion wie in Welt 1 und steht für die Realisierung eines ganzheitlichen Systems. Es ist eine reflexive Steuerung, die sich über Selbstorganisation realisiert, um mit Präferenzen, wie Kulturelementen konfiguriert, Entscheidungen dynamisch steuern und Handlungsoptionen sich erhalten will. Es geht um Schlüsselprinzipien und das Praktizieren und Konfigurieren eines Varietäts-Engineerings (Saynisch 2008; Hagen 2009).

5.5.4 Vom agilen Projektmanagement zum Social Project Management

Innerhalb der Ausdifferenzierung dieses Modells ist die IT-Basis sowie das phasenorientierte Projektmanagement (Hagen 2009) auch hier die dominante Basis, auf der sich die Softwareentwickler einen Rahmen für technisch indizierte Veränderungen geschaffen haben (Söderlund 2002). Anspruch ist, dass eine flexible und dynamische Gestaltung des Managements und komplexe Softwaresysteme in Übereinstimmung zu bringen sind. Veränderungen im Design des *agilen Projektmanagements* korrespondieren kontinuierlich mit der Zunahme von Komplexität und Dynamik in der Softwareentwicklung und der damit erlangten Entwicklungsstufe des ganzheitlich-systemischen Projektmanagements. Projekte mit diesem Wirkungszusammenhang bilden selbstorganisierte Systeme, deren Verlauf nur begrenzt durch Planung zu prognostizieren und zu steuern sind. Veränderungen und Nachjustierungen werden inhärenter Teil von agilem Projektmanagement, d. h. eine nicht mehr gegebene Stetigkeit ist zu akzeptieren. Temporalität hat sich in mehrfachen Formen und Dimensionen durchgesetzt. So soll erreicht werden, dass Stakeholder (insbesondere Auftraggeber und die Anforderungen auf dem Absatzmarkt) Projekte dynamisch und agil halten, damit sie auf unerwartete Einflüsse der Umwelt durch Aktionen eingreifend agieren statt auf Folgen zu reagieren. Erfolgsfaktoren hängen von der Balance der technischen sowie sozial- organisatorischen Gestaltung ab. Die soziale Seite differenziert sich zunehmend durch Modellvariationen aus. Z. B. wird mit Social Project Management ein neuer Trend umrissen, indem sich Projekte von der hierarchischen Projektumwelt hin zur kollaborativen Projektumwelt – der sogenannten Netzwerkorganisation (Welt-3-4-Ausdifferenzierungen) – entwickeln, und ein Social Media Einsatz in projektorientierten Organisationen Einzug hält.

Die theoretischen Ansprüche an die Entwicklung sozialer Prozesse und IT-Verbindungen potenzieren sich. Umgehend auf Veränderungen zu reagieren, Erfahrungen direkt einzubeziehen und Freiräume als aktive Lernräume zu sehen sowie Projekte als Architekturvorhaben zu nutzen, nehmen zu. Für diesen Ansatzes bedeutet dieses, dass Zielentwicklungen statt Zielvorgaben ein Grundsatz sind. Planung wird sukzessiv als ein Orientierungs- und Kommunikationsprozess verstanden. Die Projektsteuerung bedarf situativer Rahmenbedingungen statt Planungsvorgaben. Veränderungen werden im Design des agilen Projektmanagements kontinuierlich in Verbindung mit der Zunahme von Komplexität und Dynamik in Projekten gesehen. Hintergrund hierfür ist das agilen Software-Manifest.

Im Jahr 2001 wurde von 17 renommierten IT-Entwicklern das sogenannte *„agile Manifest"*entwickelt, worin eine handlungs- und akteursorientierte Prinzipiensammlung zur projektförmigen Software-Entwicklung festgelegt wird (vgl. http://agilemanifesto.org/ vom 24.11.2015). Das bestehende Projektmanagement wird dadurch weiter dynamisiert. U. a. werden folgende Forderungen aufgestellt:
- Individualität und Interaktion stehen über Prozesse und Werkzeuge,
- Funktionierende Software ist mehr als umfassende Dokumentation,
- Zusammenarbeit mit Kunden ist mehr als Vertragsverhandlungen,
- Reagieren auf Veränderungen ist mehr als das Befolgen eines Planes.

Aus dem agilen, iterativen Verständnis resultierend, entwickelten sich bekannte Ansätze wie Crystal, SCRUM oder auch XP (eXtreme Programming) sowie bedeutende Projektmanagementstandards. Aufgrund seiner Entstehung im Bereich der IT kommt es heute vor allem auch in diesem Sektor zur Anwendung. Wie am Ende des 3. Kapitels bereits angedeutet, werden in agilen Konzepten Ansätze weitergeführt, die speziell im militärischen Organisationskontext auf eine lange Tradition zurückblicken (insbesondere die Auftragstaktik) und die im Rahmen partizipativer Modelle bereits kurz nach dem II. Weltkrieg im Rahmen des Harzburger Modells auf deutsche Wirtschaftsorganisationen übertragen wurden (Elbe 2014).

5.5 · Ansätze des Projektmanagements

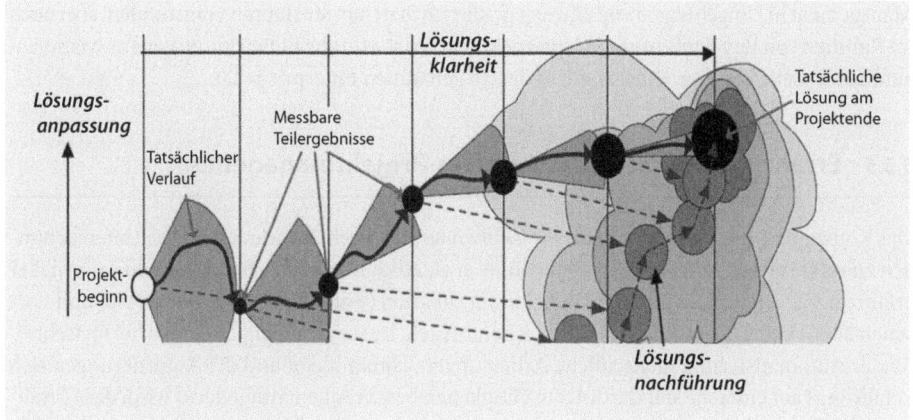

Abb. 5.3 Agile Iterations-Wolke

Unter unbeständigen Rahmenbedingungen wird das Zusammenführen und Zusammenwirken von Experten aus unterschiedlichen Teams innerhalb einer gemeinsamen Zielsetzung als besonders wichtig erachtet. Individuen und Interaktion bedeuten mehr als Prozesse, Tools und Werkzeuge, d. h. die Qualität der Zusammenarbeit erhält einen zentralen Wert. Professionelle Akteure neben dem klassischen Management treten innerhalb dieser Ansätze bereits in Erscheinung, werden jedoch noch nicht als solche benannt. So führen Einflüsse bedingt durch Stakeholder, Auftraggeber oder auch die Anforderungen auf dem Absatzmarkt dazu, dass sich Projekte in der Durchführung beweglich, sprich agil verhalten, um auf unerwartete Einflüsse der Umwelt reagieren zu können. ◘ Abb. 5.3 zeigt dies in anhand der *agilen Iterations-Wolken* (in Anlehnung an Oestereich und Weiss 2007).

Die Bedeutung von sozialen Netzwerken und des Web 2.0 im Allgemeinen spielt in der heutigen Zeit eine immer größere Rolle, auch im Projektmanagement. Die Zunahme von wissensorientierten Unternehmen und die von Wissensarbeitern und Experten (Müller 2014) bewirken einen erneuten Wandel im Projektmanagement. Projekte entwickeln sich zu kollaborativen Projektumwelten – der „Netzwerk-Organisation". Mit dieser neuen Entwicklung „Web 2.0" werden die Elemente sichtbar, die sich insbesondere im agilen Projektverständnis gezeigt haben, nämlich, dass die Experten eigentlich „unter sich" arbeiten und Projektleiter nicht mehr im klassischen Sinne durch die Linienstrukturen abgeordnet werden, sondern dass sich innerhalb von Projektstrukturen eigenständige Organisationsformen herausgebildet haben (Witschi et al. 2014). Agiles Projektmanagement ist geprägt durch:

- eine kollaborative, von alle Teammitglieder gemeinsam durchgeführten Projektplanung,
- das Fehlen einer eindeutig definierten Projektleitung,
- selbstorganisierte Planung, welche die schnelle Klärung von Ressourcen, Prioritäten und Abhängigkeiten innerhalb des Projektteams fördert,
- Verwendung von kollaborativen Techniken (z. B. Software, wie Mindmanager etc.),
- schnelles Management und schnelle Feedbackkreisläufe,
- eine stetige Reflektion der Ziele des Projektes während der Laufzeit.

Daraus folgt eine Demokratisierung sowie Enthierarchisierung der Planung und Verlagerung von Weisungsrechten, generell: des Managements im Projekt. Typischerweise wird Social Project

Management in Umgebungen von effizient geführten Start-up-Strukturen vorgefunden, aber auch im Rahmen von Buy-Outs sowie in Unternehmen, welche für die Entwicklung von Innovationen auf Kundenseite verantwortlich sind: in den so genannten Enterprises 2.0.

5.5.5 Erfahrungsgeleitetes, situatives Projektmanagement

Das Konzept des *erfahrungsgeleiteten Projektmanagements* geht auf Modelle sowie Untersuchungen zu erfahrungsgeleitetem Arbeiten (Böhle et al. 2012; Bürgermeister 2008) und informeller erfahrungsgeleiteter Kooperation und Kommunikation (Böhle und Bolte 2002; Bolte und Porschen 2006) in industriellen Arbeitsbereichen zurück. Darin zeigt sich, dass auch bei fortschreitender Automatisierung menschliche Arbeit unverzichtbar bleibt und die Anforderungen sich keineswegs auf einfache standardisierte Tätigkeiten beschränken. Aufgedeckt wird, dass Erfahrungswissen von Beschäftigten und situative Abstimmungen bei der Bewältigung von Ungeplantem bisher unterschätzt werden. Forschungen bestätigen in der industriellen Produktion, dass Gefühl und Gespür für Störungen und der Austausch von Erfahrungswerten eine wichtige Rolle im Hinblick auf die Prozessstabilität spielen. Gründe dafür liegen in den Grenzen technischer Beherrschbarkeit, wenn Einflussgrößen und Rahmenbedingungen vielfältiger und komplexer werden sowie Abweichungen vom geplanten Verlauf und Unwägbarkeiten zunehmen und diese zur Normalität werden. Grundlage für das erfahrungsgeleitete Handeln ist ein Verständnis von Arbeit, das den Arbeitsvollzug selbst als Ressource für die Wissensgenerierung nutzt und neue Perspektiven für das Projektmanagement eröffnet. Informelles, erfahrungsgeleitetes Arbeiten in Projekten grenzt sich dabei weitgehend von einem planmäßigen Vorgehen ab und entzieht sich klassischen Managementstrategien. Zur Bewältigung von Ungeplantem gilt es, erfahrungsbasiertes Handeln strukturell zu unterstützen und zu fördern.

Grundlegend für den Ansatz ist die Annahme, dass *Unwägbarkeiten* in der Praxis des Projektmanagements nicht nur aus sozialen, sondern auch aus sachlichen und technischen Gegebenheiten resultieren. Grundlage ist hier, dass Projekte als dynamische soziotechnische Systeme aufgefasst werden. Anforderungen an erfahrungsgeleitetes, informelles Arbeiten zur Bewältigung von Ungeplantem entstehen vor allem in Projekten, die zur Lösung einmaliger „Sonderaufgaben" eingerichtet werden. Darüber hinaus entsteht Ungeplantes vor allem in Bereichen, die grundlegend durch Unwägbarkeiten gekennzeichnet sind, wie z. B. der Dienstleistungsbereich, das Gesundheitswesen usw. Informelles Arbeiten kann nicht angeordnet werden und erfolgt nicht nach festgelegten Regeln, sondern nach situativen Anlässen. Es erfolgt nicht einfach, sondern muss bewusst hergestellt werden. Neben Planungselementen richtet sich das erfahrungsgeleitete Projektmanagement dahingehend vor allem auf eine Förderung und Unterstützung des Informellen auf struktureller Ebene (Habler und Bürgermeister 2010).

Erfahrungsgeleitetes Handeln und Projektmanagement setzen sich von modernen Rationalitätsvorstellungen ab und betrachten insbesondere menschliche Handlungsweisen als maßgeblich zur Bewältigung von Komplexität in Projekten. Das ist konform mit systemischen Elementen von Projekt-Welt 2. Es kann hier wieder an der Schnittstelle der Entstehung alternativer Ansätze zum Projektmanagement angeknüpft werden, wenn die Annahme zutrifft, das bei komplexer Technik auch im Normalfall mit Unwägbarkeiten zu rechnen ist. Das ist Ausgangssituation und Anlass für die Notwendigkeit menschlicher Eingriffe zur Regulierung und Bewältigung des Ungeplanten. Bei Projekten mit umfangreichen technischen Problemstellungen und komplexen Systemintegrationen treten „kritische Situationen" immer wieder an verschiedenen, unvorhergesehenen Stellen auf und sind daher in der „Natur der Sache" begründet. Eine Pluralität von

5.5 · Ansätze des Projektmanagements

Personen (hier stark vertreten: Stakeholder) verstärkt eine Pluralität von individuellen Wahrnehmungen und Sichtweisen. Übertragen auf Projekte und Projektarbeit beinhaltet das, dass Organisation und Projekt individuell verschieden wahrgenommen werden (Konstruktivistische Ansätze). Speziell individuelle Sichtweisen auf Organisation und Projekt ändern sich mit der Entwicklung und Dynamik von Projekten, wobei Teile davon bewusste Veränderungen aufnehmen, teilweise auch unbewusste. Folglich können im Projekt komplett divergierende Auffassungen von scheinbar objektiv wahrnehmbaren betrieblichen Strukturen und Prozessen entstehen. Entsprechend geht es hier nicht um Muster einzelner Personen, sondern um Handlungsorientierungen und Meinungen, die gruppenspezifisch sind und bspw. aus spezifischen Machtkonstellationen mit Kunden sowie Lieferanten resultieren. Die Bewältigung von technischen und sozialen Unwägbarkeiten wird von der relativ homogenen Wissens- und Leistungsdichte der Akteure (Fachexperten in Projektteams) abhängig sein, aus der sich das erfahrungsgeleitet-subjektive Arbeitshandeln entwickelt.

Zur Bewältigung von Ungeplantem wird neben der formellen Arbeitsstruktur deshalb auf die Leistungen einer selbstorganisierten informellen Kooperation in der alltäglichen Arbeit aufmerksam gemacht. Offene und situative Projektstrukturen bieten Möglichkeiten der Bewältigung, indem die Aufbaustruktur und ihre funktionalen Stellenzuweisungen dynamischer gesehen werden. Eine weitgehend *selbstgesteuerte Abstimmung* zwischen Projektbeschäftigten kann dann z. B. durch eine Kultur des Informellen begünstigt werden. Ein Schwerpunkt liegt außerdem auf der Annahme, dass menschliche Tätigkeiten nicht auf dem Vollzug vorgezogener Entscheidungen beruhen, sondern vor allem auch in der Situation des Erkundens von Handlungsoptionen, d. h. im praktischen Vollzug des Handelns erzeugt werden. Neben Erkenntnissen aus Planungen werden somit vor allem auch Erfahrungen aus dem praktischen Handeln der Mitarbeiter und auch der Manager zur Bewältigung von Ungeplantem als relevant angesehen. Im gesamten Konzept kommt dem Erfahrungswissen, das im praktischen Handeln erworben wird, sowie auch informellen Lernprozessen eine besondere Bedeutung zu. Ein wichtiger Bestandteil des Konzepts ist die prozessbezogene Zusammenarbeit. Damit kann das klassische Projektmanagement um Perspektiven der Bewältigung des Ungeplanten in verschiedenen Dimensionen (Habler und Bürgermeister 2010; Bürgermeister 2008) erweitert werden. Die entscheidenden Elemente des Ansatzes sind Organisation, Vorgehen, Wissen und Lernen, Zusammenarbeit sowie Abfolgen in Verfahren. Wie in allen alternativen Ansätzen ist auch in diesem die Dimension Organisation des Projekts die dominante Dimension. An Untersuchungen von Projekten produktionsnaher Dienstleistungen zeigt sich, dass Kundenwünsche in laufenden Projekten zu Perspektivwechseln führen. Die Ermittlung des Kundenbedarfs liegt jenseits von Logiken bzw. hängt von Stimmungen, Interessen und Gefühlen ab, die wesentlicher Bestandteil von Projekten sind. In der Interaktion mit Kunden sei es wichtig, nicht streng rationale Präferenzen auszuloten und nicht-formalisierbare Aspekte der Kundenbeziehungen aufzugreifen. Da diese jeweils stark individuell sind, führt das in Projekten zu einer Steigerung von Komplexität, die von den Projektmitarbeitern zu bewältigen ist. Verfahren der situativen Selbstorganisation sind unerlässlich ebenso wie z. B. Freiräume im individuellen Handeln, um Handlungsweisen aus dem Prozess heraus in Form neuer Lösungen zu generieren. Die Organisation selbst nimmt im Projektverlauf fluide Formen an. Selbstorganisierte Prozesse können dann durch eine Kultur des informellen und erfahrungsbasierten Vertrauens unterstützt werden, d. h. Probleme zeigen sich bereits im Kleinen. Als besonders relevant gelten praktische Verfahren wie der Aufbau von Beziehungsnetzwerken zwischen Stakeholdern, Ermittlung des Kundenbedarfs und eine Nutzenkommunikation. Strukturelle Probleme sind über Konfigurationen in immer neuen Formen zu bearbeiten. (Peters 2011, 2012)

5.6 Ressourcen und Grenzen

Die Ressourcenfrage wurde bisher als Frage von ökonomischem Nutzen in Zusammenhang mit der Entwicklung und Gestaltung von Innovationsvorhaben behandelt. Im Zuge der IT- Entwicklungen sind Innovationsvorhaben im Hinblick auf die Ressourcenfrage längst über Ressourcen wie Kapital und Maschinen für Produktentwicklungen hinausgegangen und es ist anerkannt, das *weiche Faktoren* innerhalb der Mikroprozessebene erheblich die Innovationsfähigkeit von technischen und sozialen (Dienst-)Leistungen und Produkten steigern. In den neueren Entwicklungen, die mit dem Begriff Arbeit 4.0 (Hoffmann und Bogedan 2015) umschrieben werden, erfordert die Interaktion von Mensch und Maschine und zunehmend die von Maschine zu Maschine einen veränderten Umgang mit Vorstellungen darüber, was alles als Ressourcen in der Entwicklung von diversen Produktleisten eine Beachtung erfährt. Diese Entwicklungen und Anwendungen sind alle ohne den Einsatz von weichen Faktoren als Grundlage und Gestaltungsmomente von Mikroprozessen nicht mehr denkbar. Sie stellen die Voraussetzungen innerhalb von Rahmenstrukturen für die komplexen Interaktionen, bzw. sie sind Teil der Ausführung und Gestaltung veränderter Konfigurationen. Folglich sind Projektformen und ihre temporären Rahmenstrukturen in hohem Maße davon abhängig, welche Ressourcen direkt für ein Entwicklungsvorhaben zum Einsatz gelangen und welche sich dem „Nutzerblick" entziehen, bzw. ungeprüft bleiben. Das kann sich für Projekte als auch für die Organisation folgenreich auswirken. Zu Faktoren, die unter Ressourcenfragen gebündelt werden, gehören

- Finanz- und Rechtsmittel (Vertragsstrukturen, Rechtevergabe),
- Werkzeuge, Technologien und
- Personaleinsatz (Wissen, Erfahrungen, Werte, Regeln).

Innerhalb der Fokussierung auf Organisationsentwicklung kommt hier der Ressource *Personaleinsatz* eine besondere Beachtung zu. Der Einsatzes von Personal gehört zu den grundlegenden Aufgaben der Organisation und diese sieht für die Wahrnehmung dieser Aufgaben innerhalb ihrer Zielorientierungen entsprechende Hierarchieformen und -stufen vor, wie über das Personal und seinen Einsatz, Entwicklung sowie Freisetzung entschieden wird (Kühl 2011). Die Mitarbeiter sind das „magische Mittel" zur Herstellung von Konformität in Organisationen und bilden gleichsam die formelle Seite des Organisierens. Das trifft auch für Projekte zu und ist beschrieben worden. Jedoch Projekte sind, bereits laut Definition und wie in den bisherigen Ausführungen innerhalb dieses Kapitels beschrieben, eingerichtet worden jenseits zur Herstellung von Konformität. Ihre Einmaligkeit, Einzigartigkeit und ihre temporäre Existenz stehen außerhalb der Organisationsabläufe und beanspruchen, wie in den einzelnen Projektmanagement-Modellen beschrieben, immer mehr Eigenständigkeit und Eigenverantwortung innerhalb von Projekten. Das gilt gleichermaßen auch für das Projektmanagement Office (PMO) als einem Zusammenschluss der Projekte innerhalb einer Organisation. Die Temporalität von Projekten sorgt für eine gewisse Instabilität und Unschärfe, und in dieser institutionellen Unschärfe liegen die Potentiale, bzw. Konflikte der Ressourcenzuteilung und -nutzung. Das betrifft im Einzelnen Fragen, wann ein Projekt beginnt und wann es als beendet gilt. Bezogen auf die Ressourcenfrage Personal beginnt da bereits die Frage der Zuständigkeit von Personal, wie wird es innerhalb der sich wechselnden Projektphasen eingesetzt, wann wird das Personal von der Linie zurückgezogen, etc. Das sind Personalfragen und damit Fragen zu Steuerung von Kosten – Zeit – Leistung, die der Organisation obliegen (Bea et al. 2011; Thyssen 2011; Vahs 2012).

Ressourcen sind materieller/tangibler oder immaterieller/intangibler Art (Moldaschl und Stehr 2010), wobei die Planung und Prognosefähigkeit zur Zukunft des Projektes oft an den Auftraggeber gebunden ist. Das Personal zählt zu den immateriellen Ressourcen, die über

Anwesenheitsregelungen in Projekten der Organisation zugeordnet sind. Personalauswahlprozesse sind bereits in Planungsvorhaben ein Spannungsbereich, denn darin schlagen sich Fragen zu Kosten im Verhältnis zur Zeitdauer und Leistungserbringung im Projekt nieder. Das heißt, es geht darum, welche systematischen Personalauswahlstrategien für die „Entleihung" von Personal in zeitgebundene, instabile Projektstrukturen gewählt werden (sollen). Werden dem Projekt gute Erfolgsaussichten nachgesagt, werden intangible Ressourcen höher bewertet; die Qualifikationen sowie Kompetenzen und das Know-how der Mitarbeiter sind hoch. Entsprechende Leistungserwartungen korrespondieren damit. Da diese Prozessphasen vor dem Start des Projektes zur Disposition stehen, haben innerhalb der Aufbauorganisation Abteilungsleiter über die temporäre Stellenvergabe maßgeblich Einfluss, d. h. die immateriellen Ressourcen werden temporär zugeteilt und der Linienvorgesetzte kann in Projekthoheit eingreifen. Linienstrukturen sind daran interessiert, die Verfügbarkeit über die Personalressourcen in der Aufbauorganisation strukturell verankert zu lassen sowie auf die Qualität der intangiblen Ressourcen Einfluss zu nehmen. Zum Beispiel werden Mitarbeiter mit seltenen und kaum imitierbaren Ressourcen (hohem Qualifikationsniveau) weniger in temporäre Projektstrukturen delegiert, um ihren Leistungsbeitrag zur Wertschöpfung in der Linienstruktur zu erhalten. Die intangiblen Ressourcenfragen betreffen u. a. Macht- und Hierarchiefragen zwischen Aufbauorganisation und sekundärer Projektstruktur, bzw. schlagen sich in den Weisungsrechten nieder. Das Abwägen von Strukturen wie Stabilität/Instabilität vonseiten der Linienorganisation geschieht eher zugunsten der Aufrechterhaltung von Organisationsroutinen und das Festhalten an der Leistungserbringung der Mitarbeiter innerhalb der Linienstruktur. Das Abwägen von Instabilität/Stabilität vonseiten der Projektorganisation geschieht aus entgegengesetzter Perspektive in der Gewissheit: Je komplexer und höher die Erwartungen an die Projektergebnisse, umso erforderlicher ist die Übersendung von qualitativer Ressourcenüberlassung und selbstorganisierten Entscheidungsprozessen, wie im „agilen Manifesto" gefordert.[3] Hierbei gelten folgende *Charakteristika der Wissensarbeit*:

- Immaterialität der Ergebnisse
- Integrativität der Prozesse (Kundenintegrität)
- Umfangreiches Fachwissen
- Kontinuierliche Weiterbildung
- Hohe Komplexibilität der Prozesse und Aufgaben
- Kundenindividuelle Prozesse und Ergebnisse. (Bresse und Uhlmann 2002; Peters und Dengler 2010)

Die Projekte arbeiten zunehmend in immer komplexeren und differenten Varietätsformen des Projektmanagement und sind für die Generierung und Aufrechterhaltung von Innovationen und einer gewissen Innovationsfähigkeit auf eigenständige Entscheidungen angewiesen. Das führt infolge der Organisationsaufstellungen innerhalb von Aufbau- und Ablaufprozessen unweigerlich zu Spannungen. Diese zeigen sich zwischen Linie und Projekt in Feldern, wie:

- Kopplungen und Wechselwirkungen in Informations- und Wissensaustausch zwischen Linie und Projektmitglieder,
- Machtsituationen und Führungsverhalten von Linienvorgesetzen und Projektleitern,
- Rahmenbedingungen und Fixierung von Aufgaben und Zuständigkeiten von Projekt-Teammitgliedern innerhalb der funktionalen Aufstellung in der Aufbauorganisation,
- Ressourcenmanagement zwischen Haben und Knappheit,
- Ziel- und Erwartungssysteme (formell und insbesondere informell) in Linie und Projekt. (Witschi et al. 2014)

---

3 http://agilemanifesto.org/ vom 24.11.2015

Diese Spannungsfelder kennzeichnen die Situation: Projekte sind nicht nur technische, sondern auch und vor allem soziale Systeme im Sinne der Projektmanagement-2-Welten. Folglich liegen Ungewissheiten in Personalfragen wie auch in den anderen Feldern im organisationalen und weniger in technisch-materialen Gegebenheiten. Die technisch-materialen Gegebenheiten werden als beherrschbar angesehen, wie in den einzelnen Projektmanagement-Modellen aufgezeigt. Die sozialen- und humanen Einflüsse auf organisationale Entwicklungen und Entscheidungen sind nicht mehr nur als nachgeordnete Aspekte zu sehen. Wenn sich die Prozessabwicklung auf die standardisierten Prozesse und Planungstechniken verlässt und diese zu den entscheidenden Planungsgrundlagen macht, entstehen die hier benannten Probleme. Das äußert sich dann z. B. in mangelnder Datenqualität, häufigen Abstimmungsmeetings, erhöhtem E-Mail-Verkehr, zusätzlichen Webkonferenzen, etc. Es geht dabei im Grunde immer um Abstimmungsschwierigkeiten wie mangelhafte Weitergabe von Informationen oder gegenseitige Abschottung der involvierten Bereiche, wodurch Dysfunktionalitäten entstehen können, die nicht wertschöpfend sind (Reinhardt 2014 ; Jeschke et al. 2013; Vahs 2012; Jeschke et al. 2011).

Der Ressourcenzugriff auf das kompetente Projektteam erfordern Raum und Selbstorganisation für die Gestaltung der informellen Seiten der Projekte. D. h. Einsatz, Umgang und Entwicklung des Personals sind nicht mehr nur eine Frage der Zuständigkeit allein von Organisationen, sprich den Linienabteilungen (Rietiker und Wagner 2014). Projekte benötigen Kompetenzen und Erfahrungen des Projektteams in Fragen von
- Zugriff und Verwendung von Daten (Analyse in Datenbanken),
- Zugriff und Verwendung von kodifiziertem und persönlichem Wissen,
- Zugriff und Verwendung von organisatorischem und externem Wissen,
- Anwendung mentaler Modelle zur Generierung neuen Wissens,
- Anwendung von kognitiven Fähigkeiten, wie Konzentration, Kreativität und Aufmerksamkeit.

Solche *Entscheidungsprozesse* betreffen die formelle wie informelle Kommunikation und sind von den Mitgliedern des Projektes in Eigenverantwortung zu treffen und können nicht nur von Projektleitern koordiniert werden. Projekte sind komplexer, weniger unvorhersehbar und multidimensionaler, als in den Planungen vorgesehen. Untersuchungen weisen darauf hin, dass eine abnehmende Wirksamkeit der formal und standardisiert ausgerichteten Instrumente dann zu erwarten ist, wenn die Ziele nur ungefähr festgelegt werden können, die Ergebnisse keine physischen Artefakte, sondern konzeptuell angelegt sind und unterschiedliche Varianten umfassen können. Varianten von Erfolgsbestimmung sind eine qualitative Erfolgsmessung, die Beteiligung von Partnern aus unterschiedlichen Kontexten und die Koordination der Zusammenarbeit über diskursive Verfahren (Heidling 2012). Eine bewährte Methode der qualitativen Leistungsmessung von Teams ist die diskursive Methode von Tuckman (1965). Dieses Modell lässt sich davon leiten, dass bei der Planung der Phasenabfolge die Beziehungsebene und die Sachebene nicht immer gleich gut die Leistungen des Teams widerspiegeln. Es werden in den einzelnen Projektphasen unterschiedliche Leistungen erwartet, aber generell schwanken Teamleistungen aufgrund unterschiedlicher Einsätze innerhalb der Projektphasen. Das Wissen um solche Dynamiken und ihre potenziellen Auswirkungen ermöglicht es jedoch, mögliche Gefahren zu kalkulieren und proaktive Maßnahmen zu entwickeln. Das Projektmanagement hat die Planungstechniken diversifiziert vorangetrieben, sie signalisieren aber Grenzen, die sich als Spannungen zwischen Organisation und Projektorganisation manifestieren.

Die *Grenzen der Ressourcenfragen* liegen aber noch in einem weiteren Moment: Den Arbeitszeitregelungen und dem Arbeitszeitverteilungsmodus. Arbeitszeitverteilung wird so gesehen „in den Höfen der Abteilungsfürsten" (Linienstruktur, so könnte eine These lauten) getroffen. Projekte sind in ihrer Temporalität, ihrem Zeitdruck, ihrer Einmaligkeit etc. auf flexible Arbeitszeitmodelle angewiesen. Sie benötigen in verschiedenen Phasen des Projektablaufes eher unterschiedlich flexible Regelungen, die das Projekt strukturieren. Das beinhaltet: Arbeitszeitregelungen und das Volumen der Bearbeitung von Projekten sind ebenfalls Ressourcenfragen, die im Projekt sich weder an spezifischen Ablaufstrukturen noch einem geregelten Prozessrhythmus orientieren. Es geht um einen Projektrhythmus, vergleichbar mit einem Orchester, in dem die Vielstimmigkeit der parallel verlaufenden Aktivitäten zu koordinieren ist, welche in den einzelnen Projektphasen ihrer Taktung folgen. Dabei sind gleichwohl die Improvisation der Solisten und die Entstehung und Generierung neuen Know-hows zuzulassen, um der Innovationsfähigkeit einzelner Projektphasen Chancen der Leistungserbringung zu geben (Jeschke et al. 2011). Solange die Entscheidungen zentral in Aufbaustrukturen der Organisation verhaftet bleiben und in der Peripherie von Organisationen eine Abhängigkeit von zentralen Entscheidungsstrukturen aufrechterhalten wird, werden Personal und Arbeitszeit zu permanenten Konfliktfeldern zwischen Linie und Projekt. Das Arbeitszeitvolumen ist in Projekten ständigen Veränderungen und Flexibilisierungen ausgesetzt, welches noch steigt, wenn die verteilte Arbeit über andere räumliche Vernetzungen noch zunimmt. Hier liegen erhebliche Bedarfe für andere Formen von Arbeitszeitfragen und einen souveränen Umgang mit Arbeitszeit innerhalb der dezentralen Strukturen von Projekten (Peters und v. Garrel 2013, 2014, Peters, v. Garrel, Düben und Dienel 2015).

Diese Grenzen der hier aufgegriffenen Ressourcenfragen stehen in den Modellen des Projektmanagements in ihrer Varietät jeweils neu zur Disposition. Es zeigt sich: Die Gestaltung des Arbeitsprozesses in Projekten ist eine Ressource, und diese Fragen/Entscheidungen thematisieren Grenzen temporärer Organisationsprozesse. Ging es im „klassischen" Projektmanagement noch darum, Bedingungen für Veränderungen außerhalb von Organisationsroutinen durch die temporäre Einrichtung von Projektarbeit zu schaffen wird wiederum nach Veränderungen gesucht, um die in den Projekten erforderlichen Entscheidungen in flexible Strukturen zu verstetigen, also innerhalb von Projektkulturen zu entscheiden. Dabei ist grundlegend, dass sich inzwischen ein anderes Verständnis von der Bearbeitung von Komplexität und Innovationsfähigkeit herausgebildet hat. Es ist nicht mehr Komplexitätsreduktion gefragt, sondern die Bewältigung durch Komplexität selbst, durch das Zulassen und Bearbeiten z. B. verschiedener Welten in den Projekten. Es geht zunehmend um eine neue Pragmatik im Umgang mit Ungewissheit, Uneindeutigkeit und Unsicherheit. Der Motor für Veränderungen und Innovationen liegt in der Konfiguration sozialer Arrangements (Howaldt und Schwarz 2011; Jeschke et al. 2011; v. Garrel 2012). Die Aufgabe von Organisation und Projekten ist, dafür zu sorgen, dass Projekte und ihr System sich mit der Umwelt, der Organisationsstruktur austauschen, wobei beide jeweils komplex strukturiert sind und mehr Handlungsoptionen haben, als in ihnen aktualisiert werden können.

5.7 Projektkulturen: Akteure, Wissensaustausch und Netzwerke

Im Verlauf des Buches ist zu beobachten, dass Organisation immer mehr auf Information, Kommunikation, Austausch nach innen und auch außerhalb mit dem Umfeld angewiesen sind und zunehmend Aktivitäten an Bedeutung gewinnen, um Termine, Absprachen und den „richtigen" Einsatz von Ressourcen zu koordinieren. Mit der zunehmenden *Verselbständigung temporärer Organisationsformen* verlagert sich die Temporalität von Funktionen und Strukturen hin zur institutionellen Perspektive und damit der Frage, wie neue Koordinationsformen die Einzigartigkeit des Projekts und seiner zeitlichen Begrenzung, bei hoher Vernetzung und prinzipielle organisatorischer Gebundenheit gerecht werden kann. Das verlangt den Projekten die Verpflichtung ab, entsprechende Pfade für neue Ideen zu schaffen, die über die Projektkulturen geregelt werden (Bröckling 2007; Nausner 2006; Wilkesmann 2010; Bergmann und Garrecht 2008; Kuster et al. 2011). Es kommt nunmehr darauf an, in Projektteams die effiziente Bearbeitung von speziellen Aufgaben sicherzustellen, Konflikte in geregelte Bahnen zu lenken, die Motivation und Leistungen zu steigern und den Umgang mit Ungewissheit für Interpretationsspielräume lebendig zu halten. Projektentwicklungen und damit gekoppelte klassische Managementstrategien geraten hinsichtlich ihrer Wirksamkeit an Grenzen, wenn sie nicht reflexive Organisationsprinzipien aufnehmen. Organisationen sind Sinnkonstruktionen, welche die Interpretationsspielräume nicht nur zu reduzieren, sondern die Potentiale in diesen Konstruktionen zu thematisieren haben. Das zu organisieren, ist nicht einfach, denn die Akteure nehmen in unterschiedlichen Projekten verschiedene Mitgliedschaftsrollen ein, ihre Arbeit in Projekten ist oft in der Organisation nicht zweifelsfrei präsent (Lang und Rattay 2005; Peters et al. 2010). Gleichwohl nehmen die Aktivitäten zur Unterstützung der aktiven Projektsteuerung ständig zu. Klagen über mangelnde Projektkoordination, unzureichende Sicherung der Qualität von Prozessen, mangelhafter Einsatz von Tools durch geringe Koordination, erfolglose Versuche, die steigende Komplexität zu beherrschen, oder aber zu vorschnelle Entscheidungen aufgrund von fehlenden, falschen Informationen sind Klagen in der Praxis, oder Diaognosebeschreibungen fehlgelaufener Projekte. Die Aufzählung dieser Fakten verdeutlicht, wie wichtig Mitglieder, Mitarbeiter, bzw. Teammitglieder oder Akteure in Projekten sind, zunächst unabhängig davon, welche Rolle ihnen im Einzelnen zugesprochen wird (Peters und Dengler 2010; Peters 2012; Müller 2014; Lang und Ratty 2005; Hanisch 2013).

Insgesamt gehören zu den *Erfolgsfaktoren von Projekten* das Know-how der Mitarbeiter, die Kommunikation, Meetings, Klärung verantwortlicher Zuständigkeiten, etc. Zudem ändern sich individuelle Sichtweisen auf die Organisation und das Projekt mit der Entwicklung und Dynamik von Projekten, ja Projekte sind zunehmend angewiesen auf verschiedene Einzelperspektiven, denn komplett divergierende Auffassungen von scheinbar objektiv wahrnehmbaren betrieblichen Strukturen und Prozessen bedürfen der Abstimmung. Der Austausch über die Gestaltungspfade nimmt diese Perspektive auf. Die differenten Bearbeitungsweisen greifen das in den alternativen Projektmanagementansätzen auf, wobei die reflexive Kommunikation im Team und zwischen Team und anderen kooperativen Teams sowie Netzwerken ein zentrales Element ist. Alle Aktionen sind getragen von der Orientierung des „sowohl-als-auch" Modus, des bewussten Auflösens technischer „wenn-dann" Konstruktionen des klassischen Projektmanagements. Die alternativen Ansätze öffnen gezielt die Bühne für Gestaltungsoptionen des Teams, des Einzelnen, des Akteurs, des Wissensarbeiters.

Es ist die Bühne des Umgangs mit Spannungsfeldern zwischen Projekt und Linie, die infolge der Organisationsstrukturen nicht aufgelöst werden können. Sie können jedoch in ein anderes Licht gerückt und positiv genutzt werden. Durch den bewussten Umgang mit Spannungen können Ressourcen mobilisiert werden, die eine Weiterentwicklung der Organisation stimulieren (Witschi et al. 2014). Das gilt es zunehmend aufzugreifen, um durch das bewusste Gestalten des Spannungsfeld Projekt-Linie die Konfliktanfälligkeit aufzulösen. Das erfordert Transparenz des Gestaltungsmodus, u. a. dass viele Perspektiven, viele Ideen, anregende Gegensätze, etc. zu konstruktiven Bestandteilen von Projekten werden, denn daraus resultieren wertvolle Auseinandersetzungen. Sie sind Grundlage für das Erkennen von komplexen Prozessen und sichern die notwendigen Interpretationsvariationen für Entscheidungen. Damit ändern sich Projektleiter- wie Projektmitarbeiterrollen. Für alle Beteiligten im Projekt und mit Projekten zusammen Arbeitenden ändern sich Aufgaben, Rollen, Zielvereinbarungen. Gleichermaßen sind internationale Standardisierungen in Zielvorgaben und Gebrauch von Tools für die globale Zusammenarbeit wichtig. Es lässt sich so formulieren, dass eine

- Steigerung der Lern- und Innovationsbereitschaft verbunden mit der Förderung der Motivation und Leistungsbereitschaft des Einzelnen sowie die
- Steigerung der Entscheidungsqualität durch die Akteurs- und Teamstrukturen als Zielvorgaben in Projektmanagementtools eine größere Bedeutung erlangen.

Die interne wie externe Kommunikation in und zwischen Projekten und Organisation wandelt ihren Charakter, der Projektleiter führt nicht mehr im klassischen Sinne das Team. Die Mitarbeiter sind zunehmend wissensbasierte Akteure mit eigenständiger Expertise. Ihnen wird innerhalb der alternativen Ansätze zugeschrieben, interaktive und reflexive Bearbeitungsformen zu nutzen. Denn diesen kommt eine Schlüsselfunktion zu. Es vollzieht sich darin ein Rollenwechsel von einem Teammitglied zum Wissensarbeiter als Akteur in veränderten Beschäftigungsformen. Ihnen werden im Projekt Rollen zugeschrieben, dass sie jeweils mit ihren differenten professionellen disziplinären Hintergrund eine interdisziplinäre Zusammenarbeit erfordert und sie den Wandel in Projekten bewusst selbstorganisiert gestalten, indem sie als Akteure neue Deutungen für ihr Handeln zur Verfügung stellen. Sie arbeiten direkt am Wissen und beeinflussen damit charakteristische Tätigkeiten sowie das Wissen selbst (Müller 2014; Nonaka und Takeuchi 1997).

Dieses ist im agilen Projektmanagement besonders hervorgehoben, wo sie mit hoher Spezialisierung wissensintensive relativ autonom und selbst organisiert Tätigkeiten ausführen. Sie bedienen sich zudem einer zusätzlichen informellen oder virtuellen Organisationsdimension, nämlich der *Tertiärorganisation* (Schnauffer et al. 2004), einer virtuellen Steuerungsebene über der Sekundärebene, die nur ihnen als vernetzten Akteuren zugänglich ist. Allgemein entfalten sich ihre Tätigkeiten in lernenden Organisationsstrukturen und sie verknüpfen dabei die organisationale mit der individuellen Ebene durch direkte Gestaltungsinitiativen.[4] Das heißt, Akteure konfigurieren ihre Lern- und Leistungsanforderungen selbstorganisiert, wobei die Linienstruktur keine Einblicke in diese spezifischen Prozessentwicklungen haben kann. Die Differenz zwischen Projekt und Linie für einen sich gegenseitig anerkennenden Modus zu nutzen, ist das Ziel. Die technische Welt 1 kann diese komplexe Auftragserfüllung bzw. Leistungserbringung nicht alleine thematisieren. Genau das macht die Mitarbeiter zu Akteuren. Es gilt zunehmend, dazu Strukturen, Prozesse und Kulturen zu gestalten und im Speziellen zu managen. Der Kulturaspekt wird immer wichtiger, denn nicht weitere und unbekannte Elemente sind in die Gestaltung von Projektorganisationen zu integrieren. Die Prozessgestaltung wird abhängiger von der Integration und Interpretation kultureller und psychischer Elemente. Dieses vollzieht sich in den Netzwerken (Heidling 2012; Petersen und Witschi 2014). Für ihre Arbeit in den Projekten sind die Generierung und Aktualisierung neuen Wissens inhärenter Bestandteil ihres spezialisierten Arbeitshandelns, d. h., Projektkulturen sind der Ort der Wissensaufnahme, Generierung, Speicherung und aktuelle Nutzung (Staiger 2008; Peters und Dengler 2010).

Projektorganisationen beschleunigen den Einfluss auf Wissensentwicklungen, den Wissensaustausch und die Entwicklung von *Wissenskulturen*. Das Projektmanagement ist gehalten, den Umgang mit Wissen mit Auftraggebern, Anspruchsberechtigten, grundsätzlichen Kooperationspartnern, etc. immer bewusster zu gestalten. D. h. die computergesteuerte Kommunikation wird durch interaktive Kommunikation ständig vertieft, ergänzt, erweitert. Diese Anforderungen werden insbesondere durch verteilt arbeitende Projektteams in Netzwerken wichtiger (Heidling und Husemann 2014). Die Kommunikation beeinflusst den Projekterfolg. Projektkommunikation

---

4 Das ist nicht zu verwechseln mit Wissensberufen, bei denen Wissen als Ressource zum Zwecke der Vermittlung des Wissens genutzt wird, d. h. es geht darum, sich Wissen anzueignen und welches zu generieren.

wird immer mehr ein Bestandteil des Methodeneinsatzes im Projekt und von Projekten, das spiegeln die einzelnen Ansätze wider. Die Identifizierbarkeit und Zurechenbarkeit im Sinne von Zuständigkeiten inklusive Abstimmungen werden für die Akteure die Basis ihrer Handlungen und Aktionen. Das wiederum erhöht ihre Handlungsfähigkeit und Stabilisierung in sinngestaltenden, zentrierten Interaktionen von Netzwerken, das wiederum beschleunigt Flexibilisierungen von Hierarchien. Auch Projektleiter stehen nicht mehr allein in der Verantwortung des Verlaufs von Projekten (Heinrich 2015). Der Blick fokussiert nicht mehr allein auf die Führungstätigkeiten, es sind die Beziehungen und ihre Interaktionen. Führungsfunktionen sind wichtig, aber die Darstellung der Führungspersönlichkeit ist zurückgenommen worden. Ohne Führung keine Orientierung, gilt also weiterhin. Auch in Netzwerken wird Führung gebraucht. Führungsfunktionen können auch von Programmen, IT-Prozeduren, kognitive selbstlernenden Systemen, also von Menschen, Maschine/Mensch getragener Kommunikation gesteuert werden. Gleichwohl, Menschen folgen maschinellen Anweisungen lieber als durch Menschen vorgenommenen Anweisungen, wie Akzeptanz-Forschungen zeigen. Gleichwohl sind Führungsaufgaben Menschenaufgaben (Pinnow 2012). Vielleicht lässt es sich ein bisschen provokativ auch so formulieren, dass Projekte die Entwicklung ihrer Netzwerke in alternativen Projektformen und auch im Projektmanagement Office ähnlich organisieren wie Bildungs- und Wissenschaftssektoren. Dort werden dezentrale Formen in Ärztekammern, Ingenieursbüros, Anwaltskammern, Lobbyisten-Gesellschaften etc. gewählt, sie werden von „Peers" geführt als ausgewiesene Experten des jeweiligen Gebiets. Diese Netzwerke sind partnerschaftlich organisiert. Beurteilungen erfolgen über die Peers. Diese Grundgedanken sind für neuere Projektmanagemententwicklungen nicht handlungsleitend, aber im Sinne von Kulturentwicklungen und Interpretationen über zukünftigen Gestaltungselementen entfalten sie einen Sinn (vgl. das „agile Manifesto"[5]). Projektakteure sind so gesehen nicht nur auf aushandlungsfähige, konsensorientierte Konfiguration von Teamstrukturen wie in Welt 3 angewiesen. Über außerbetriebliche Kooperationen und Netzwerke haben sie Zugang zu verschiedenen Wissensarten und damit informellen Lernoptionen. Sie nehmen in sogenannten Akteurs Arenen auf den Aufbau und die Dynamik von Ablaufprozessen bzw. Projektphasen Einfluss.

Innerhalb solcher Arbeitsstrukturen wandelt sich das *Führungsverständnis* zu einem offenen und innovativen Führen durch Zielvorgaben, das den Akteuren die Arena der Gestaltung überlässt. Aufgrund des Agierens in Netzwerken erhöht sich die Transparenz von Prozessen sowie über Entscheidungen. Führungskräfte und Experten gehen in Projektformen neue Verbindungen und Kooperationen – nicht zuletzt über die Tertiärstruktur der Netzwerke – ein, die gleichermaßen neue Formen der Gestaltung von Autonomie, Vertrauen und Spielräumen nach sich ziehen, die auf Arbeitsprozesse einen Veränderungsdruck ausüben. Führung in Linienstrukturen ist auf Formen wie „Koordinator" durch Anweisungen und einen in Regelwerken unterlegten Führungsanspruch angewiesen. Die Projektführung (Projektleiter) fokussiert auf Planung, Koordination, in der die Führungskraft ein Kümmerer ist, also delegationsbezogene Strukturen aufgelöst sind. Es ist der Verzicht auf einen Führungsanspruch innerhalb situativer Rahmenbedingungen, um die Initiierung von Selbstorganisationsprozessen zu unterstützen (Stadelbacher 2012). Darin liegen wiederum die Ermöglichung von Zielvereinbarungen im Team sowie die Organisation kooperativer Lernprozesse und die Herstellung einvernehmlicher Entscheidungen (Porschen 2008). Dem Bedürfnis nach Partizipation ist nicht nur Rechnung zu tragen, es ist als Teil sogenannter weicher Faktoren ein Indikator für das Ge-oder Misslingen von Projekten.

---

5   Das „agile Manifesto" ist abrufbar unter http://agilemanifesto.org/ (vom 24.11.2015).

Mit dem Fokus auf der Mikroebene wird der Blick auf die Innenseite der Organisation, d. h. auf die Interaktionen zwischen den Akteuren und ihren organisationalen Kontexten, gelenkt. Das Eingehen auf die Innenseite der Organisation und das Agieren der Akteure als temporäre Mitarbeiter macht über Personalentwicklung ihre Einbindung in die Organisation sichtbarer. Aufgrund der Temporalität von Projekten und der offenen Zielsetzungen sind Projektmitarbeiter oftmals temporär eingestellte Akteure, deren Arbeitsverträge projektbezogen ausgerichtet sind und die deshalb von Karriereoptionen und längerfristigen Beschäftigungen ausgeschlossen und damit eher instabilen Beschäftigungssituationen ausgeliefert sind (Kalkowski und Mickler 2009). Die Entwicklung von positiv konnotierten Projektkulturen hat diese Spannungsverhältnisse aufzugreifen (Witschi et al. 2014) und auch Karrierewege in Projekten zu ermöglichen. Generell soll noch einmal betont werden, das in den Spannungsfeldern insbesondere die informelle Kommunikation nicht zu unterschätzen ist, sie repariert und rettet kommunikative Prozesse, die in den offiziellen Strukturen zu scheitern drohen. Projektmanagement ist eine Schlüsselkompetenz moderner Unternehmensführung (GPM 2014). Aufgrund der Erschließung und Einbindung der Weiterentwicklung von Projektmanagement durch die wissenschaftliche Auseinandersetzung hat sich Projektmanagement immer mehr zu einer Schlüsselqualifikation entwickelt, die das ursprüngliche reine Methoden-Repertoire und Methoden-Verständnis hinterfragt. Alternative Ansätze sind angetreten, die funktionalen und operativen Ausprägungen des klassischen Projektmanagements zu überschreiten und zum Beispiel die Veränderungsbereitschaft und das Skizzieren von Visionen zur Voraussetzung für das Design neuer Lösungen zu machen, d. h., dem Modus des sozialen Handelns wird Raum gewährt. Projektmanager und Akteure haben somit über zentrale *Kompetenzen* zu verfügen wie:

- Fähigkeiten zu Wissensaufbau und Wissensbewahrung,
- Projektspezifische Wissensverarbeitung,
- Management- und Medienkompetenz.

Das erfordert den Umgang mit Wissensmanagement, um die Erfahrungen darin sicher zu stellen bzw. Projektmanagement bedarf des Wissensmanagement und umgekehrt (Weßels 2014). Die Auswirkungen des sozialen Gedankens zeigen sich in den Werkzeugen, welche dem Projektteam zur Verfügung stehen. So geht es um die Teilung des Wissens mit allen Teilnehmern, um produktiver und effektiver an Prozessen arbeiten zu können.

5.8 Planung und Ungewissheit

Projekte sind insgesamt kein Selbstzweck mehr und dienen der Umsetzung strategischer Vorhaben. Allein quantitativ gesehen nehmen Projekte zu und investierte Ressourcen in Projekten werden immer stärker auf der Geschäftsebene, der Primärebene, als strategische Vorhaben eingesetzt. Projekte betreffen das gesamte Unternehmen, bzw. die gesamte Organisation und nehmen erhebliche finanzielle Ressourcen in Anspruch. Projekte spielen insgesamt eine immer größere Rolle. Die stetig steigende Bedeutung von Projektmanagement ist auch einhergegangen mit einer zunehmenden Professionalisierung der Planungstechniken. Unternehmen und auch Verwaltungen sind verstärkt auf dem Weg zu einer organisationalen Projektorientierung. Es zeigt sich in den letzten Jahren verstärkt, das die Fähigkeit, Projekte zu führen und zu steuern, nicht mehr nur Projektleiter in Kooperation mit den unmittelbaren Linienabteilungsleiter betrifft. Projekte betreffen in ihrer strategischen Ausrichtung von Unternehmen zunehmend auch den Aufgabenbereich der Top- Führungsebene. Projektmanagement ist eine strategische Kompetenz in Wirtschaft, Staat und Gesellschaft und insofern sind Gestaltungsfragen nicht mehr nur Fragen zu Planungstechniken und Abwicklungen einzelner Projekte. Der Wirkungsbereich des Projektmanagements wird auch außerhalb von Projekten immer größer und Projekte umfassen diverse Planungsbereiche und unterschiedliche Rahmungsebenen und damit diverse *Akteursgruppen*. Folgende Handlungsfelder sind dabei involviert:

- Strategische und strukturelle Grundausrichtung der Organisation zur Schaffung von Rahmenbedingungen zwecks einer Optimierung der Kooperation von Primärebene (Tagesgeschäft) und Sekundärebene (Projekte), wozu das Projektmanagement Office, Portfolioüberwachung sowie Projekt Governance inzwischen gehören,
- Projektmanagementkompetenzen, d. h., Schaffung der für die Projektarbeit nötigen sozialen, persönlichen, fachlich- technischen und methodischen Kompetenzen und Qualifikationen für Mitarbeiter im Team, Projektleiter, Führungskräfte der Linie sowie aus dem Top- Management, die nicht die funktionalen Qualifikationsstrukturen innerhalb der vertikalen Arbeitsteilung betreffen,
- Projekt- und Projektmanagementkultur, Entwicklung und Implementierung von Spielregeln, Thematisierung von Werten, Leitbildern, etc., die die kulturellen Rahmenbedingungen durch eine Balance von Offenheit und Geschlossenheit reflexiv lebendig halten, z. B. durch Schaffung von Synergien zwischen Abteilungen und vernetzten Partnerorganisationen.

Innovationserwartungen richten sich zunehmend an Projektorganisationen und damit an die Bewältigung komplexer Problemstellungen für strategische und wertschöpfende Organisationsaufstellungen, welches die unmittelbare Rahmung zur Gestaltung allein der Projekte überschreitet. Bisherige zentrale Elemente wie Planungen zu dem sogenannten Stage-Gate-Prozess als Phasenplanung, eine Work-Breakdown-Struktur (als Projektstrukturplanung), die Termin- und Ablaufplanung sowie systematisierte Soll-Ist-Vergleiche, Ergebnissicherungen durch Lessons Learned etc. (Hauschildt und Salomo 2007) haben ihre Bedeutung. Um jedoch die Projektergebnisse zu sichern und diese in die Organisation zurückfließen zu lassen, sind rekursive Planungstechniken unerlässlich, wie innerhalb der alternativen Projektformen durch die Einbindung von Welt 2 bis 4 beschrieben, wozu u. a. die Planung und Steuerung von Arbeitspaketen, Koordination von Verträgen/Unterauftragsverträgen, Meilensteine für interne/externe Berichte und Workshops, Statusberichte etc. (Bea et al. 2011) zählen.

Alle einzelnen Aufgaben unterliegen der Bearbeitung unter Anwendung von *Planungstechniken*. Relativ neu ist die Sicherung der Anschlussfähigkeit an Prozesse der Primärebene, die bewusst kommunikativ aufrechterhalten wird. So lässt jede Fehlerbearbeitung sich nur durch kommunikative Prozesse reparieren. Neuere Entwicklungen und die Verzahnung der benannten Handlungsfelder spiegeln sich in Trends und Begriffen wie „Projektmanagement goes Boardroom" und „Projectgovernance"[6] wider. Sie betreffen zusätzliche Steuerungseinheiten für die Koordination und Kommunikation, bzw. die Entwicklung neuer Instrumente und Planungstechniken ist der zunehmenden Komplexität aller wirtschaftlicher und gesellschaftlicher Prozessvorhaben geschuldet, sowie einen damit einhergehenden Umgang mit Ungewissheit, bzw. neuere Entwicklungen rufen Komplexität und Ungewissheit auf allen Handlungsfeldern auf den Plan. Nicht nur das einzelne Projekt ist komplex. Komplexität entsteht, wenn heterogene und diverse Akteursgruppen und Institutionen an Entscheidungsprozessen zu beteiligen sind und eine Vielfalt

---

6 Diese beiden Begriffe betreffen gegenwärtige Trends in der Projektarbeit und richten sich auf die Bewältigung hochkomplexer Projekte in gesellschaftsinnovativen Bereichen, wie z. B. Flughäfen (ausführlich dazu die Darstellungen und Aufarbeitung verschiedener Projekte bzw. Praxiserfahrungen in den Ausgaben der Zeitschrift „projektManagementaktuell" aus dem Jahr 2015).

5.8 · Planung und Ungewissheit

von Sichtweisen auf den Gegenstand erfolgt, die jeweils Gültigkeit auf ihre Perspektivensicht für die Bearbeitung, Nutzung, Input, Analyse etc. beanspruchen.

Es gilt in Fragen der *Projektkoordination* schlicht, dass in der Bearbeitung der Projektphasen diese allein nicht durch entsprechende Spezialisierungen zu bewältigen sind. Die Kombination und Integration verschiedener Spezialisierungen durch Akteure, Institutionen, Nutzer und Netzwerke will bedacht und gestaltet werden. Dieses erfordert Koordination und Denkräume der Reflexion des Handelns Aller und erhöht damit die Wirklichkeit des Möglichen. Es sind gelebte Denkräume, in denen Reflexion und Bewertung bei auftretender Komplexität kommunikativ gestaltet werden. Sie schaffen Voraussetzungen, pragmatisch situative Lösungen in die organisationalen Handlungs- und Interaktionsmuster einzuarbeiten und kulturell zu verstetigen.

Komplexität ist einer der ambivalentesten Begriffe in Soziologie und Wirtschaftswissenschaften und es existieren viele Definitionsangebote.[7] Komplexität ist gegeben, wenn ein System viele Elemente aufweist und je größer die Zahl der Beziehungen zwischen der Elemente ist, je verschiedenartiger die Beziehungen sind, desto größer wird die Ungewissheit im System. Die Zahl der Elemente sowie deren Beziehungen und Verschiedenartigkeit im Zeitsystem führen durch Verändern einer einzelnen Variable zur nicht vorhersagbaren Veränderung des Ganzen. Komplexität lässt sich nicht in einzelne komplexe Handlungen auflösen. Das dieses möglich sei, entspricht der Vorstellung, man schaue sich Einzelhandlungen an und könne diese hintereinander abarbeiten. Komplexität beschreibt vielmehr die Aktivitäten in ihrer Vielfalt, die alle gleichzeitig und gleichermaßen zum Zuge kommen und in ihrem Zusammenwirken die arbeitsteilige Vorgehensweise in Gang halten. Projektkomplexität umfasst strukturelle Komplexität, Unsicherheit, Dynamik, Geschwindigkeit sowie sozio- politische Komplexität (Baecker 1997). Darüber hinaus bedarf es einer Begründungspflicht, dass der Gegenstand Komplexität beanspruchen kann und warum so viele Akteursgruppen an der Bearbeitung von Prozessschritten und Lösungen beteiligt sein sollen. Somit wird Reflexion eine institutionelle legitime Notwendigkeit. Oft wird dieses auch innerhalb von Planungstechniken mit „blinden Flecken" im individuellen sowie organisationalen Handeln begründet. Methoden, die die Reflexion der Prozessphasen gewährleisten, sind u. a. in Organisationsdiagnosen eingebettet, in denen z. B. bei Projektbeginn Methoden wie z. B. Story Telling und Organisationsaufstellungen, Folgen über Entscheidungen transparent machen. Sie fördern die Fähigkeit eines anderen Umgangs mit Komplexität (Elbe 2015). Akteure sind konfrontiert mit Komplexität und können sich deren Bearbeitung nicht entziehen. Komplexität ist insbesondere dann gegeben, wenn über Entwicklungen, Entscheidungen über Arbeitsweisen, Ressourcen, Beteiligungen, Nutzung, Input und Transfer von Ergebnissen weit über die Grenzen einzelner Projekte hinaus verhandelt wird und diese wiederum Folgeentscheidungen in anderen Bereichen nach sich ziehen. Die unterschiedlichen Stakeholdern, Nutzer- und Unternehmensgruppen stellen komplexe Anforderungen und erhöhen mit der Komplexität die Ungewissheit. (Böhle 2011; Elbe, 2011; Peters 2011; Böhle und Busch 2012; Böhle 2013; Jeschke et al. 2013; Rieteke und Wagner 2014; Witschi et al. 2014; Jeschke, et al. 2014)

Komplexität und *Ungewissheit* treten häufig gepaart auf. Ungewissheit von Handlungen drückt sich in der Komplexität von Handlungsanforderungen aus. Gewissheiten, wie technische Planungsschritte zu bearbeiten sind, sind infolge von organisationaler und sozialer Komplexität ungewiss. Ungewissheit wird wohl insbesondere da erfahren, wo die Planungen nicht hinreichend

---

[7] Innerhalb der Systemtheorie entsteht Komplexität, wenn aufgrund immanenten Beschränkungen der Verknüpfungskapazität der Elemente nicht mehr jedes Element mit jedem anderen verknüpft sein kann (Luhmann 1984).

dynamisch arbeiten, bzw. sie breitet sich aus, wenn Modellvorstellungen darüber, wie etwas zu sein hat, mit der Beobachtung der Wirklichkeit nicht übereinstimmen, oder einfach nicht abbildbar in den Projektabfolgen sind. Projekt und Unternehmensbereich wissen nicht wirklich, wer was in relevanten Situationen für Entscheidungen treffen wird. Ungewissheit macht sichtbar, dass ein Idealablauf von Projektphasen nicht möglich ist, der Normalbetrieb umfasst Teilbereiche, aber die Geltungsreichweite gilt nicht für alle darüber hinaus reichenden Bereiche. So gesehen sind in der Komplexität Optionen aufgehoben und diverse Entscheidungen erscheinen wählbar. Dabei können die Entscheidungen so oder so ausfallen, die Komplexität ist aufrecht zu erhalten und die Beteiligung der diversen Akteursgruppen an Entscheidungsprozessen ist zu sichern. Folglich dürfte die entscheidende Regel lauten: Entscheidungen über Planungsschritte können „sowohl-als-auch" getroffen werden, es geht nicht um Eliminierung einzelner Schritte. Die Ungewissheit wird nicht beseitigt durch Eliminierung bestimmter Anforderungen, sie ist präsent und sowohl- als auch-Entscheidungen sollen Akteure daran hindern, Teile des Gegentands zu eliminieren und blinden Flecken den Raum der Nicht-Gestaltung zu überlassen. Offenheit und Ungewissheit erhöhen Risiken mit Optionen des Aktionsmodus „sowohl- als-auch", geben aber auch Chancen eines innovativen Umgangs in und mit Projekten. Dennoch ist die zentrale Frage, wie entscheiden Projekte bei hoher Komplexität und wahrgenommener Ungewissheit in Fragen der Kooperation mit anderen Akteursgruppen? Voraussichtlich in dem Sinne, dass keine langfristigen Zielsetzungen angesichts wahrgenommener Ungewissheit gewählt werden, auch wenn Druck von einzelnen Akteursgruppen aufgebaut wird.

Mittelorientierungen in Projekt und Unternehmensbereich wirken zu lassen, ist ein grundlegendes Prinzip und wichtige Regel für den Umgang mit Komplexität und Ungewissheit. Es kommt wohl darauf an, diese Entwicklungen als eine Chance zu sehen und wenn es eine Chance ist, handelt es sich um eine Ressource, die entwickelbar ist. Komplexität und Ungewissheit sind Ressourcen, die in organisationale Kulturen eingebettet sind. Sie sind nicht von den einzelnen Akteuren durch z. B. eine pragmatische persönliche Einstellung zu bewältigen, indem Komplexität innerhalb einzelnen Projektphasen herunter gebrochen werden kann. Das Projekt ist dann nicht mehr „das Projekt". Eine erfolgreiche Bearbeitung ist vielmehr auf Formen der Zusammenarbeit der Akteure wie den darin beteiligten institutionellen Einheiten angewiesen, und diese Verbindlichkeit ist immer wieder regelmäßig zu aktualisieren, sprich ist angemessen auszuhandeln und durch Aufgaben und Rollen immer wieder neu festzulegen. Nach z. B. einem Jahr beruflichen Alltags erinnern sich die wenigsten daran, was sie zu Beginn des Jahres beschlossen und welche Aufgaben sie damals im Rahmen einer Besprechung übernommen haben. In der geregelten Zusammenarbeit liegt der geregelte Wissenstransfer als Austausch von Erfahrungswissen, von aktuellem Fachwissen sowie Austausch von innovativen Ideen. Aller Wissenstransfer bedarf der Vergewisserung seiner Gültigkeit und seiner Testung im Rahmen des „Sprachspiels" der jeweiligen Organisationskultur (Elbe 2011). Ungewissheit ist damit Ausdruck der Verbindung der temporalen Erscheinungsformen der Organisation (Prozess, Struktur, Institution), die im Projekt für eine begrenzte Zeit so zusammengeführt werden, dass bestehende stabile Formen der Organisation sich nicht mit der Bewältigung spezifisch wahrgenommener Ungewissheitsmanifestationen insgesamt auseinandersetzen müssen sondern dies auf die Projektorganisation übertragen können.

Hiermit ist die dritte Form der Gestaltung von Organisationen umrissen, die sich letztlich der Temporalisierung der Institution bedient. Während die *Aufbau*organisation die Gestaltung von Strukturen zum Gegenstand hat und die *Ablauf*organisation die Prozessen in den Fokus nimmt, bedient die *Projekt*organisation die Institutionenperspektive und bietet Gestaltungsvorschläge hinsichtlich der Institutionalisierung von Organisationsentscheidungen an, wodurch die Grenzen der Organisation dynamisiert werden. Damit sind die Gestaltungsansätze der

Temporären Organisation, über die die Organisation selbst verfügt, umrissen. Sie kann sich aber (temporäre) Hilfestellung besorgen …

5.9 Fragen

1. Welcher Zusammenhang besteht zwischen Prozess- und Projektorganisation?
2. Warum suchen Organisationen zunehmend Lösungen in zeitlich befristeten Projektformen?
3. Welche zeitlich aufeinanderfolgenden Phasen des Projektmanagements können als Grundlage für die Organisationsentwicklung dienen?
4. Wodurch ist agiles Projektmanagement geprägt?
5. Wie hängen Ungewissheit und Komplexität in Bezug auf die Projektorganisation zusammen?
6. Welche besondere Bedeutung hat die Projektorganisation aus Sicht des Ansatzes der Temporären Organisation?

Literatur

Ahlemann F, Eckl C (Hrsg) (2010) Strategisches Projektmanagement. Springer, Berlin
Baecker D (1997) Einfache Komplexität. In: Ahlemeyer H, Königswieser R (Hrsg) Komplexität managen. Strategien, Konzepte und Fallbeispiele. Gabler, Wiesbaden, S 21–50
Baecker D (2003) Organisation und Management. Suhrkamp, Frankfurt a. M
Bauman Z (2008) Flüchtige Zeiten. Leben in der Ungewissheit. Hamburg: Edition HIS
Bea F, Göbel E (2002) Organisation. UTB, Stuttgart
Bea F, Scheurer S, Hesselmann S (2011) Projektmanagement. UTB, Stuttgart
Becker J (2005) Prozessmanagement. Ein Leitfaden zur prozessorientierten Organisationsgestaltung. Springer, Berlin
Becker M (2010) Personalwirtschaft. Lehrbuch für Studium und Praxis. Schäffer-Poeschel, Stuttgart
Bergmann G, Garrecht M (2008) Organisation und Projektmanagement. Physica, Berlin
Böhle F (2011) Management der Ungewissheit – ein blinder Fleck bei der Förderung von Innovationen. In: Jeschke S, Isenhardt I, Hees F, Trantow S (Hrsg) Enabling Innovation. Innovationsfähigkeit – deutsche und internationale Perspektiven. Springer, Berlin, S 17–30
Böhle F (2013) Handlungsfähigkeit mit Ungewssheit – Neue Herausforderungen und Ansätze für den Umgang mit Ungewissheit. In: Jeschke S, Jakobs E.-M, Dröge A (Hrsg) Exploring Uncertainty: Ungewissheit und Unsicherheit im interdisziplinären Diskurs. Wiesbaden, S 281–293
Böhle F, Bolte A (2002) Die Entdeckung des Informellen. Der schwierige Umgang mit Kooperation im Arbeitsalltag. Campus, Frankfurt a. M
Böhle F, Bürgermeister M, Porschen S (Hrsg) (2012) Innovationen durch Management des Informellen. Künstlerisch,erfahrungsgeleitet, spielerisch. Springer Gabler, Wiesbaden
Böhle F, Busch S (Hrsg) (2012) Management von Ungewissheit. Neue Ansätze jenseits von Kontrolle und Ohnmacht. Transcript, Bielefeld
Boltanski L, Chiapello E (2003) Der neue Geist des Kapitalismus. UVK-Verlagsgesellschaft, Konstanz
Bolte A, Porschen S (2006) Die Organisation des Informellen. Modelle zur Organisation von Kooperation im Arbeitsalltag. VS, Wiesbaden
Bresse C, Uhlmann M (2002) Integration von Erfahrungswissen, in: Herrmann S (Hrsg) Wissensintegration und -koordination: Schlüsselkompetenzen wissensintensiver Dienstleistungsunternehmen. Ein Zwischenbericht aus dem Verbundprojekt SIAM „Strategien, Instrumente und Arbeitsorganisatorische Gestaltungsmodelle zur Förderung der Dienstleistungskompetenz in Unternehmen". Stuttgart: Fraunhofer-IRB-Verlag
Bröckling U (2007) Das unternehmerische Selbst. Soziologie einer Subjektivierungsform. Suhrkamp, Frankfurt a. M
Bürgermeister M (2008) Change und Planung: Zu einem Balanced-Change Management. Hampp, München
Elbe M (2011) Ungewissheit im institutionellen Wandel. Individuelle Ressourcen als Potenzial. In: Jeschke S, Isenhardt I, Hees F, Trantow S (Hrsg) (2011) Enabling Innovation. Innovationsfähigkeit - deutsche und internationale Perspektiven. Springer, Berlin, S 87–98

Elbe M (2014) Führen mit Zielen und Zielvereinbarungen in militärischen Organisationen. In: Kern E-V, Richter G (Hrsg) Streitkräftemanagement. Neue Planungs- Und Steuerungsinstrumente der Bundeswehr. Springer Gabler, Wiesbaden, S 11–30

Elbe M (2015) Organisationsdiagnose: Methoden · Fallstudien · Reflexionen. Schneider Verlag Hohengehren, Baltmannsweiler

Habler T, Bürgermeister M (2010) Erfahrungsgeleitetes Projektmanagement im Kontext produktionsnaher Dienstleistungen. In: Heidling E, Böhle F, Habler T (Hrsg) Produktion mit Dienstleistung. Integration als Zukunftschance. Hampp, München/Mering, S 203–205

Hagen S (2009) Projektmanagement in der öffentlichen Verwaltung. Spezifika, Problemfelder, Zukunftspotenziale. Gabler, Wiesbaden

Hanisch R (2013) Das Ende des Projektmanagements. Wie die Digital Natives die Führung übernehmen. Linde Verlag, Wien

Hauschildt J, Salomo S (2007) Innovationsmanagement, 4. Aufl. Vahlen, München

Heidling E (2012) Management des Informellen durch Situatives Projektmanagement. In: Böhle F, Bürgermeister M, Porschen S (Hrsg) Innovation durch Management des Informellen. Springer, Berlin, S 69–114

Heinrich H (2015) Systemisches Projektmanagement. Oldenbourg, München

Hoffmann R, Bogedan C (Hrsg) (2015) Arbeit der Zukunft: Möglichkeiten nutzen - Grenzen setzen. Campus, Frankfurt a. M

Howaldt J, Schwarz M (2011) Soziale Innovation – Gesellschaftliche Herausforderung und zukünftige Forschungsfelder. In: Jeschke S, Isenhardt I, Hees F, Trantow S (Hrsg) Enabling Innovation. Innovationsfähigkeit – deutsche und internationale Perspektiven, Berlin: Springer, S 217–238

Jeschke S, Hees F, Richert A (Hrsg) (2013) Innovationsfähigkeit und neue Wege des Wissenstransfers. Springer, Berlin

Jeschke S, Isenhardt I, Hees F, Trantow S (Hrsg) (2011) Enabling Innovation. Innovationsfähigkeit – Deutsche und internationale Perspektiven. Springer, Berlin

Jeschke S, Kobbelt L, Dröge A (Hrsg) (2014) Exploring Virtuality. Virtualität im interdisziplinären Diskurs. Springer, Wiesbaden

Kalkowski P, Mickler O (2009) Antinomien des Projektmanagements. Sigma, Berlin

Kieser A (2014) Der Situative Ansatz. In: Kieser A, Ebers M (Hrsg) Organisationstheorien, 7. Aufl. Kohlhammer, Stuttgart, S 215–246

König E, Volmer G (2008) Handbuch Systemische Organisationsberatung. Dt. Studienverlag, Weinheim

Kühl S (2011) Organisationen. Eine sehr kurze Einführung. VS Verlag, Wiesbaden

Kuster J, Huber E, Lippmann R, Schmid A, Schneider E, Witschi U, Wüst R (2011) Handbuch Projektmanagement, 3. Aufl. Springer, Heidelberg

Lang K, Rattay G (2005) Leben in Projekten. Projektorientierte Karriere- und Laufbahnmodelle. Linde, Wien

Lundin R, Söderholm A (1995) A theory of the temporary organization. Scand J Manage 11(4):437–455

Madauss B. J (2000) Handbuch Projektmanagement. Mit Handlungsanleitungen für Industriebetriebe, Unternehmensberater und Behörden. Schäffer-Poeschel, Stuttgart

Mayer T, Gleich R, Wald A (2008) Advanced project management. GPM, Berlin

Moldaschl M, Stehr N (Hrsg) (2010) Wissensökonomie und Innovation. Beiträge zur Ökonomie der Wissensgesellschaft. Metropolis, Marburg

Müller T (2014) Arbeit am Wissen – Wissen als Beruf. Berl Debatte 4(2014)

Nausner P (2006) Projektmanagement. Die Entwicklung und Produktion des Neuen in Form von Projekten. UTB, Wien

Nonaka I, Takeuchi H (1997) Die Organisation des Wissens. Wie japanische Unternehmen eine brachliegende Ressource nutzbar machen. Frankfurt a. M.: Campus

Oestereich B, Weiss C (2007) APM - Agiles Projektmanagement: Erfolgreiches Timeboxing für IT-Projekte. Dpunkt.verlag, Heidelberg

Peters S (2011) Neue Formen von Projektorganisation und Projektmanagement. In: Jeschke S, Isenhardt I, Hees F, Trantow S (Hrsg) (2011) Enabling Innovation. Innovationsfähigkeit - deutsche und internationale Perspektiven. Springer, Berlin, S 53–64

Peters S (2012) Projektorganisation und Projektmanagement unter den Bedingungen zunehmender Komplexität. In: Böhle F, Busch S (Hrsg) Management von Ungewissheit. Transcript verlag, Bielefeld, S 137–175

Peters S, Dengler S (2010) Wissenspromotion als Element von Wissensarbeit. In: Moldaschl M, Stehr N (Hrsg) Wissensökonomie und Innovation. Beiträge zur Ökonomie der Wissensgesellschaft. Metropolis, Marburg, S 563–588

Literatur

Peters S, Spengler T, Spilopoulou M (2010) Wissensmanagement kleiner und mittelständischer Unternehmen in Zeiten demografischen Wandels. In: Kathan D, Letmathe P (Hrsg) Wertschöpfungsmanagement im Mittelstand. Gabler, Wiesbaden, S 43–69

Peters S, v. Garrel J (Hrsg) (2013) Arbeits-Zeitsouveränität für Führungskräfte von Morgen. Hampp, München

Peters S, v. Garrel J (2014) Arbeitszeit in Projekten – eine empirische Untersuchung, Gesellschaft für Projektmanagement. GPM, Nürnberg

Peters S, v. Garrel J, Düben A, Dienel H-L (2015) Wissensarbeit zwischen Freiheit und Selbstausbeutung. Der Umgang mit Arbeitszeit in Projekten. GPM, Nürnberg

Petersen D, Witschi U (2014) Wandel durch Vernetzung. Das Praxisbuch für nachhaltiges Change- Management. Wiesbaden: Springer

Pinnow D (2012) Führung. Worauf es wirklich ankommt, 6. Aufl. Springer Gabler, Wiesbaden

Porschen S (2008) Austausch impliziten Erfahrungswissens. Neue Perspektiven für das Wissensmanagement. Wiesbaden: VS- Verlag

Reinhardt K (2014) Organisationen zwischen Disruption und Kontinuität: Analysen und Erfolgsmodelle zur Verbesserung der Erneuerungsfähigkeit von Organisationen durch Kompetenzmanagement. Hampp, München

Rieteke R, Wagner R (2014) Theory meets Pracis, Gesellschaft für Projektmanagement. GPM-Verlag, Nürnberg

Saynisch M (2008) Management im Zeitalter hoher Komplexität und radikaler Veränderungen. Das Projektmanagement. In: Mayer T (Hrsg) Advanced Project Management. Herausforderungen – Praxiserfahrungen – Perspektiven. Unter Mitarbeit von A. Wald, R. Gleich & R. Wagner. Lit, Berlin/Münster, S 233–256

Schnauffer H-G, Stieler-Lorenz B, Peters S (Hrsg) (2004) Wissen vernetzen. Wissensmanagement in der Produktentwicklung. Springer, Berlin

Schulte-Zurhausen M (2002) Organisation. Vahlen, München

Söderlund J (2002) On the development of project management research. Schools of thought and critique. Int J Project Manage 8(1):22–31

Stadelbacher S (2012) Bewältigung von Ungewissheit durch Selbstorganisation – Ansätze, Perspektiven und offene Fragen. In: Böhle F, Busch S (Hrsg) Management von Ungewissheit. Transcript, Bielefeld, S 93–134

Staiger M (2008) Wissensmanagement in kleinen und mittelständischen Unternehmen. Systematische Gestaltung einer wissensorientierten Organisationsstruktur und -kultur. Hampp, München

Steinmann H, Schreyögg G (2005) Management. Grundlagen der Unternehmensführung. Konzepte – Funktionen – Fallstudien. Wiesbaden: Gabler

Thyssen D (2011) Projektorientiertes Management als Organisationsprinzip. Hampp, München

Tuckman B (1965) Developmental sequence in small groups. Psychol Bull 63:384–399

Vahs D (2012) Organisation. Ein Lehr- und Managementbuch. 8. Aufl. Stuttgart: Schäffer-Poeschel

v. Garrel J (2012) Wissen binden. Eine Analyse wissens- und innovationsorientierter (Kooperations-)Beziehungen im regionalen Kontext in Struktur und Handlung. Hampp, München

Weßels D (Hrsg) (2014) Zukunft der Wissens- und Projektarbeit. Symposion, Düsseldorf

Wilkesmann U (2010) Die Organisation von Wissensarbeit. Die Dysfunktionalität von Kontrolle und Anreize bei Wissensarbeit. In: Moldaschl M, Stehr N (Hrsg) Wissensökonomie und Innovation. Beiträge zur Ökonomie der Wissensgesellschaft. Metropolis, Marburg, S 481–504

Witschi U, Heidling E, Husemann S, Frank J, Peters S (2014) Tension between line and project: Results. In: Rieteke, St. (Hrsg) Theory meets practice in projects. Gesellschaft für Projektmanagement, Nürnberg

Beratung I: Ansätze der Organisationsberatung

6.1 Überblick – 122

6.2 Beraten als dritter Handlungsmodus – 122

6.3 Temporalität der Organisationsberatung – 123

6.4 Organisationaler Wandel – 124

6.5 Klassische Organisationsberatung – 127

6.6 Organisationsentwicklung – 130

6.7 Systemische Beratung – 134

6.8 Konvergenz oder weitere Ausdifferenzierungen? – 136

6.9 Fragen – 137

Literatur – 138

© Springer-Verlag Berlin Heidelberg 2016
M. Elbe, S. Peters *Die temporäre Organisation*,
DOI 10.1007/978-3-662-49401-1_6

6.1 Überblick

Zusammenfassung
Mit den beiden letzten Kapiteln wird eine weitere Aktionsebene der Organisation (neben Theoretisieren und Gestalten) beschrieben: die *Organisationsberatung*. Im sechsten Kapitel wird Beratung als dritter Handlungsmodus eingeführt, die Facetten der Temporalität von Organisationsberatung und die Grundlagen des organisationalen Wandels (in Bezug auf den entstehenden Beratungsbedarf) werden thematisiert. Anschließend werden die drei Hauptrichtungen der Organisationsberatung dargestellt (Klassische Organisationsberatung, Organisationsentwicklung und Systemische Organisationsberatung) und diskutiert, ob diese sich weiter ausdifferenzieren oder in der Praxis eher eine Konvergenz im Beratungshandeln festzustellen ist.

6.2 Beraten als dritter Handlungsmodus

Die Organisation bedarf auch der Beratung, nachdem sie in ihren theoretischen sowie historisch-faktischen Entwicklungen und Ausdifferenzierungen die Modi der Kooperationen verfestigt hatte und in den letzten drei Dekaden Weiterentwicklungen dynamischer Gestaltungsvorhaben zur Entwicklung der primären Geschäftsebene voran getrieben wurden. Dabei entstanden parallel auf der sekundären Organisationsebene temporäre Prozesse und Projekte, die es zu gestalten und vernetzen galt. Kooperationen und Gestaltungsanliegen machen Organisationen damit zu einem Ort und Raum ständiger Entwicklungen und Veränderungen und bedienen sich, wie in den ersten beiden Kapiteln ausgeführt, interdisziplinärer Theorie- und Methodenverständnissen, um komplexen Anforderungen gerecht werden zu können. Vor einigen Dekaden hat die Organisation einen weiteren Handlungsmodus für sich mit wachsendem Interesse entdeckt, den der Beratung.

Organisationsberatung speist sich aus verschiedenen Disziplinbereichen. Beratung ist einerseits eine *professionelle Beratung des Klienten*, des Patienten oder Mandanten, und obliegt Ärzten, Psychologen und Anwälten. Aber auch Organisationen beraten Gruppen, Abteilungen, Führungskräfte, auch Teams z. B. bei Fragen von Konflikten und unscharfen Aufträgen in Change-Projekten, allgemein Kundenaufträgen und auch Experten in interdisziplinär verteilt arbeitenden Netzwerken internationaler Projekten. Beratung in und durch Organisationen beinhaltet, dass Mitglieder Beratung (von innen sowie von außen) in Anspruch nehmen können oder sie bieten anderen Teilsystemen Beratungen an (Personalabteilung bietet Beratung für die Entwicklung des Personals in einer neu gegründeten IT-Abteilung an). Organisationen bieten auch anderen Organisationen Beratung an (z. B. das Fraunhofer Institut als wissenschaftsbezogene Beratung oder Beratungsunternehmen als kommerzielle Berater). Klientenberatung und technische Beratung wechseln in diesen vielfachen Optionen möglicher Beratungen zwischen Geber oder Empfänger ihre Positionen und können parallel jeweils andere Beratungstätigkeiten durchführen. Das zeigt auf, dass die einzelnen Abteilungen, sprich Systeme des Gesamtsystems Organisation immer mehr untereinander kooperieren, sich vernetzen oder genereller gesagt, sich in ihren Aufgabenstellungen direkt aufeinander beziehen und austauschen. Es gibt noch einen weiteren disziplinären Hintergrund für das Beratungsgeschäft: Das der strategischen politischen Beratung von Organisationen (Weber 1980), die in die Managementberatung Einfluss nimmt. Alle diese Tätigkeiten sind wie Projekte uneingeschränkt ausschließlich temporäre Aktionen. Im Folgenden wird dieser spezielle Handlungsmodus in den beiden abschließenden Kapiteln des Buches aufbereitet.

6.3 Temporalität der Organisationsberatung

Ansätze der Organisationsberatung bilden einen speziellen Aspekt von sozialem Wandel in Organisationen ab. *Organisationsberatung* nimmt den in ▶ Kap. 4 und 5 benannten temporären Charakter von Prozessorganisationen auf und strukturiert diesen durch kommunikative Interaktionen. Jeder Handelnde, Berater wie Klient, befindet sich temporär in einer ergebnisoffenen und damit in einer riskanten Situation (König und Volmer 2008; Elbe und Saam 2008; Petersen 2011; Schwarz et al. 2014), die von interaktiven Interventionen gesteuert wird. Innerhalb von Prozess- und Projektorganisation stehen für temporäre Aktionen materielle sowie immaterielle Interventionen einschließlich Interaktionsregeln für die Steuerung zur Disposition. Gestaltungsvorhaben greifen für die in Aussicht genommenen Veränderungen direkt innerhalb des eigenen Bereichs ein oder beanspruchen, von außen mit Hilfe von Interventionsstrategien Gestaltungsoptionen durchzusetzen. Demgegenüber zielt nun Organisationsberatung darauf, über temporäre interaktive Eingriffe das System zu befähigen, aufgrund angepasster Handlungsrationalität und Kultur eigenständig und dauerhaft erfolgreich zu sein.

Interaktion und Kommunikation sind als Gestaltungselemente von Organisationsprozessen nicht mehr wegzudenken und: sie sind das zentrale Instrument der Organisationsberatung. Organisationsberatung umfasst als Interaktionsintervention nicht nur strukturelle organisatorische Aspekte, sie betrifft insbesondere auch die weichen Faktoren, die an die Mitglieder der Organisation als Individuen gebunden sind. Organisationsberatung ist also generell in Organisationsstrukturen anzutreffen, als Beratung technischer und administrativer Strukturen wie auch als personale Beratung. Das heißt, soll Wertschöpfung durch Veränderungen von Organisationen und ihren Systemen erzielt werden, zielt das auf das Verhalten der Mitglieder ab, und damit tritt Organisationsberatung auch individuell in Form von Coaching und Führungsprozessen in Gruppen auf (u. a. in Form von Moderation und Mediation). Besondere Bedeutung hat hierbei das Konfliktmanagement, um Störungen im Ablauf von Organisationsprozessen durch Beratung zu überwinden, womit Lösungen nicht durch Eliminierung nicht handhabbarer Elemente gesucht werden, sondern durch Transformationen gegebener Strukturen (Saam 2007; König und Volmer 2008; Schein 2000; Dewe 1996; Kathan und Letmathe 2010).

> Die Beratung von Organisationen ist ein besonderer *Beitrag zur Temporalität*: Das Verhältnis der einzelnen Aspekte (Funktionalität, Instrumentalität, Institutionalität) wird hinterfragt und es wird ein Vorschlag zur Neujustierung gemacht. Dabei ist Beratung selbst temporär.

Dies soll ein Beitrag zur Ungewissheitsbewältigung durch Ressourcenaktivierung, vielfach aber auch Ressourcenneuverteilung sein und dies geht nicht immer ohne Konflikte. Organisationsberatung ist immer auch mikropolitisches Handeln und wird auch als solches von den Organisationsmitgliedern und sonstigen Betroffenen wahrgenommen. Trotzdem dient die Beratung der Stärkung der Ambiguitätstoleranz und hilft bei der Überarbeitung ineffizienter und starrer Planungs- und Kontrollprozesse sowie dysfunktionaler Differenzen zwischen formaler und informeller Struktur. Ein Aspekt der Temporalität ist dabei: Nicht alle Unterschiede zwischen formaler und informeller Struktur sind dysfunktional! Eben das rechtfertigt die Mikropolitik in der Organisation und stellt eine zentrale Herausforderung für die Beratung von organisationalem Wandel dar.

6.4 Organisationaler Wandel

Organisationaler Wandel ist in Verbindung mit der betriebswirtschaftlichen Perspektive des Managements zu sehen: Der „Klient" Management und die technischen Systeme sind Gegenstand von Beratung. Hier drückt sich die Tendenz zur zunehmenden Komplexität aus, der Organisationen unterworfen sind, was dazu führt, dass sich die Probleme nicht mehr durch standardisierte Gestaltungsoptionen bearbeiten lassen. Handeln bedarf zunehmend des Ver-Handelns zwischen verschiedenen Perspektiven, die z. B. innerhalb von organisationalen Leitbildern auftreten, um Entwicklungen zu ermöglichen, bzw. ein Dissens über Interventionen besteht. Ver-Handeln wird zu einer Grundlage des konstanten Wandels von Organisationen, die sich im Verhältnis zu ihren Umwelten sehen, also von Umwelten abhängig sind und ihre Zielsetzungen in Rückkopplungen mit ihrem gesellschaftlichen Umfeld fortlaufenden Revisionen unterziehen (müssen). Die Notwendigkeit organisationalen Wandels ergibt sich aus der multidimensionalen Gebundenheit an eine dynamische Umwelt (Beschaffungs-, Absatz- und Kapitalmarkt) und auch der Mitglieder als Bürger und Konsumenten der Märkte. Generell ist das Erklärungsschema sozialen Wandels (▶ Abb. 2.5 in ▶ Kap. 1) zu hinterlegen, es müssen dabei Annahmen getroffen werden, wie spezifische Maßnahmen auf die Organisationskultur und auf das Handeln der Organisationsmitglieder wirken werden.

Auch die *Leitsätze und Zielsetzungen* der Organisation bedürfen der ständigen Revision und Wandlung innerhalb von gesellschaftspolitischen Veränderungen. Es ist nun nicht so, dass alle Organisationen und Unternehmen einem ständigen Wandel unterworfen sind, Kirchen und Verwaltungen sind davon nicht so betroffen wie Unternehmen. Viele strukturelle Veränderungen sind zudem nicht beabsichtigt, sie finden zufällig statt oder bleiben oft längere Zeit unbemerkt. Oft ist zu beobachten, dass gegenüber Handlungsweisen des ungeplanten, eigendynamischen Verhaltens von Organisationen passiv-abwartendes Verhalten auftritt, häufig mit dem Ziel, die durch situative Einflüsse gestörten Gleichgewichtszustände durch Abwarten wieder in ihren Ursprungszustand herzustellen. Demgegenüber umfasst der geplante Wandel alle absichtlichen, gesteuerten, organisierten und kontrollierten Anstrengungen zur antizipativen und zielgerichteten Organisationsgestaltung mit dem Ziel der Effektivitäts- und Effizienzsteigerung, sofern es sich um Absatzmärkte handelt. So können Behörden durch Wandel eine Bürgeraufklärung und -beteiligung anstreben. Handelt es sich um Veränderungen durch Prozessbegleitung erfolgt ein Wandel erster Ordnung (gradual change), dann erfolgt dieser evolutionär durch eine inkrementelle Modifikation der Arbeitsweise, z. B. Geschäftsprozesse ohne Veränderung des vorherrschenden Bezugsrahmens oder des dominanten Interpretationsschemas (vgl. hierzu die Ausführungen zum KVP in ▶ Kap. 4.6). Bei einem Wandel zweiter Ordnung (radical change), erfolgt dagegen ein transformativer Wandel als eine einschneidende, paradigmatische Veränderung der Arbeitsweise einer Organisation insgesamt mit einer Änderung des Bezugsrahmens. Ein organisatorischer Wandel ist vor allem von qualitativer Natur und entspricht einem Paradigmenwechsel (Vahs 2012). Er umfasst letztendlich die gesamte Organisation mit allen ihren Ebenen, ohne dass dieses von Vorherein beabsichtigt war und erfolgt eher diskontinuierlich und disruptiv, auf Nachfrage und Bedarf eines Erneuerungswillen von Organisationssystemen. Das geschieht nicht automatisch regelmäßig und stetig (Reinhardt 2014). Objekte und Formen des Wandels können verschiedene Objekte sein, z. B. harte Erfolgsfaktoren (Organisationsstrukturen) wie auch weiche Erfolgsfaktoren (Werte, Regeln, Denkmuster, aber auch Fähigkeiten und Kompetenzen der Mitglieder). In erster Linie erfasst der organisationale Wandel (als Wandel 1. Ordnung):

- die Restrukturierung von Strukturen, Prozessen, Systemen und Ressourcen,
- die Reorientierung der Organisationsstrategie.

Hier sind Gestaltungsaktivitäten für Prozessveränderungen angesprochen, die die Interaktion Mensch und Maschine betreffen. In zweiter Linie erfasst der organisationale Wandel (als Wandel 2. Ordnung) die Revitalisierung von Fähigkeiten und Verhalten sowie die Remodellierung von Werten und Überzeugungen (Vahs 2012; Reinhardt 2014). Der Aktionsmodus der Interaktion kommt hier als Beratung personaler Systeme zum Zuge, bei der die Aufmerksamkeit auf die denkenden und handelnden Personen einer Organisation gerichtet ist, die das Verhalten einer Organisation bestimmen. König und Volmer (2008) beschreiben ausführlich, was auf der Beratungsebene für interaktive Interventionen zum Tragen kommen:

- Veränderung von sozialen Regeln und Regelkreisen,
- Veränderungen in Bezug auf die Systemumwelt sowie
- Veränderungen hinsichtlich der Entwicklungsrichtig und Entwicklungsgeschwindigkeit.

Grundlegend ist wohl anzumerken, dass Organisationen dem Druck ausgesetzt sind, *Innovationen* zu provozieren (Vahs 2012; Kühl 2011; Howaldt und Schwarz 2011; v. Garrel 2012; Reinhardt 2014), wodurch regelmäßig die Variationen bestehender und geltender Regeln verändert werden – genauer gesagt: Innovationen entstehen durch die Verletzung und Überschreitung bisher bestehender Regeln. Das provoziert vielfach Widerstand, und aufgrund der Zuschreibung von nicht hintergehbarer Rationalität der organisationalen Regeln drückt sich innerhalb von Abstimmungen dieser Regeln untereinander Widerstand gegen Wandel aus. Dieser Widerstand wird meist in sachlichen, regelimmanenten Begründungen ausgedrückt (z. B. Kosten der Innovation seien zu hoch, technische Abstimmungsschwierigkeiten bei der Implementierung, Zunahme der Arbeitsbelastung bestimmter Mitarbeitergruppen, allgemeine Koordinations- und Entscheidungsfragen zwischen verschiedenen Abteilungen, bzw. Spannungen zwischen Projekt und Linienabteilung, wie in ▶ Abschn. 5.5. ausgeführt). Hintergrund ist dabei nicht selten die Unsicherheit der betroffenen Mitarbeiter gegenüber veränderten Verhaltensanforderungen, die neue Lösungen für effizientere Entwicklungen und Verfahren zwischen Mensch und Maschine einfordern, d. h. der organisatorische Wandel erfordert die Entwicklung der Gesamtheit technischer, administrativer und sozialer Regeln. Erkennt man dieses als Grundlage und damit Indikator für den organisationalen Wandel an, wird deutlich, dass die Veränderung von Organisationen eine Angelegenheit ist, die sowohl die strategische Ausrichtung als auch die Zielsetzungen für die Auftragserfüllung der Mitglieder zum einen betrifft. Zum anderen betrifft es die gelebte Kultur in der Bearbeitung aller Technologien mit ihren Regelwerken (Vahs 2012). Alles was nicht in Prozess- und/oder Projektstrukturen erfasst ist, wozu u. a. das gesamte Wissen einschließlich der Erfahrungen von Individuen sowie das Wissen innerhalb von Organisationsprozessen gehören, kann Gegenstand von Organisationsberatung und eine Herausforderung für das Lernen von Organisationen werden. Somit ist Kandidat und Gegenstand für Organisationsberatung der komplexe Prozess des organisatorischen Wandels in seiner vielschichtigen gesehenen und nichtsichtbaren Problematik. Eingeschlossen in diese komplexen Prozesse sind z. B. Produkt- und Marktstrategien, oder auch Fragen der Gestaltung der Führungsaufgaben sowie auch Fragen der Motivation, bzw. Erwartungen der Organisationsmitglieder an Veränderungen oder Hoffnungen auf Beibehaltung des Bestehenden.

Insbesondere infolge der *Wissensintensivierung* in Produktentwicklungen, der Globalisierung allgemein und weiterer sozialer Innovationen fließen in Organisationsprozesse immaterielle Produktionsfaktoren ein, die über Interaktionen der Mitglieder Entfaltung erfahren. Innerhalb wissensintensiver Produktentwicklung werden diese immateriellen Faktoren in einer empirischen Studie als Weiterbildung, Teamarbeit, Komplexität und Problemlöseorientierung sowie umfangreiches Fachwissen identifiziert, die allesamt auf Interaktionen und einem eigenständigen Interaktionssystem basieren. Oft wird der organisatorische Wandel auch ausgelöst durch Fragen, warum die in Organisationen vorhandenen Wissensressourcen nur eingeschränkt genutzt werden können, also die Mitglieder auf bestimmten Funktionsstellen ihr Wissen nicht situativ einbringen können (z. B. Einschränkungen durch Delegationsrechte). In diesem Zusammenhang existieren in Organisationen offensichtlich Barrieren, die einen systematischen Umgang mit Wissen behindern (Schmidt 2013; Moldaschl und Stehr 2010). Das löst Folgefragen aus, wie beispielsweise die, welche Rahmenbedingungen geschaffen werden können, um in Prozessstrukturen den Umgang mit Wissen nachhaltiger zu fördern (Peters et al. 2010). Um die Grenzen im Umgang mit Wissen transparent zu machen, sind diese näher zu betrachten. Drei Barriereformen sind hierzu untersucht worden:

- Strukturelle Barrieren entstehen aus Dysfunktionalität, die sich durch Aufgaben- und Kompetenzverteilung unter den Mitgliedern (Anwesenheit, Zuständigkeit) in einer Organisation ergibt. Durch die arbeitsteilige Verteilung der Aufgaben geht der ganzheitliche Bezug verloren,
- Prozedurale Barrieren ergeben sich aus geltenden Regeln und Richtlinien der Prozessgestaltung, die den bereichs- und prozessübergreifenden Wissenstransfer innerhalb von Auftragserfüllung behindern. Dies kann dazu führen, dass das Wissen, welches zur Lösung von Problemen in der Organisation vorhanden ist, durch die geltenden Regeln in der Arbeitsteilung nicht angewendet wird,
- Politische Barrieren ergeben sich aus den in Organisationen vorhandenen politischen Zielsetzungen. Handlungen der einzelnen Organisationsmitglieder sind nicht nur durch funktionale, sondern auch durch persönliche Interessen geprägt (Mikropolitik). Dies kann dazu führen, dass Wissen als taktisches Instrument eingesetzt wird, um in der Organisation an Einfluss und Macht zu gewinnen (Staiger 2008).

Organisationaler Wandel und Organisationsberatung treffen folglich dann aufeinander, wenn Organisationen vor Entscheidungen stehen, für die ein „Weiter so" nicht mehr reichen und Alternativen zwischen „entweder-so-oder-so-Lösungen" keinen gewünschten Ausgang erzielen würden. Lösungen sollten „sowohl-das eine-als-auch-das-andere" beinhalten. Komplexität und Ungewissheit in Lösungen von Gestaltungsinitiativen in Beratungsansätzen aufzufangen, sind die Überlegungen, d. h. in diese Lücke zu gehen und zu versuchen, temporär dezentral und interaktiv hier Strategien anzubieten. Ein situativer Interventionseingriff wäre z. B., Leitbilder für die Prozessbearbeitung lebendig werden zu lassen, oder die Organisationskultur in ihrer vertikalen Verankerung in Funktionen zu flexibilisieren, die Intensivierung der Vernetzung mit anderen Organisationen etc. Das kommt dort dezentral zum Tragen, wenn neue Anforderungen keine Entsprechungen in den kulturellen Leitbildern bieten, die den Mitgliedern mehr Spielräume als angemessene Antworten auf Forderungen des Marktes und der Kunden (z. B. mit selbstbewussten Gesprächspartnern) einräumen. Gleichermaßen werden aber mehr Zielvereinbarungen aus temporären Projektorganisationen immer differenzierter, vielfältiger und diffiziler – den Wandel durch einen neuen ergänzenden Modus durch Beratung in Anspruch zu nehmen ist unumgänglich. Die neuen Herausforderungen liegen nunmehr ausschließlich in der Bearbeitung sozialer Strukturen und erfordern Instrumentarien für die interaktiven Kommunikationsprozesse, die die Grundformen der Kommunikation als Informieren überschreiten. Das Verstehen und Ver-Handeln ist zu sichern, d. h. Formen des Wandels zweiter Ordnung sind das wachsende Feld der Organisationsberatung, damit Weiterentwicklungen möglich werden.

Zur Unterstützung des organisationalen Wandels durch Organisationsberatung lassen sich *drei grundsätzliche theoretische Zugänge* unterscheiden: Organisationsentwicklung, klassische und systemische Organisationsberatung (Elbe und Saam 2008). Hierbei erscheint es sinnvoll,

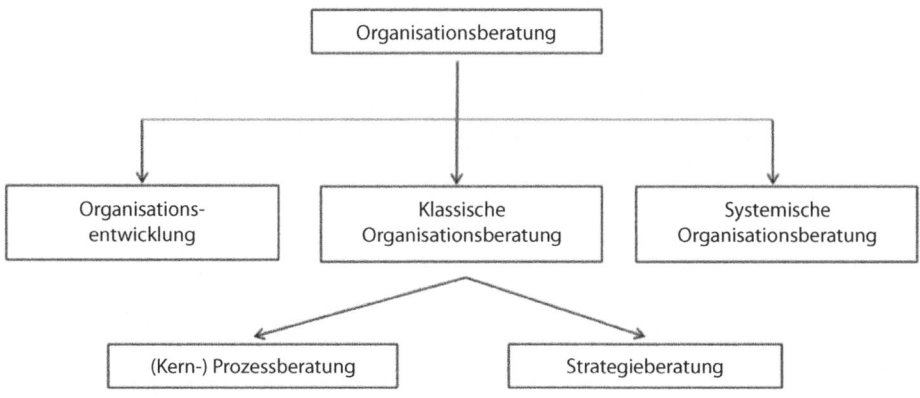

● Abb. 6.1 Formen der Organisationsberatung

die klassische Organisationsberatung nochmal nach (Kern-) Prozessberatung und Strategieberatung zu unterscheiden (● Abb. 6.1).

Die drei Formen stellen Idealtypen dar, an der sich das Beratungsvorgehen und auch die Schwerpunkte der Beratung orientieren. Hierdurch bekommen die Perspektiven der Temporalität für den organisationalen Wandel unterschiedliche Bedeutung. Dies soll im Folgenden für die drei Formen genauer analysiert werden, beginnend mit der klassischen Organisationsberatung und den entsprechenden weiteren Differenzierungen.

6.5 Klassische Organisationsberatung

Bei allen Formen gesellschaftlichen und organisatorischen Wandels war die Beratung von Organisationen und ihren Mitgliedern lange nicht im Interesse von Interventionsstrategien. Erst Untersuchungen, beispielsweise die genannten Barriere Untersuchungen, trugen maßgeblich zur Entwicklung von Organisationsberatung bei, bezogen auf technische Regelungen und der zunehmenden Einbindung eines Wissensaustausches statt Wissensbarrieren zu dulden. (Peters und Dengler 2010). Unabhängig von einer organisationalen Beratung von Unternehmen gibt es eine parallele Entwicklung von psychologischen Beratungsdiensten als individuelle Beratung (Management, mittlere Führungskräfte, etc.) für die Interaktionsordnungen entwickelt wurden, um Mitglieder der Organisation in Krisensituationen aufzufangen. Das sind psychologische Einzel-Beratungstätigkeiten, die vorwiegend die Beratung von Eltern, Lehrern, Kranken, in Rehabilitationsprozessen Stehenden betreffen und einen individuellen Fokus haben. Innerhalb dieser Form von Beratung vollzieht diese sich zunächst immer auf das individuelle Klientel, das professionell beraten wird, wobei die Person in ihrer Persönlichkeit im Fokus von Entwicklungen steht. Dahinter stehen klassische Professionalisierungsstrategien (Pfadenhauer 2003; Schwarz et al. 2014) mit Interaktionsordnungen zwischen Berater – Klient, die organisationsunabhängig sind. Aber da dieses immer mehr als Kompetenzmanagement verstanden wird, werden die Übergänge zur technischen- organisatorischen Interventionen offensichtlich (Reinhard 2014).

Weil der organisatorische Wandel die Entwicklung der *Gesamtheit technischer und sozialer Regeln* erfordert, hat (Organisations-) Beratung die Tendenz verstetigt zu werden, was sich in den vielen Unterschiedlichen Rats-Bezeichnungen in Administration und Politik zeigt (Staatsrat,

Ministerialrat etc., vgl. bereits Weber 1980). Organisationsberatung stellt ein multi- und transdisziplinäres Forschungs- und Praxisfeld dar. Sie verweist auf verschiedene Fachdiskurse, die in diesem Rahmen nicht vollständig nachgezeichnet werden können. Innerhalb bestimmter Theorien/Konzepte werden Aspekte aus anderen Bezugswissenschaften aufgegriffen und übernommen und innerhalb von Organisationsberatung in Unternehmen adaptiert und modelliert (Peters und v. Garrel 2013a). Da zunächst der organisatorische Wandel in Form von Gestaltung und Entwicklung technisch-administrativer Regeln eingriff, sind alle Schemata und Prozessinterventionen von der Regelung technisch-ökonomischer Probleme in Beratungssituationen ausgegangen, in die sukzessiv die Regelung sozialer Faktoren hinein diffundierte.[1]

> Die Wurzeln der klassischen Organisationsberatung finden sich in der technisch-administrativen Effizienzsteigerung im 19. Jahrhundert (Elbe 2001), die einerseits in der Landwirtschaft und andererseits in der Industrie ihre Schwerpunkte hatte und auf dieser Grundlage Kostensenkung, Prozessoptimierung und Standardisierungspotenziale zu realisieren sucht. Eine weitere Grundlage liefert militärisch-strategisches Denken, das sich hierzu als besonders anschlussfähig erwies: in beiden Fällen werden anzustrebende Ziele vorgegeben.

In der Beraterliteratur lassen sich zahlreiche Modelle zu Phasenschemata finden, die für den Beratungsprozess aus der Perspektive geplanter Abfolge orientierter Innovationsschritte entwickelt worden sind. Diese Perspektiven sind der entscheidungslogische Ansatz (Strasser 1993), der sachlogische Ansatz (Lippitt und Lippitt 1984) und die chronologische Perspektive. Diese Perspektivenbetrachtung haben z. B. Elbe und Saam (2008) gewählt und haben sie in einem Schema gefasst, als sachlogisch-chronologischer Ansatz mit klassischen idealtypischen Teilphasen wie Startphase, Diagnose (Ist-Situation), Handlungsplanung, Durchführung und Abschluss. Die Parallelen zu Prozess- und Projektstrukturen sind augenfällig, und können Gültigkeit für Formen des Wandels erster Ordnung beanspruchen, aber auch für Formen des Wandels zweiter Ordnung. Um die Beratungssituation und das Beratungsverständnis selbst in den Gegenstand technischer Struktur wie auch in die Interaktionsstrukturen einbeziehen und bearbeiten zu können, wählen die Autoren folgende idealtypische Kriterien:

- *Startphase:* Kontaktaufnahme, Akquisition mit einem Optimierungsversprechen.
- *Diagnose:* Erkenntnisanspruch der Problemdiagnose auf der Basis von Tatsachenfeststellung (Erhebung des IST-Zustandes), die Datenerhebung erfolgt durch den Berater, das sind die Ansatzpunkte für die Problemanalyse des Beraters, der erhobene IST-Zustand wird in Differenz zum angestrebten SOLL-Zustand dargestellt als Bekanntgabe der Problemdiagnose, Problembewertung durch den Berater erfolgt auf der Grundlage der Problemdiagnose und Methodik.
- *Handlungsplanung:* Erstellen des Handlungsplans aus der Differenz zwischen SOLL- und IST-Zustand, Anwendung standardisierter Methoden, Gegenstand ist die schrittweise Optimierung von technischen und ablauforganisatorischen Prozessen als Beitrag des Beraters zur Problemlösung, es erfolgt eine Ergebnispräsentation.
- *Durchführung:* Aufgrund des Handlungs-/Projektplans werden neue Verfahren schrittweise durch die Beteiligung des Beraters eingeführt, Umgang mit Widerstand ist in der Regel gegeben, Schulungen werden vom Berater angeboten, ablauforganisatorische Veränderungen werden vorgenommen, technische und administrative Verfahren überarbeitet oder ersetzt, Dokumentation neuer Verfahrensbeschreibungen.

---

[1] Die Entwicklungen der alternativen Projektmanagementmethoden sind hier ein offensichtliches Beispiel für diese Formen.

– *Abschluss:* Akzeptanz der Verfahrensbeschreibung der überarbeiteten Prozesse beendet den Beratungsvertrag, Optimierungsprozesse sind jetzt messbar, das gilt als Abschlusskriterium des Beratungsprojekts (Elbe und Saam 2008).

Darüber hinaus ist das Verhältnis des Beraters zum Klienten und zu Mitgliedern der Klientenorganisation zu klären: das Selbstverständnis des Beraters und sein Klientenverständnis, Verhältnis zum Auftraggeber als Neutralitätsverständnis, die Rolle der Mitarbeiter der Klientenorganisation etc.

Der *sachlogisch-chronologische* Ansatz ist auch in der Kernprozessberatung,[2] d. h. der klassischen Organisationsberatung, anwendbar (▶ vgl. Abb. 7.1 im Kap. 7) und betrifft wirtschafts- und ingenieurwissenschaftliche Bemühungen um die Steigerung technisch-ökonomischer Effizienz, genau genommen die Entwicklung einer Rationalisierung von Arbeits- und Prozessabläufen. Die Ursprünge liegen, wie es für andere Bereiche gilt, in der Verbreitung von Arbeitsmethoden durch Taylor (1913), auf deren Grundlage viele Ausdifferenzierungen innerhalb von Organisationen zum Ingenieurwesen erfolgt sind. Elbe und Saam (2008) beobachten innerhalb dieser Entwicklungslinien Grundannahmen für Prozessberatungen: die Betonung von kausalen Wirkungszusammenhängen, die Annahme der Dominanz von Zweckrationalität und der Möglichkeit der Optimierung von Problemlösungen, die Überzeugung, dass sich Problemlösungen standardisieren und in Rationalisierungsmaßnahmen umsetzen lassen. Gegenstand der Beratung sind technische und administrative Abläufe. Grundsätzlich lässt sich zwischen technikorientierter und betriebswirtschaftlicher Prozessberatung unterscheiden. Eine Sonderstellung nimmt dabei das Qualitätsmanagement ein, das auf ingenieurwissenschaftlicher Basis allgemeine Managementprinzipien formuliert und mit Einführung der ISO 9000, DIN 2000, dem Ansatz liegt die Prozessorientierung explizit zugrunde. Diese Entwicklungen unterliegen auch modischen Trends, die insbesondere von Beratungsunternehmen verbreitet werden (Kieser 1996). Die Kernprozessberatung legt ihren Fokus auf der Gestaltung der Kernprozesse des Kunden. Es geht in erster Linie um Modellierungen und Optimierungen (z. B. im Business Process Reengineering; Peters und v. Garrel 2013b). Innerhalb dieser Ansätze betrifft es Durchlaufzeitoptimierungen, spezifische Programme zur Qualitätssicherung, KVP etc. (Stürzl 1996). Der dominante Grundgedanke ist die Radikalität, ablauforganisatorische Fragen ins Zentrum der Betrachtung zu stellen (Picot et al. 2012) und klassischen Organisationsansätze über funktionsorientierten Aufbaustrukturen ‚eine Absage' zu erteilen. Die sachlich-interne Logik des Arbeitsprozesses steht im Zentrum der Interventionen und dies kann Folgen haben. Hier ist beispielhaft an Situationen gedacht wie folgende:

Durch die Verkürzung von Produktentstehungsprozessen können einzelne Abteilungen in der Organisation immer später erst ihre Anforderungen an Prozessgestaltungen spezifizieren. Daraus resultiert oft, dass danach geschaltete Planungsprozesse mit zum Teil widersprechenden Informationen durchgeführt werden müssen. Es wird eine Parallelisierung von Planungs- und Realisierungsphasen erforderlich, und die unsichereren Planungsgrundlagen bewirken eine erhöhte Anzahl an Planungsänderungen und damit Störungen im Prozess der Leistungserbringung. Im fortgeschrittenen Projektverlauf führt das zu Änderungen mit Nacharbeit und entsprechenden Kooperations- und Koordinationsprozessen mit überproportional hohem Mehraufwand

---

2 Der Begriff der Kernprozessberatung darf nicht mit dem von Schein (2000) verwendeten Begriff der Prozessberatung im Sinne der Organisationsentwicklung (vgl. den folgenden Abschnitt) verwechselt werden, der auf den prozessualen Charakter von Beratung als helfender Beziehung abhebt.

(Schenk und Schlick 2009). Hier sind Mehrbelastungen auf der personalen Seite zu erwarten, die wiederum Gegenstand von Kernprozessberatungen sein können.

Nicht in Vergessenheit geraten ist der Gedanke, dass die *strategische Beratung* ihre Ursprünge in der Politikberatung für eine Grundlage der Machtstellung der Amtsträger (Weber 1980) hat. Der Gedanke ist darin aufgehoben, dass strategische Beratung auf die Rahmenbedingungen für Entscheidungsregeln in Organisationen unter Berücksichtigung von Umwelteinflüssen Bezug nimmt. Kennzeichnend für strategische Beratung sind das Feststellen von Umweltbedingungen (z. B. in Marktanalysen) und deren angenommene Entwicklung (z. B. Szenario Modellen) als Rahmenbedingungen von Strategieentwicklung, die normative Festlegung langfristiger Ziele und deren Herleitung aus Leitbildern, Visionen, der Unternehmenskultur oder der Philosophie einer Organisation speisen. Weitere Aspekte sind das Bearbeiten von hierarchisch gestuften Zweck-Mittel-Relationen (Strategie) für die gesamte Organisation oder selbstständig handelnde Organisationsteilen zur Erreichung der angestrebten Ziele, es kann auch ein langfristiger Zeithorizont für eine strategische Planung sein, der zu mittel- und kurzfristigen Maßnahmen bei der Strategieimplementierung führt. In der Strategieberatung werden vielfach standardisierte Konzepte und Instrumente angewandt:

- Beratung einzelner Personen im organisationalen Kontext, Beratung von Teams oder komplexen Organisationen,
- Unterstützung bei der Entwicklung neuer Lösungen, ohne dem oder den Klienten die Entscheidung abzunehmen,
- bei der Lösung von Problemen den Blick auf das soziale System handelnder Personen lenken.

Beratung erstreckt sich bei allen Nuancen auf die drei Felder Personenberatung als Expertenberatung, Organisationsberatungsprozess, wechselseitige Beeinflussung beider innerhalb verschiedener Phasen.

6.6 Organisationsentwicklung

Organisationsentwicklung bietet viele Möglichkeiten, Veränderungen umzusetzen. Genau genommen ist nicht die Entwicklung das Besondere, sondern die „Nichtentwicklung". Gleichwohl hat *Organisationsentwicklung* darauf zu achten, die Probleme dort zu belassen, wohin sie gehören. Das gilt insbesondere für Organisationsberatung, sie erfolgt dort vor Ort, wo eine technische, administrative wie auch persönliche Betroffenheit die Basis und das Engagement für Veränderungen schafft bzw. Widerstandspotenzial erkennbar wird. Grundlagen für den konstanten Wandel in Form von diversen Herausforderungen liegen in dem Verhältnis von Organisationen und Umwelt. Organisationen wohnt die Tendenz inne, sich institutionell unabhängig von ihrer Umwelt verhalten zu wollen, d. h. sich entsprechend entwickeln zu wollen. In der sich immer schneller wandelnden Welt der Organisationen und Unternehmen stehen Führungskräfte und Berater tagtäglich vor der Aufgabe, ihre Mitarbeiter und die von ihnen gestalteten Abläufe an veränderte Ziele und Rahmenbedingungen anzupassen und weiterzuentwickeln. Dies verlangt eine genaue Kenntnis der konzeptuellen Hintergründe von Veränderung sowie das Beherrschen von Werkzeugen, welche für Veränderungen geeignet sind und ob mit ihnen eine Weiterentwicklung ermöglicht wird. Folgende Begriffe sind mit betrieblichen Wandlungsprozessen verbunden:

- der geplante Wandel mit gezielter Herbeiführung eines konkreten Wandlungsprozesses,
- der ganzheitliche Ansatz mit dem Ziel, das gesamte System einem Wandel zu unterziehen,

6.6 · Organisationsentwicklung

- die Anwendung sozialwissenschaftlicher Theorien, die Wandlungsprozesse auf Wirkungszusammenhänge durch sozialwissenschaftliche Theorien stützen,
- Struktur und Verhalten, die in Programmen auf Veränderungen von Verhalten wie auch der Organisationsstruktur abzielen,
- Intervention durch Spezialisten, die die Wandlungsprozesse steuern (Führungskräfte/ Berater).

Diese Beratungsprinzipien sind innerhalb der grundlegenden Prinzipien für Organisationsentwicklung inhärent eingebunden. Innerhalb der Organisationsberatung ist die soziale Dimension die Basis qualitativer Interventionsstrategien. Von Interesse sind die Begründungen der Verstärkung einer Beratertätigkeit des Ver-Handeln-Können als Basis von Organisationsberatung (Petersen 2011). Denn wenn die Entwicklungen zu zunehmenden Dienstleistungserbringungen zu beobachten sind, steigern sich die Modelle zur Organisationsentwicklung, indem bisherige technische und organisatorische Gestaltungsfelder aus der Perspektive ihrer Leistungserbringung für den Kunden des Klienten zu modellieren sind. Dies bedingt, dass der Kunde nicht mehr nur über die Leistung des Produktes informiert wird, er muss vielmehr die Leistung des Produktes verstehen und über die Leistung des Produktes mit anderen kommunizieren können. Erst dann kann die Leistung des Produktes in einen Nutzen transferiert werden. Die Nutzerperspektive der Klient erfordert genau genommen, dass bei diesen Gestaltungsprozessen immer mehr personenbezogene Aspekte zu berücksichtigen sind, um die Wünsche der Klienten zu erfassen. Um also Nutzungen und Optimierungsprozesse besser aufeinander zu beziehen, sind Prozessberatungen als Einzelfalllösungen innerhalb von Organisationsentwicklung gefragt, d. h., Organisationsberatung ist Teil von Organisationsentwicklung (Schenk und Schlick 2009). Dabei hat sich ein Schema für einen erfolgreichen Wandlungsprozess durchgesetzt, das auf Lewins Drei-Phasen-Modell zurückzuführen ist (Lewin 1982), wobei innerhalb dieses Schemas entscheidend ist, dass alle betroffenen Organisationsmitglieder einzubeziehen sind.

Das *Drei-Phasen-Modell* (Lewin 1982), als Ausdruck der Handlungsorientierung der Lewin'schen Feldtheorie, stellt den Kern der prozess- und mitarbeiterorientierten Beratungsformen dar, die heute unter der Bezeichnung Organisationsentwicklung subsumiert werden:

- *Auftauen* umschreibt den Prozess der Schaffung von Veränderungsbereitschaft,
- *Verändern* zu wollen ist nicht hinreichend, um Veränderung umzusetzen, notwendig ist die Hinzuziehung externer Berater und die Beteiligung der Betroffenen,
- *Stabilisieren* erfolgt, nachdem die traditionelle Sichtweisen aufgebrochen und verändert wurden.

In diesen drei Phasen sind (nach Schreyögg 2000) drei Prinzipien zu realisieren:
- Lösungen für lokale Probleme werden entwickelt,
- eine Experimentierphase ist zu integrieren und
- positive Resultate bekräftigen die Bildung neuer Strukturen.

Innerhalb der klassischen Organisationsberatung ist das Schema der sachlogisch-chronologischen Organisationsberatung nach Elbe und Saam (2008) vorgestellt worden, das, beispielhaft auch hier auf der Basis des klassischen Grundmodells der Organisationsentwicklung von Lewin (1968, 1982) adaptiert werden kann. Dann sieht das Schema des entwickelten Idealtyps folgendermaßen aus:
- *Startphase:* Die Klientenorganisation will einen andauernden Entwicklungsprozess initiieren und sucht einen Berater, der den Prozess anstoßen und begleiten soll. Dabei stehen ein Erhebungs- und Feedbackzyklus zur Steigerung der organisationalen Effizienz und die Verpflichtung der Unternehmensführung im Vordergrund, dieses Vorhaben zu unterstützen.

- *Diagnose:* Die Betroffenen werden zu Beteiligten im Problemlöseprozess gemacht; der Berater initiiert einen Problemlöseprozess, indem technische, administrative sowie soziale Probleme angesprochen werden. Ziel ist die Bewusstmachung von Problemen und dem damit verbundenen Veränderungspotenzial (Metapher des „Auftauens" der Organisation) (► Kap. 3). Probleme werden systematisch gesammelt und analysiert. Dabei können quantitative wie qualitative Verfahren der empirischen Sozialforschung eingesetzt werden; die Problemanalyse kann mehrere Zyklen von Datenerhebung und -Feedback umfassen.
- *Handlungsplanung:* Mit der Erarbeitung von Lösungsvorschlägen und Handlungsalternativen geht die Phase des Auftauens in die der Veränderung über (Change-Prozess, Moving-Prozess), gleichwohl ist ein Wiederaufgreifen der Problemanalyse möglich; in gruppendynamischen Prozessen wird durch die Beteiligten ein Handlungsplan entwickelt, der von diesen mitgetragen wird; auf der Basis wird ein Aktionsplan beschlossen, Verantwortungen werden festgelegt, womit Engagement und Bildung erzeugt werden; die Ergebnispräsentation wird durch die Beteiligten vorgenommen und vom Berater moderiert.
- *Durchführung:* Die Implementierungsphase ist der Change-Prozess und von der Planung nicht zu trennen; es wird darauf geachtet, dass die Umsetzung im selben Rahmen erfolgt wie die Problemanalyse und die Handlungsplanung; der Berater leistet Hilfestellung und trainiert Sozialverhalten; gleichzeitig hilft er, die Umsetzungsbemühungen so zu hinterfragen, dass eine sozialverträgliche Integration neuer Verfahren gewährleistet wird; Widerstand innerhalb dieser Phase erscheint produktiv, da er Veränderungspotenziale aufzeigt.
- *Abschluss:* Der Beratungsprozess endet mit der Re-Institutionalisierung (Wiedereinfrieren der Organisation); es endet der vereinbarte Beratungsabschnitt, der Organisationsentwicklungsprozess bleibt Anspruch in Form des andauernden sozialen Wandels; der Berater zieht sich aus der Organisation zurück (Elbe und Saam 2008).

Zur Organisationsentwicklung gehören verschiedene Methoden; die *Prozessberatung* ist eine unter anderen und ist eher als Prozessbegleitung zu verstehen. Auch Steinmann und Schreyögg (2005 unter Berufung auf Schein 1984) betonen, dass die Prozessberatung keine Gestaltungsvorgaben macht. Prozessberatung als Interventionsform soll dem „Klienten" helfen, Ereignisse und Probleme in seinem Umfeld besser wahrzunehmen und zu verstehen, sodass Handlungen ergriffen werden können, die die Situation verbessern. Klienten soll kein vorfabriziertes Ideal verkauft werden, sondern sie sollen befähigt werden, nach unvoreingenommener Analyse die zweckmäßige Lösung selbst zu finden. Die Interventionen der Prozessberatung stellen nicht auf das Ergebnis, sondern auf den Prozess ab und unterscheiden sich damit von den in ► Kap. 4 und 5 beschriebenen Gestaltungsansätzen. Der Schwerpunkt dieser Art von Prozesshilfe liegt dementsprechend auf Aspekten wie Konfrontation mit neuen Perspektiven, Öffnung von Kommunikationsblockaden, Aufdecken von destruktiven „Spielen" zwischen Gruppen etc. (ebd.; Altmann und Böhle 2010; Kraus et al. 2006). In Ansätzen wie Change-Management (Schreyögg 2000; Kraus et al. 2006) oder zur Organisationskultur von Schein wird das in verschiedenen Modellen[3] umgesetzt. Dabei wird von der Annahme ausgegangen, dass informelle Beziehungen möglicherweise mit Organisationsproblemen verbunden sind. Insofern stellt sich die Frage, ob und wie die

---

3 Zu nennen ist beispielsweise auch der Survey-Feedback-Ansatz, auch Rückkopplungsansatz genannt, da die Konzentration auf die Zusammenstellung der organisationsweiten Informationssammlung für eine neue Ausrichtung der Ergebnisse als zentral gesehen wird (Vahs 2012).

informellen Aspekte beeinflusst werden können, eben durch die Gestaltung der Organisationskultur, womit gemeint ist, Organisationskultur stellt die Gesamtheit der Leistungen innerhalb der Organisation dar, die die Grundannahmen, Werte, Einstellungen, Rituale, Umgangsformen ausmachen und oft als „Stil des Hauses" umschrieben werden. Denn diese Faktoren prägen das Denken, Entscheiden und Handeln. Sie vermitteln Sinn und Richtung und lenken die Gestaltungskraft eines sozialen Systems auf gemeinsame Ziele. Aspekte von Organisations- und Unternehmenskultur betreffen ein kollektives Phänomen, das kollektiv nicht bearbeitbar ist. Die Sichtbarkeit kultureller Phänomene ist nach Schein (1984) auf drei Ebenen möglich:

- Die oberste Ebene der Artefakte ist in Symbolen und Zeichen (artifacts and creations) leicht beobachtbar,
- Die mittlere Ebene der Normen und Werte (espoused values) ist nur teilweise beobachtbar und größtenteils unbewusst,
- Die untere Ebene sammelt Grundannahmen (basis assumptions), die unbewusst und unsichtbar sind und aus dem Grund schwer zu identifizieren.

Leitbilder sind ein Lösungsversuch, die Mitglieder der Organisation auf einen Weg mitzunehmen, des Weiteren, eine Antwort auf die Grundfrage der Organisation (Sollen wir kooperieren?) zu geben. Entscheidend ist der starke Gegenwartsbezug, z. B. in der Frage: Wie wollen wir unsere Ziele erreichen und Entwicklungen einleiten? Positive Effekte, die von Leitbildern und der Organisierung des organisationalen Wandels angestrebt werden, sind eine verstärkte Koordinierungswirkung, hohe Motivation und Loyalität, Stabilität und Zuverlässigkeit, rasche Entscheidungsfindung, effiziente Kommunikation sowie eine antizipatorische Problemlösung. Wichtig ist die Intervention als Lernhilfe für Einzelne und Gruppen (Schein 2000; Vahs 2012). Lässt sich dieses nicht organisieren, also durch Organisationsprozesse umsetzen, ist die Weiterentwicklung der Organisation auf Lösungen über Wege der Organisationsberatung angewiesen. Beratungsspezialisten können helfen, Prozessentwicklungen zu befördern, aber es soll abschließend noch betont werden, dass der eigentliche Wandel von denen vorangebracht werden muss, die die Konsequenzen zu tragen haben. Die Prozessentwicklung ist keine Spezialistensache. Prozessberatung erhöht die Wahrnehmung und das Bewusstsein und damit die Kommunikationsmöglichkeiten vor dem Hintergrund des Grundsatzes, keiner verfügt über alle Kompetenzen in seiner Person. Prozessberatung kann in der Zusammenarbeit und Anwendung von diversen Strategien hilfreich sein, indem sie zur Handlungssicherheit beiträgt. Prozessberatung als Teil von Organisationsentwicklung kann auch weitere Ebenen umfassen, sodass abschließend auf folgende Einteilungen verwiesen wird:

- Forschung und Praxis durch Beratung verbinden (Organisationsberatung durch Expertisewissen als Wissensvermittlung, wobei zentral ist, dass neues Wissen in Diskursarenen entstehen soll),
- situationsadäquate Interventionen (diese können auch Mediation umfassen wie auch Prozesse der Wissensaneignung begleiten),
- Personalentwicklungsmaßnahmen (Coaching und Kompetenzentwicklung, die an eine Prozessberatung anschließen).

Deutlich wird aus diesen Darstellungen, das mit Hilfe des Handlungsmodus Beratung absolut Weiterentwicklungspotenziale, -verfahren und -ziele auf der Verhaltensebene der einzelnen Organisationsmitglieder zur Disposition stehen, ihre *Veränderungsdynamik* ist abhängig von dynamischen Entwicklungen der Organisation. Die Veränderungsdynamik greift in Bezug auf:

- Die Schaffung individueller Handlungsspielräume,
- Entfaltung intrinsischer Motivationswirkungen und Entwicklung von Erwartungsstrukturen,

- Förderung der Absorption und des Transfer von Wissen,
- Förderung der Fähigkeit zur Umsetzung von Änderungen.

Beratungsangebote haben so gesehen zwei Seiten: den Systemaspekt der Beratung von Strukturen und den Verhaltensaspekt. Beide sind offensichtlich gleichermaßen auf Interventionen durch Kommunikation angewiesen, um diese zu beeinflussen und verändern zu können. Wie Elbe und Saam (2008) zeigen, ist Organisationsentwicklung als ein Ansatz der Organisationsberatung dabei zwar ein theoretischer Gegenentwurf zu den ökonomisch-technischen Ansätzen der (klassischen) Organisationsberatung, aber alle theoretischen Ansätze der Organisationsberatung müssen sich in der Praxis bewähren, und das bedeutet, den Ansprüchen der Auftraggeber zumindest so weit zu entsprechen, dass die Beratungsaufträge erteilt werden. Auch die Organisationsentwicklung kann sich dementsprechend nicht auf die „reine Lehre" zurückziehen, sondern muss den Anforderungen der Praxis ebenso gerecht werden wie den Entwicklungen der theoretischen und empirischen Organisationsforschung.

6.7 Systemische Beratung

Systemische Organisationsberatung und systemisches Management sind organisationstheoretische Ansätze, die sich selbst befragen, wie sie als soziale Systeme funktionieren, also Selbstreflexivität zum Gegenstand ihrer Wahrnehmung machen. Dabei ist neben der Hierarchiefrage (Weber 1980) die der Mitgliedschaft zentral, denn über die Mitglieder bekommt die Organisation wichtige Informationen über das Verständnis des Zweckes ihrer Organisation und wie Informationen für die Umsetzung des Zweckes dieser Informationen auf dem Weg durch die Organisation immer wieder geändert und modifiziert werden (Luhmann 2000; Kühl 2011). Jede Stelle, durch die die Information läuft, ergänzt, verändert oder kürzt, so dass die Information, die an der Spitze der Organisation ankommt, häufig wenig mit der ursprünglichen Information zu tun hat (umgangssprachlich: Stille Post). So erscheint es nicht als Überraschung, das die Spitze der Organisation eher einen vagen Eindruck davon hat, was im Umfeld ihrer Organisation geschieht. Eine wichtige Voraussetzung für die Verwirklichung des Zweckes der Organisation ist die Auswahl der richtigen Mitglieder (Personalselektion) für bestimmte arbeitsteilig verteilte Aufgaben, damit die Organisation ihre Zwecke und Ziele aufrechterhalten, bzw. diese optimieren kann. Die einzelnen (Teil-) Systeme haben ein Interesse, so zu bleiben, wie mit Beginn ihres Auftrags „aufgestellt", d. h., sie haben ein Interesse an der Produktivität von Konformität und Kontinuität. Das entspricht nicht unbedingt den Zielen der Gesamtorganisation, und wenn folglich Einheiten der Organisation nicht deutlich machen können, worin ihr Beitrag zur Erreichung des Gesamtziels besteht, kann diese Einheit aufgelöst oder Organisationsberatung angewandt werden. Beratung kann die zweckrationale Perspektive übernehmen, Informationen zu sammeln, um mit entsprechenden Mitteln die Erreichung des Oberzieles gegen das Verhalten der einzelnen Einheiten der Organisation durchzusetzen und mit Hilfe von Kommunikation z. B. die stille Post zu durchbrechen. Ihr Mittel ist ausschließlich die Kommunikation aller relevanten Einheiten, auch z. B. in neuen Gewändern.

Die *Systemische Organisationsberatung* bearbeitet insbesondere soziale Prozesse, in denen der Umgang mit Paradoxien und die Bedeutung für die Erklärung von Störungen eine herausragende Rolle spielen. Sie thematisiert die Vorkommnisse auf der Hinterbühne und die stillen-Post-Wege und beabsichtigt, die Bedeutungen hinter Handlungen zu sehen und zu verstehen. Die Systemische Beratung geht davon aus, dass eine Organisation im Laufe der Zeit eigenständige Handlungs- und Reaktionsweisen aufbaut, die sich neben der offiziellen

Organisationsstruktur zu einem inoffiziellen Muster von Regeln verdichten. Es sind folglich neben den formellen Regeln die informelle Regeln, die das implizite Wissen betreffen, Gegenstand der Kommunikation (König und Volmer 2008), das nur für dieses System gilt und dieses System bestimmt. Für einen Organisationsberatungsprozess sind folglich alle informalen Strukturen einzubeziehen, die Hinterbühne wird für die Organisationsberatung geöffnet, das Wechselspiel zwischen Vorder- und Hinterbühne ist freigegeben für Interventionen. Der systemische Grundgedanke besagt, dass es sich bei einem System immer um eine Menge von Elementen handelt, die auf irgendeine Weise miteinander in Beziehung stehen, bzw. es besteht ein ganzheitlicher Zusammenhang von Teilen, deren Beziehungen untereinander quantitativ intensiver und qualitativ produktiver sind als ihre Beziehungen zu anderen Elementen (▶ vgl. Kap. 2). Die Beziehung zwischen den einzelnen Elementen ist hierbei als eine Verbindung zu verstehen, die das Verhalten der einzelnen Elemente und des gesamten Systems potenziell beeinflussen kann (▶ Kap. 5). Ein System kann sowohl Bestandteil eines größeren, systemumfassenden Systems (Supersystems) sein als auch gleichzeitig wiederum mehrere Systeme (Subsysteme) beinhalten, die miteinander in Beziehung stehen (Willke 1987). Ziel der systemischen Organisationsberatung ist, der Zersplitterung von Wissen und Wissensformen entgegentreten zu können und über die Bearbeitung aller Kommunikationswege Problemlösungen zu finden.

Diese Konzeption systemischer Beratung stützt sich auf sehr unterschiedliche theoretische Quellen, die vielfach außer dem Systembegriff kaum etwas gemeinsam haben. Wie Kühl (2015) sowie Elbe und Saam (2008) eindringlich darstellen, weichen Theorie und Praxis Systemischer Organisationsberatung von den Grundlagen der Neueren Systemtheorie im Anschluss an Luhmann (1994; 2000) deutlich ab und ignorieren dabei, dass hier Inkonsistenzen erzeugt werden, die selbst eine *systematische* Organisationsberatung kaum mehr möglich erscheinen lassen, geschweige dann eine theoretisch fundierte *systemische* Organisationberatung.[4]

Dabei ist anzuerkennen, dass jedes soziale System sich von dem anderen System (z. B. Abteilungen) und seiner formellen und informellen Kommunikation unterscheidet und nach eigenen Prinzipien funktioniert (Selbstreferenz). umschrieben ist. Das bedeutet, dass jedes Einzelsystem gesondert Gegenstand der Organisationsberatung ist. Dies umfasst jeweils:
- Festlegung des Beratungsziels,
- Klärung der IST-Situation (was als Ausgangssituation definiert wird),
- Sammlung von Lösungen zum Erreichen des Ziels (die Menge von Operationen, die zu einem Zielzustand führen können),
- Festlegung des Handlungsplanes, d. h. der konkreten Schritte zur Erreichung des Ziels (König und Volmer 2008).

Durch die Bearbeitung der einzelnen aufeinanderfolgenden Phasen wird angestrebt, bestehende formelle und informelle Regelkreise aufzubrechen, die zu Störungen, Paradoxien und damit letztlich zu manifestem oder auch latentem Widerstand führen. Das betrifft universelle Regeln innerhalb einer Organisation (auch die Familie ist eine Organisation) wie auch implizite, persönliche Regeln, die die Kommunikation in Organisationen bestimmen (König und Vollmer 2008). Diesen Ansätzen liegt ein humanistisches Menschenbild (Neuberger 1991) zugrunde, alle technischen und administrativen Elemente sind nicht die „Subjekte" der Beratungssituation, wie in vorherigen Prozessorganisationsmodellen üblich. Kommunikation als modus operandi der Organisation wird zum zentralen Gegenstand systemischer Organisationsberatung.

---

4 Zum Verhältnis von Systemtheorie und Organisationstheorie vgl. auch ▶ Kap. 2.

Auch hier scheinen die Grenzen der praktischen Umsetzbarkeit einer reinen (System-) Lehre auf: Systemische Berater sehen sich in der Praxis mit äußerst praktischen Problem, die an Menschen, Strukturen, Prozessen und häufig einfach an ökonomischen Zwängen angelagert sind, konfrontiert. Sie haben nun die Möglichkeit als systemisch informierte Berater die jeweilige Problemkonstellation in das Zentrum ihrer Interventionen zu stellen (und dafür Abstriche an der Theoriekonformität der Ausgestaltung des Berater-Klienten-Systems hinnehmen zu müssen) – dies entspricht einer Perspektive offener Systeme – oder einer Theorie der geschlossenen, autopoietischen Systeme (zuletzt Luhmann 2000) konsequent zu folgen: Dann kann der Berater die beratene Organisation aufgrund der Autopoiese nur irritieren, nicht aber gezielt intervenieren. Wie Elbe und Saam (2008) deutlich machen, ist die *reine Form systemischer Beratung* im Luhmann'schen Sinne in der Praxis kaum anzutreffen und dem versucht auch die Theorie zunehmen wieder gerecht zu werden. Unter dem Eindruck der Trivialisierung der Systemtheorie in der (Beratungs-) Praxis, wird zunehmend auch die Radikalität autopoietischer Modellierung im Rahmen der Organisationstheorie infrage gestellt (z. B. Kühl 2011; 2015).

6.8 Konvergenz oder weitere Ausdifferenzierungen?

Im Rahmen der Organisationsberatung ist nicht mehr nur die ökonomische Effizienz von Organisationen im Fokus, vielmehr werden die Zieldualität von Humanisierung der Arbeit und die organisationale Effizienz gleichermaßen betont (Becker und Langosch 1995) und das bedeutet: Einbeziehung der Mitarbeiter. Das Ziel ist, Betroffene zu Beteiligten zur Förderung von Partizipation zu machen, so erstreckt sich neuere systemische Organisationsentwicklung auch auf Personalentwicklung, die in den zurückliegend beschriebenen Ansätzen von Organisationsentwicklung und -beratung kaum Gegenstand war und unter Weiterbildungsanforderungen verortet wurde. Insbesondere in der Organisationsentwicklung, der Diagnose (IST-Zustand), gilt: Werden in diese die Mitarbeiter nicht konsequent partizipativ eingebunden, kann der Organisationsberatungsprozess nicht erfolgreich enden (Schiersmann und Thiel 2011). Das zeigt einen Gegensatz zu bisherigen Modellen auf, in denen der Arbeitsprozess und seine Effizienz zentral im Blickpunkt der Interventionsstrategien standen.

Innovationen werden zunehmend gesehen als die Ermöglichung der Innovationsfähigkeiten – enabling innovation – (Jeschke et al. 2011) und dann ist es konsequent, wenn die Mitglieder der Organisation sowie die Kommunikationsstrukturen die Arenen von Organisationsentwicklung, Personalentwicklung sowie Organisationsberatung beherrschen. Lösungswege werden in einem differenzierten Umgang mit Ungewissheit gesucht, um daraus neues Potential zu schöpfen (Jeschke et al. 2013). So hat sich in den letzten Jahren die Organisationsaufstellung als ein neues Modell der Organisationsberatung entwickelt, im Rückgriff auf die systemische Familienaufstellung des Klienten unter professioneller Anleitung. Organisationsaufstellungen (Rosselet und Senoner 2010; Rosselet 2012) sind der Versuch, Entscheidungsfindungen nicht von einer Fülle von Informationen und Material abhängig zu machen, vielmehr geht es in Aufstellungen um intuitive Entscheidungsfindungen. Der „Klient" Mitglieder der Organisation kann für seinen Arbeitsbereich, sein Projekt, das Problem stellvertretend aufstellen sowie hintereinander alle die Mitglieder, die involviert sind. Große Mengen an Informationen stehen sichtbar im Raum, eine hohe Komplexität wird für alle spürbar und die Instabilität der momentanen Aufstellung wird sinnfällig. Damit arbeiten zu wollen, ist das Ziel, jedes einzelne Mitglied bekommt den sozialen Raum, sich zu verorten und sich über die Sinnfälligkeit der aktuellen Aufstellung äußern zu dürfen. Es wird die informelle Irritation in der Aufstellung genutzt, um vielfältigen Informationen offenzulegen, so dass eine Problembearbeitung und neue Lernoptionen (auch Persönlichkeitsentwicklung über Weiterbildung) auf dieser Grundlage erfolgen können.

Abschließend kann zusammengefasst werden: Organisationen und ihre spezifischen Entwicklungslinien haben vielfältige Differenzmodelle hervorgebracht. Aus unterschiedlichen historischen wie disziplinären Strömungen sind technische, organisationale wie Klienten spezifische Modelle entwickelt worden mit dem gemeinsamen Merkmal, das die Mikrostruktur in Organisationen Entwicklungspotenziale in sich birgt, die durch Beratung in Veränderungen transformiert werden sollen. Komplexität sowie Ungewissheit bedürfen der Einbindung sozialer Prozesse in die Beratung, denn darin liegen gegenwärtig zentrale Potenziale an Innovationen und Kreativität. Neuere Lösungsweisen, wie beschrieben, wenden sich anderen Theoriesträngen und Methoden zu, um zu integrierten Lösungswegen zu gelangen. Der Mythos der Komplexitätsbeherrschung durch Risikoselektion und Beherrschung einzelner Problemkomplexe ist nicht mehr ungebrochen tragfähig. Partizipationsprozessen in Organisationsentwicklungen Raum zu geben, ist das, was den gegenwärtigen state- of-the-art ausmacht. Es ist infolgedessen wohl nur eine Frage der Zeit, dass Kooperationen mit sozialwissenschaftlicher Partizipationsforschung (z. B. Dienel 2009; Dienel et al. 2014) Koalitionen eingeht und sich auch in Technikdomänen durchsetzt, dass Organisationen die Richtungen und Grenzen ihrer Zweckentwicklungen für Lösungswege öffnen, die Grenzen der Steuerbarkeit und Beherrschbarkeit deutlicher thematisieren und sich damit für interdisziplinäre Kontexte öffnen. Das würde bedeuten, Lösungen mit partizipativen Verfahren finden zu wollen, die die wissensintensiven vernetzten Arbeitsteilungen und Potentiale und Kompetenzen der jeweiligen Akteure in Wirkung und Nutzen der Organisationszwecke einzubinden. Diese Entwicklungen zu unterstützen wird eine der zentralen Aufgaben der Organisationsberatung der Zukunft sein.

Dies kann so pauschal gesagt werden, da sich in der Praxis ein Phänomen zeigt, welche dem Theorie-Praxis-Zusammenhang der Organisationberatung eine besondere Qualität verleiht. So wichtig die Theoriekonstruktionen, die wir hier besprochen haben, für eine grundsätzliche Orientierung und auch für instrumentelle Entwicklungen und weiteren Innovationen sein mögen, für die Praxis haben sie nur Idealtyp-Charakter (Elbe und Saam 2008). In der Praxis der Organisationsberatung wird Hilfestellung zur Lösung spezifischer Probleme gefordert und genau das wird auch durch die Berater geboten. Hierzu bedienen sie die Berater aller Couleur (Klassische Berater, Organisationsentwickler, Systemische Berater) einer Methoden- und Inhaltsmischung, die mehr oder minder stark vom jeweiligen Idealtyp abweicht, ihm aber nie zu 100% entspricht – eben darin zeigt sich letztlich auch empirische Kraft des Idealtyps (nach Weber 1980). Es lässt sich für die Praxis somit eine *Konvergenzthese* ableiten: Im praktischen Handeln nutzen Berater Aspekte aller drei Ansätze der Organisationsberatung. (Elbe und Saam 2008). Und: In der Praxis der Organisationsberatung kommt dem Verstehen als Erkenntnisform der Temporalität besondere Bedeutung zu – hiermit beschäftigt sich das nächste Kapitel.

6.9 Fragen

1. Welche Bedeutung hat Beraten als dritter Handlungsmodus im Rahmen der Temporalitätsperspektive?
2. Was verstehen Sie unter Kernprozessberatung?
3. Skizzieren Sie das Phasenmodell nach Lewin (1982).
4. Welche Bedeutung hat Selbstorganisation für die systemische Beratung?
5. Was besagt die Konvergenzthese der Organisationsberatung?

Literatur

Altmann N, Böhle F (Hrsg) (2010) Nach dem „Kurzen Traum". Neue Orientierungen in der Arbeitsforschung. Edition Sigma, Berlin

Becker, Langosch I (1995) Produktivität und Menschlichkeit. Organisationsentwicklung und ihre Anwendung in der Praxis, 4. Aufl. Enke, Stuttgart

Dewe B (1996) Beratende Rekonstruktion. Zu einer Theorie unmittelbarer Kommunikation zwischen Soziologen und Praktikern. In: v. Alemann H, Vogel A (Hrsg) Soziologische Beratung. Praxisfelder und Perspektiven. IX. Tagung für angewandte Soziologie. Leske + Budrich, Opladen, S 38–55

Dienel H-L (2009) Public participation procedures in Germany: An Overview. In: Liu P, Traub-Merz S (Hrsg) Public participation in Local Decision-Making: China and Germany. Shanghai Academy of Social Sciences Press, Shanghai, S 139–154

Dienel H-L, Vergne A, Franzl K, Fuhrmann R, Lietzmann H (Hrsg) (2014) Die Qualität von Bürgerbeteiligungsverfahren. Evaluation und Sicherung von Standards am Beispiel von Planungszellen und Bürgergutachten. Oecom, München

Elbe M (2001) Organisationsberatung: Kritik und Perspektiven aus soziologisch-verstehender Sicht. In: Wüthrich H, Winter W, Philipp A (Hrsg) Grenzen des ökonomischen Denkens. Auf den Spuren einer dominanten Logik. Gabler, Wiesbaden, S 551–580

Elbe M, Saam N (2008) „Mönche aus Wien, bitte lüftets eure Geheimnisse." Über die Abweichung der Beratungspraxis von den Idealtypen der Organisationsberatung. Gruppendynamik und Organisationsberatung. Zeitschrift für angewandte Sozialpsychologie 3(2008):326–350

Howaldt J, Schwarz M (2011) Soziale Innovation – Gesellschaftliche Herausforderung und zukünftige Forschungsfelder. In: Jeschke S, Isenhardt I, Hees F, Trantow S (Hrsg) Enabling Innovation. Innovationsfähigkeit – deutsche und internationale Perspektiven, Berlin: Springer, S 217–238

Jeschke S, Hees F, Richert A (Hrsg) (2013) Innovationsfähigkeit und neue Wege des Wissenstransfers. Springer, Berlin

Jeschke S, Isenhardt I, Hees F, Trantow S (Hrsg) (2011) Enabling Innovation. Innovationsfähigkeit – Deutsche und internationale Perspektiven. Springer, Berlin

Kathan D, Letmathe P (Hrsg) (2010) Wertschöpfungsmanagement im Mittelstand. Gabler, Wiesbaden

Kieser A (1996) Moden & Mythen des Organisierens. Die Betriebswirtschaft 1:21–39

König E, Volmer G (2008) Handbuch Systemische Organisationsberatung. Dt. Studienverlag, Weinheim

Kraus G, Becker-Kolle C, Fischer T (2006) Handbuch change management. Cornelsen, Berlin

Kühl S (2011) Organisationen. Eine sehr kurze Einführung. VS Verlag, Wiesbaden

Kühl S (2015) Die fast unvermeidliche Trivialisierung der Systemtheorie in der Praxis. Von der Gefahr des systemischen Ansatzes sich in Beliebigkeit zu verlieren. Gruppendynamik und Organisationsberatung 03-04(2015):327–339

Lewin K (1968) Die Lösung sozialer Konflikte. Ausgewählte Abhandlungen über Gruppendynamik, 3. Aufl. Christian-Verlag, Bad Nauheim

Lewin K (1982) Feldtheorie. Huber, Bern

Lippitt G, Lippitt R (1984) Beratung als Prozess. Was Berater und ihre Klienten wissen sollten. Bratt-Inst. für Neues Lernen, Goch

Luhmann N (1994) Soziale Systeme: Grundriss einer allgemeinen Theorie, 5. Aufl. Suhrkamp, Frankfurt a. M

Luhmann N (2000) Organisation und Entscheidung. Westdeutscher Verlag, Opladen

Moldaschl M, Stehr N (Hrsg) (2010) Wissensökonomie und Innovation. Beiträge zur Ökonomie der Wissensgesellschaft. Metropolis, Marburg

Neuberger O (1991) Personalentwicklung. Enke, Stuttgart

Peters S (2011) Neue Formen von Projektorganisation und Projektmanagement. In: Jeschke S, Isenhardt I, Hees F, Trantow S (Hrsg) (2011) Enabling Innovation. Innovationsfähigkeit - deutsche und internationale Perspektiven. Springer, Berlin, S 53–64

Peters S, Dengler S (2010) Wissenspromotion als Element von Wissensarbeit. In: Moldaschl M, Stehr N (Hrsg) Wissensökonomie und Innovation. Beiträge zur Ökonomie der Wissensgesellschaft. Metropolis, Marburg, S 563–588

Peters S, Spengler T, Spilopoulou M (2010) Wissensmanagement kleiner und mittelständischer Unternehmen in Zeiten demografischen Wandels. In: Kathan D, Letmathe P (Hrsg) Wertschöpfungsmanagement im Mittelstand. Gabler, Wiesbaden, S 43–69

Peters S, v.Garrel J (2013a) Modellierung von Planungsprozessen. DISC, TU Kaiserslautern

Peters S, v.Garrel J (Hrsg) (2013b) Arbeits-Zeitsouveränität für Führungskräfte von Morgen. Hampp, München

Literatur

Petersen D (2011) Den Wandel verändern: Change-Management anders gesehen. Gabler, Wiesbaden

Pfadenhauer M (2003) Professionalität. Eine wissenssoziologische Rekonstruktion institutionalisierter Kompetenzdarstellungskompetenz. VS, Opladen

Picot A, Dietl H, Franck E, Fiedler M, Royer S (2012) Organisation. Theorie und Praxis aus ökonomischer Sicht. Stuttgart: Schäffer-Poeschel

Reinhardt K (2014) Organisationen zwischen Disruption und Kontinuität: Analysen und Erfolgsmodelle zur Verbesserung der Erneuerungsfähigkeit von Organisationen durch Kompetenzmanagement. Hampp, München

Rosselet C (2012) Andersherum zur Lösung: Die Organisationsaufstellung als Verfahren der intuitiven Entscheidungsfindung. Versus, Zürich

Rosselet C, Senoner G (2010) Management Macht Sinn: Organisationsaufstellungen in Managementkontexten. Carl-Auer, Heidelberg

Saam N (2007) Organisation und Beratung. Ein Lehrbuch zu Grundlagen und Theorien. Hamburg

Schein E (1984) Coming to a New Awareness of Organizational Culture. In: Sloan Management Review, 25:2, S 3–16

Schein E (2000) Prozessberatung für die Organisation der Zukunft. Edition Humanistische Psychologie, Köln

Schenk M, Schlick C (Hrsg) (2009) Industrielle Dienstleistungen und Internationalisierung. Gabler, Wiesbaden

Schiersmann C, Thiel H-U (2011) Organisationsentwicklung – Prinzipien und Strategien von Veränderungsprozessen. VS, Wiesbaden

Schmid H (2013) Barrieren im Wissenstransfer: Ursachen und deren Überwindung. Springer Gabler, Wiesbaden

Schreyögg G (Hrsg) (2000) Funktionswandel im Management. Wege jenseits der Ordnung. Duncker & Humblot, Berlin

Schwarz M, Ferchhoff W, Volbrecht R (Hrsg) (2014) Professionalität: Wissen – Kontext. Sozialwissenschaftliche Analysen und pädagogische Reflexionen zur Struktur bildenden und beratenden Handelns. Klinkardt, Bad Heilbrunn

Staiger M (2008) Wissensmanagement in kleinen und mittelständischen Unternehmen. Systematische Gestaltung einer wissensorientierten Organisationsstruktur und -kultur. Hampp, München

Strasser H (1993) Unternehmensberatung aus der Sicht des Kunden. Eine resultatorientierte Gestaltung der Beratungsbeziehung und des Beratungsprozesses. Diss. Univ. Zürich. Schulthess Polygraphischer Verlag, Zürich

Stürzl W (1996) Business Reengineering in der Praxis: Durch umfassende Veränderung im Unternehmen einen Spitzenplatz im Wettbewerb erreichen. Junfermann, Paderborn

Taylor F (1913) Die Grundsätze wissenschaftlicher Betriebsführung (The Principles of Scientific Management). Oldenbourg, München

v. Garrel J (2012) Wissen binden. Eine Analyse wissens- und innovationsorientierter (Kooperations-)Beziehungen im regionalen Kontext in Struktur und Handlung. Hampp, München

Vahs D (2012) Organisation. Ein Lehr- und Managementbuch. 8. Aufl. Stuttgart: Schäffer-Poeschel

Weber M (1980) Wirtschaft und Gesellschaft. Grundriß der verstehenden Soziologie, 5. Aufl. Mohr, Tübingen

Willke H (1987) Strategien zur Intervention in autonome Systeme. In: Baecker D, et al. (Hrsg) Theorie als Passion. Niklas Luhmann zum 60. Geburtstag. Frankfurt a. M.: Suhrkamp, S 333–361

Beratung II: Verstehende Beratung

7.1 Überblick – 142

7.2 Verstehen als Beratungsgrundlage – 142

7.3 Verstehensprozess und Beratungsprozess – 143

7.4 Verstehen sozialen Handelns von und in Organisationen – 146

7.5 Beratung mithilfe des Modells betrieblicher Sozialisation – 148

7.6 Beratungsprozess als Sozialisationsprozess? – 150

7.7 Konsequenz für den dritten Handlungsmodus – 152

7.8 Fragen – 153

Literatur – 153

© Springer-Verlag Berlin Heidelberg 2016
M. Elbe, S. Peters *Die temporäre Organisation*,
DOI 10.1007/978-3-662-49401-1_7

7.1 Überblick

> **Zusammenfassung**
> Beratung als dritter Handlungsmodus der temporären Organisationsperspektive bedient sich einer phänomenologischen Methodologie und damit wird das Verstehen im siebten Kapitel zur Beratungsgrundlage. Die Möglichkeit des Verstehens sozialen Handelns von und in Organisationen wird dargelegt und mithilfe des Modells betrieblicher Sozialisation auf den Beratungskontext bezogen. Auf dieser Grundlage stellt sich die Frage inwiefern der Beratungsprozess selbst als Sozialisationsprozess aufgefasst werden kann. Abschließend werden die Konsequenzen für den dritten Handlungsmodus erörtert.

7.2 Verstehen als Beratungsgrundlage

Obwohl Verstehen der Beratung immanent ist und einige Autoren Forderungen nach Beratungskonzepten, die dies berücksichtigen, aufstellen (Elbe 2001; Saam 2007), wird der konsequente wissenschaftstheoretische Bezug zum Verstehen vielfach gemieden. So benutzt Dewe (1996) beispielsweise den Begriff der „beratenden Rekonstruktion", Engel (1997) sieht Beratung als lebensweltbezogene Hermeneutik und entwirft eine „reflexive Beratungsarchitektur" (ähnlich auch verschiedene Ansätze in Kühl und Moldaschl 2010), Schnelle (2002) betont die Bedeutung des „Verständigungsprozesses". Minssen (1998) oder Willke (1987) dagegen verwenden den Verstehensbegriff explizit. Für die Organisationsberatung wurde *der verstehende Ansatz* aber insbesondere durch die Organisationskulturforschung fruchtbar gemacht (Franzpötter 1997; Kobi und Wüthrich 1986; Sackmann 2002), die großen Einfluss auf die neuere Organisationsentwicklung hatte. Das zugrunde liegende interpretative Erkenntnistheorie hat zum verstärkten Einsatz qualitativer Methoden in der Beratung geführt (Bentner und Beck 1997), doch bleibt auch hier das soziale Handeln weitgehend außen vor; Gegenstand der Beschäftigung sind Artefakte oder Narrationen und deren Sinnzuschreibungen. Speziell die häufig zur Anwendung kommenden hermeneutischen Methoden der Textinterpretation und die daraus folgende Entwicklung sozial bedeutsamer Kategorien finden ihre Grenzen als Konzepte verstehender Organisationsberatung in der Ermangelung soziologischer Theorie. Es fehlt der Frame, die spezifische Perspektive als Vorverständnis: Deutungskategorien werden hier im Verlauf des Beratungsprozesses erst entwickelt. Die Hermeneutik bleibt somit bloße Methode, da sie in der Beratung notwendigerweise den blinden Fleck der Organisation nur reproduzieren kann – außer sie bezieht zur Interpretation doch weitere theoretische Ansätze ein, bei denen es sich letztlich wieder um Idealtypen handeln muss. Auch hier zeigt sich also keine hinreichende Lösung für das grundsätzliche Problem der Notwendigkeit einer verstehenden Organisationsberatung.

Der Kern einer verstehenden Methodologie der Beratung findet sich in der Konstruktion systematischer Verstehensgrundlagen (vgl. Elbe 2001; Saam 2007) sowie in Typenbildungen im Sinne Webers (1980) und ist damit zutiefst handlungstheoretisch ausgerichtet. Wissenschaftliche *Sinndeutung* ist demnach in drei Formen möglich:

a. in der Erfassung des im Einzelfall Gemeinten,
b. in der Erarbeitung des näherungsweise (durchschnittlich) Gemeinten,
c. in der Konstruktion von Idealtypen.

Während die erste Kategorie auf empirische Fallstudien deutet, beinhaltet die zweite Kategorie einen Verallgemeinerungsprozess (beispielsweise in Form von Statistiken oder von Realtypen), der eine reale Entsprechung hat. Mit *Realtyp* ist hier eine soziale Gegebenheit gemeint, die in der Realität anzutreffen, also empirisch nachweisbar ist und erfassbare Gemeinsamkeiten (Sinnzusammenhänge) aufweist. Realtypen sind alltagsnahe Konstruktionen. Sie können nicht die gesamte Realität wiedergeben, wohl aber relevante Teile unter eine gemeinsame Kategorie subsumieren. Beispiel: Versicherungen gibt es. Die einzelnen Versicherungsgesellschaften unterscheiden sich zwar nach Namen, personeller Besetzung, Gesellschaftsform etc., und doch entsprechen sie alle dem Begriff Versicherungsgesellschaft. Hierbei handelt es sich um einen Realtyp, und wir wissen, was damit durchschnittlich oder näherungsweise gemeint ist.

Die dritte Kategorie hingegen bezeichnet den Versuch, die reine Idee sozialen oder ökonomischen Sinns zu konstruieren (*Idealtyp*) und Abweichungen hiervon als Grundlage verstehenden Erklärens zu interpretieren. Obwohl reale Gegebenheiten der Gegenwart oder Vergangenheit die Grundlage einer reinen Idee liefern, handelt es sich hierbei zuerst einmal um eine Art Gedankenspiel. Eine solche Konstruktion ist natürlich kein Selbstzweck, sie hat in sich schlüssig, also nachvollziehbar zu erfolgen und verfolgt das Minimalziel, eine reine Begrifflichkeit zu erzeugen (die so in der Realität keine Entsprechung findet). Es sei hier explizit darauf hingewiesen, dass „ideal" hier nicht „sein sollend", „wünschenswert" oder „optimal" heißt, sondern „rein", „in der klarsten Form gedacht". Idealtypen sind weder Wertungen noch Zukunftsentwürfe und auch nicht Realitätsbeschreibungen. Als reiner Begriff kann der Idealtyp in der Beratung zur Kategorisierung dienen, er hilft, Sinnzusammenhänge zu erfassen: Wenn es gelingt, die gedanklich-idealtypische Form bloß zu legen, kann nach den typischen Sinnzusammenhängen des Mitarbeiter- oder Führungshandelns in Organisationen gefragt werden, und es wird möglich, hiervon abweichendes Verhalten in der Realität in seiner kausalen und teleologischen Verursachung zu deuten, also verstehend zu erklären.

> Hier findet sich der Kern des Verstehens: das Vorverständnis, die eigene wertinterpretative Basis, offenzulegen – also das prozessuale Verstehen des Inhalts um den Frame (als Vorverständnis in Form eines Idealtyps) zu erweitern und dadurch das Vorwissen zum expliziten Punkt des Eintritts in den verstehenden Zirkel der Beratung zu machen. Für die Beratungspraxis (Fink und Knoblach 2003) zählt hier letztlich wiederum der Erfolg, der Ratsuchende muss von der Sinnhaftigkeit des Tuns überzeugt sein, und dies ist abhängig von der kommunikativen Kompetenz des Beraters.

7.3 Verstehensprozess und Beratungsprozess

Die beiden Anforderungen an den Berater, sowohl eine Verstehens- als auch eine Beratungsleistung zu erbringen, also eine mehrfache Kompetenz im einheitlichen Prozess zu zeigen, haben für die Organisationsberatung grundlegenden Charakter. Die *Verstehensleistung* durch den Berater ist in der Rekonstruktion des Empfindens eines Mangels beim Ratsuchenden angelegt. Die Folge dieses Mangelempfindens löst als soziale Handlung prinzipiell den Beratungsprozess aus. Doch will der Ratsuchende nicht nur verstanden werden, er will auch Handlungsempfehlungen erhalten. Hier zeigt sich also eine teleologische Begründung in der Nachfrage nach Beratung: Der Ratsuchende erwartet *Hilfestellung*, um den Erfolg sozialen Handelns in der Organisation zu vergrößern (z. B. gleichbleibende Leistungserbringung bei geringeren Kosten).

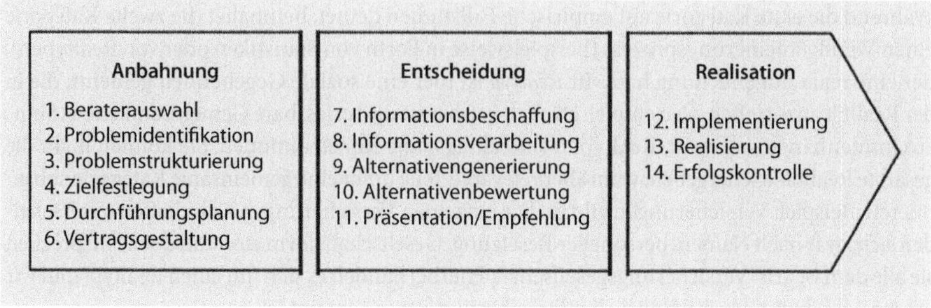

Anbahnung	Entscheidung	Realisation
1. Beraterauswahl 2. Problemidentifikation 3. Problemstrukturierung 4. Zielfestlegung 5. Durchführungsplanung 6. Vertragsgestaltung	7. Informationsbeschaffung 8. Informationsverarbeitung 9. Alternativengenerierung 10. Alternativenbewertung 11. Präsentation/Empfehlung	12. Implementierung 13. Realisierung 14. Erfolgskontrolle

Abb. 7.1 Sachlogisch-chronologisches Prozessmodell

Als weiteres teleologisches Motiv wird vielfach ein verdeckt interessengeleitetes Handeln des Auftraggebers vermutet: Es wird nicht eigentlich der Rat des Beraters gesucht, vielmehr wird er zur Legitimation bereits getroffener Entscheidungen instrumentalisiert (Meyer und Rowan 1977). Diese Form der Interessenwahrung lässt sich als zielgerichtetes, strategisches Handeln im Rahmen der Rollenausgestaltung durch den Auftraggeber deuten. Für den Berater ist es Teil der Ausgestaltung seiner Beraterrolle, strategisches Handeln dieser Art in Bezug auf organisationale Idealtypen als Abweichung zu verstehen und in sein Beratungshandeln einzubeziehen.

In dieses Spannungsfeld tritt der Berater ein, die Interaktionen zwischen Ratsuchendem und Berater können (idealtypisch) in Phasenmodelle gefasst werden, die sich anhand der gewählten Perspektiven unterscheiden, z. B. der Perspektiven der Entscheidungslogik, der Sachlogik oder der zeitlichen Logik. **Abb. 7.1** verdichtet die letzten beiden Perspektiven zu einem Prozessmodell (in Anschluss an Weiershäuser 1996).

Dieses Modell, dem eine explizit ökonomische Perspektive zugrunde liegt, erfüllt in mehrfacher Hinsicht idealtypische Funktion: Zum einen wurde eine spezifische Perspektive gewählt (die sachlogisch-chronologische), zum anderen sind in der Realität die Einzelelemente nicht so getrennt wie im Modell; auch kommen in einem realen Beratungsprozess nicht alle Einzelelemente zwangsläufig vor, es kann sogar eine ganze Phase entfallen (z. B. die Realisationsphase; der Beratungsprozess endet dann mit der Handlungsempfehlung). Verstehensleistungen sind im Beratungsprozess in jedem der Einzelschritte vorhanden, formale Positionen hierzu können aber unterschiedlich sein:
1. Verstehen kann vollständig negiert werden, indem man eine nicht verstehende wissenschaftstheoretische Grundposition wählt (dies muss nicht explizit geschehen).
2. Es kann partiell negiert werden, indem man die Notwendigkeit des Verstehens für einzelne Schritte im Prozess anerkennt (z. B. bei der Problemdefinition), bei anderen Schritten (z. B. der Alternativengenerierung) aber ausschließt.
3. Es können verschiedene Zugänge zum Verstehen gewählt werden (konstruktivistisch, phänomenologisch, hermeneutisch, empathisch etc.), die dann Konsequenzen für die Verstehens- und Prozessauffassung des Beraters haben und gegebenenfalls zu methodischer Einengung führen.
4. Die Verstehensauffassung kann umfassend sein, dann bezieht sie sich auf den gesamten Prozess, expliziert die wissenschaftstheoretische Position, lässt methodische Vielfalt zu, deckt Idealtypen auf und arbeitet mit ihnen.

Während das Modell von Weiershäuser (**Abb. 7.1**) die Verstehensproblematik nicht thematisiert, bezieht sich das *Prozessmodell verstehender Organisationsberatung* auf die konsequente Ausrichtung des Prozesses am Verstehen und liegt sozusagen „quer" zum sachlogisch-chronologischen

7.3 · Verstehensprozess und Beratungsprozess

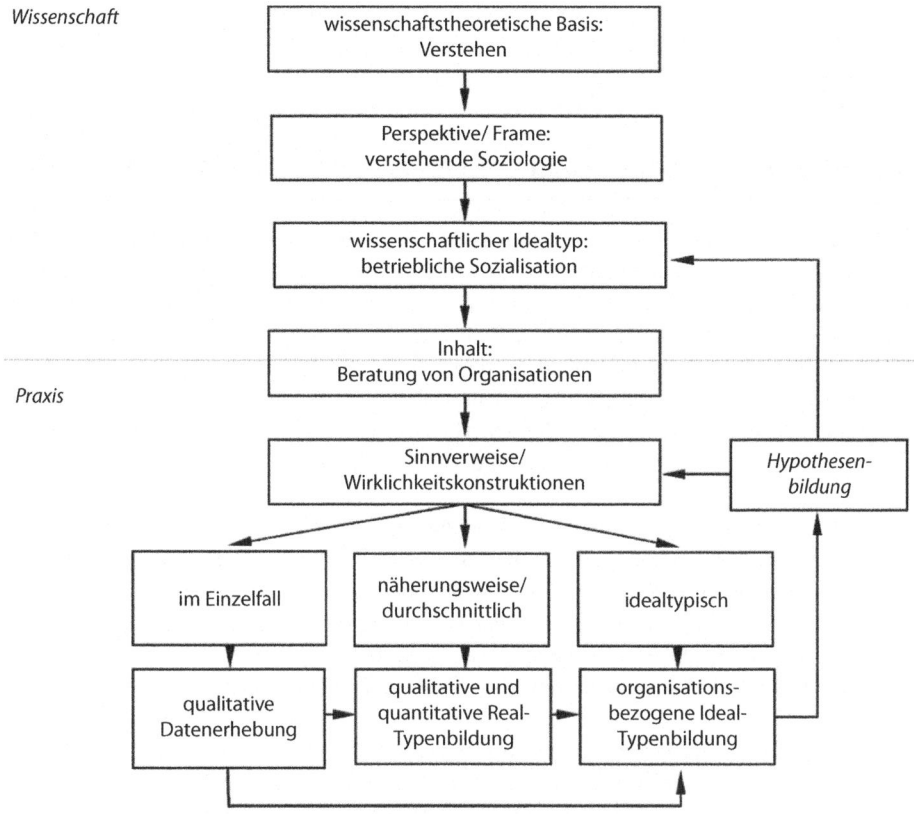

◘ Abb. 7.2 Prozessmodell verstehender Organisationsberatung

Prozessmodell. Die Verbindung zwischen *Verstehens- und Beratungsprozess* und deren Grundlegung in der Wissenschaft zeigt ◘ Abb. 7.2.

Der auf der praktischen Ebene in ◘ Abb. 7.2 dargestellte Ablauf der Bloßlegung individueller und organisatorischer Sinnverweise und Wirklichkeitskonstruktionen bezieht sich auf jeden Einzelschritt, jede Phase und den gesamten Prozess der Beratung. Natürlich führt nicht jede Verstehensleistung im Beratungsprozess zur Herausbildung eines Idealtyps, viele Interaktionen bilden nur den im Einzelfall gemeinten Sinn ab, doch haben sie Einfluss auf den Beratungsprozess im ganzen, damit auch auf die Hypothesenbildung und die geplante Intervention. Im Sinne der Aktionsforschung[1] sind aber alle Interaktionen Teil der Intervention und somit aus dem Prozess nicht isolierbar. Der Berater befindet sich ständig im verstehenden Zirkel, in der Aktualisierung seines Wissens über die beratene Organisation, welches wiederum aufgrund des idealtypischen Vorwissens generiert wurde. Praxis und Wissenschaft begegnen sich im Zirkel der Hypothesenbildungen über intersubjektiv geteilte Wirklichkeitskonstruktionen.

Während bisher der Inhaltsaspekt, also Verstehen im Beratungsprozess, Gegenstand der Betrachtung war, wird im folgenden Abschnitt die Perspektive verstehender

---

[1] Das Verhältnis zwischen Aktionsforschung und Beratung diskutieren z. B. Schmidt und Berg (1995) oder Henke und Karstedt (1975).

Organisationsberatung als Frame detailliert: betriebliche Sozialisation als Vorverständnis, als Idealtyp der sozialen Prozesse, die in Organisationen stattfinden und in die Organisationen selbst eingebunden sind.

7.4 Verstehen sozialen Handelns von und in Organisationen

Die Anwendung des Verstehenskonzepts auf das Handeln von Organisationen oder das Handeln von Menschen in Organisationen erfordert die Suche nach dem jeweiligen Sinn, der diesen Handlungen unterlegt ist. „Grundsätzlich ist alles Handeln, nicht nur soziales Handeln im engeren Sinn sozial relevant." (Luckmann 1992, S. 37) Die unterlegte Bedeutung ist im Augenblick der Handlung aber nicht unbedingt bewusst, sondern wird häufig erst später, z. B. im kommunikativen Austausch mit anderen, selbst und gegebenenfalls auch fremd verstanden. Soziales Handeln wiederum bedingt, dass es auf andere Menschen bezogen ist, und Interaktionen kommen nur bei aufeinander bezogenen Handlungen von mindestens zwei Menschen zustande.

Diese *Verhaltensformen* können sich durchaus mischen, was die Erfassung und Deutung von Sinn sowohl im Alltagsleben als auch durch Beobachter zweiter Ordnung (z. B. Berater) erheblich erschwert. Ein überraschend abgebrochenes Telefonat beispielsweise, bei dem man über Kompetenzen stritt, kann als absichtsvoller Kommunikationsabbruch interpretiert werden („ … und dann hat er den Hörer auf die Gabel geknallt!"); als Ursache des Kommunikationsabbruchs kann allerdings ebenso der Batterieausfall eines schnurlosen Telefons angenommen werden.

Die Vermischung der Verhaltensformen wird dabei noch von den intendierten und nicht intendierten Bedingungen, Abläufen und Folgen des Verhaltens überlagert. Durch generalisierte Verhaltenserwartungen wird Handeln in Organisationen institutionalisiert[2] und gegebenenfalls formalisiert. Um soziales Handeln in Organisationen zu beraten, also sinnbezogen erfassen, deuten und verändern zu können, ist ein inhaltlich-theoretischer Bezugsrahmen nötig, bei dem es sich nach dem hier zugrunde gelegten Verständnis nur um einen Idealtyp handeln kann. Aus soziologischer Sicht ist von besonderem Interesse, wie Sinnzuschreibungen als Grundlage sozialen Handelns in Auseinandersetzung mit der Gesellschaft (genauer: gesellschaftlich relevanten Teilen, also Organisationen) zustande kommen. Eine solche idealtypische Grundlage liefert das Konzept der betrieblichen Sozialisation sowohl für soziales Handeln von Individuen als auch von Organisationen.

Es gibt heute eine Vielzahl kommunikativer, sozialer Handlungen, die einem *programmierten Handlungsablauf* innerhalb der Organisation entspringen und nicht dem Handeln einzelner Agenten. Insbesondere trifft dies auf automatisierte Systeme zu (z. B. im Geldverkehr zwischen Banken oder bei programmierten Überwachungs- und Regelsystemen im Verkehr bzw. in der Produktion), aber auch auf die Schnittstelle zwischen Menschen und automatisierten Systemen (z. B. im Onlinebanking oder beim Fahrkartenautomaten). All diesen Handlungen unterliegt Sinn, und zwar aus der Organisationsperspektive in einer von einzelnen Menschen abstrahierten Form.

Organisationen bilden eigene, institutionelle Wirklichkeiten aus, die sich aus den Wahrnehmungsfragmenten der Organisationsmitglieder und automatisierten Wahrnehmungen ergeben, es entstehen „intersubjektiv geteilte Wirklichkeitskonstruktionen" (Klimecki et al. 1994, S. 52 ff., unter Rückgriff auf Berger und Luckmann 1997). Dies war bis nahezu in die 80er-Jahre des 20. Jahrhunderts noch anders. Erst der kulturelle Wandel sowohl im Sinne

---

2 Zur Institutionalisierung vgl. Berger und Luckmann (1997), Esser (2000) sowie Maurer & Schmid (2002), Schmid & Maurer (2003).

7.4 · Verstehen sozialen Handelns von und in Organisationen

technischen Wandels (durch automatisierte Wahrnehmungssysteme und mehr noch durch die Vernetzung von Informationssystemen) als auch im Sinne sozialen Wandels (durch veränderten Umgang der Menschen mit diesen Systemen und damit auch untereinander) führte zu der Möglichkeit, dass Organisationen sich eigenständig, ohne Vermittlung durch Agenten verhalten.

Die Wahrnehmungsfragmente der Mitglieder, die sich in subjektiven Wirklichkeiten manifestieren, werden durch Kommunikation mit anderen Organisationsmitgliedern (also durch soziales Handeln der Individuen) externalisiert. Durch Institutionalisierung solcher Kommunikationen, z. B. in formaler Strukturierung, aber auch in Ritualen, Anekdoten, Symbolen (Kleidung, Rangabzeichen, Logos) und speziellen Sprachcodierungen sowie in technischen Systemen (speziell der Informationsverarbeitung), kommt es zur Objektivation subjektiver Wirklichkeitsfragmente, zur institutionellen Wirklichkeit. Die Organisation besitzt damit eigene Sinnbezüge, die sowohl für handelnde Agenten wie auch für programmierte Systeme zur Handlungsgrundlage werden und nicht mehr mit den Sinnbezügen einzelner Organisationsmitglieder deckungsgleich sein müssen, auf diese wohl aber im Zuge der individuellen (personalen) Sozialisation in der Organisation zurückwirken. Dies zeigt sich insbesondere in der Übernahme von Werten und Normen durch Internalisierung, aber auch in der Notwendigkeit, sich mit den Folgen organisationalen Handelns auseinandersetzen zu müssen, wobei zuerst einmal der Sinnbezug der Organisation zugrunde gelegt wird.

Über den innerorganisatorischen Rahmen hinaus hat aber die Auseinandersetzung der Organisation mit dem gesellschaftlich relevanten Umfeld erheblichen Einfluss auf die *institutionelle Wirklichkeit*. Auch die Organisation unterliegt der Vergesellschaftung, der Sozialisation. Im Rahmen des Konzepts betrieblicher Sozialisation soll dies als „organisationale Sozialisation" bezeichnet werden. (Elbe 1997) Soziales Handeln von Organisationen kann im Rahmen der organisationalen Sozialisation mit vergleichbaren Ansätzen wie bei der personalen Sozialisation erfasst werden. Die Suche nach dem Sinn sozialen Handelns von Organisationen hat demnach bei der Rekonstruktion der institutionellen Wirklichkeit als Produkt der Auseinandersetzung zwischen individuellen Wirklichkeiten der Organisationsmitglieder, den historischen Gegebenheiten der Organisationskultur (die sich in den Werten und Normen, den Anekdoten, Ritualen, Symbolen und Artefakten der Organisation manifestiert) und der organisationalen Sozialisation anzusetzen. Erst vor diesem Hintergrund ist ein Verstehen des sozialen Handelns von Organisationen möglich.

Auch Organisationen selbst unterliegen *sozialisatorischen Prozessen*. Sie erbringen Anpassungsleistungen in ihrem gesellschaftlichen Umfeld. Das soziale Handeln von Organisationen kann nur verstanden werden, wenn die Sinnzuschreibungen, die diesem Handeln zugrunde liegen, offengelegt werden. Organisationen sind abstrakte soziale Gebilde, die in der Vorstellung von Menschen und sozialen Gebilden (z. B. anderen Organisationen) existieren, die deshalb dem Handeln der Organisationen Sinn zumessen. Das bedeutet, dass die intersubjektiv geteilte Wirklichkeitskonstruktion, die Handlungsgrundlage der Organisation ist, eingebunden in die kulturell-gesellschaftlichen Interpretationsmuster verstanden werden muss. Die soziale Wirklichkeitskonstruktion findet also zum einen innerhalb der Organisation statt und zum anderen in Auseinandersetzung mit einer übergeordneten Wirklichkeitskonstruktion der Gesellschaft, die jener in Form von kulturellen Mustern (regionaler Kultur, nationaler Kultur, Branchenkultur etc.; vgl. Sackmann 2002) begegnet. Der Mensch als soziales Wesen denkt sich die Organisation in Analogie zu sich selbst, er schafft sie in ihrer Abstraktion und Wirklichkeit. Da sie handelt, ist sie existent. Die Grundlage ihres Handelns, ihre Wirklichkeitskonstruktion, entsteht in Auseinandersetzung mit den Wirklichkeitskonstruktionen ihrer Mitglieder und den Wirklichkeitskonstruktionen ihrer Umwelt; sie unterliegt der organisationalen Sozialisation, deren Ergebnis die Organisationskultur in ihren Manifestationen und Grundannahmen ist. Die Organisationskultur ist damit Anpassungsdeterminante für die personale Sozialisation sowie Ergebnis der organisationalen Sozialisation in der Umwelt.

Das Handeln von Organisationen kann nicht primär auf der Grundlage postulierter Zwecke und Ziele verstanden werden oder als Ergebnis formaler und informaler Strukturen, sondern eben als Ausfluss eines andauernden Entwicklungsprozesses der Organisation in der Gesellschaft. Das Modell der *betrieblichen Sozialisation* mit einer Mikroebene in der personalen und einer Makroebene der organisationalen Sozialisation ist ein Entwicklungsmodell, das hilft, die Entstehung sozial bedingter Sinnzuschreibungen des Handelns in und von Organisationen zu verstehen. Eine starke Dynamik gesellschaftlichen Wandels „beschleunigt" die Sozialisationsprozesse – wenn die Organisation nicht mehr versteht, welches Anpassungsverhalten erwartet wird, steigt der Bedarf nach Beratung als professioneller Interpretationshilfe. Im Folgenden wird deshalb diskutiert, wie das Modell betrieblicher Sozialisation als Grundlage einer soziologisch orientierten, verstehenden Organisationsberatung genutzt werden kann.

7.5 Beratung mithilfe des Modells betrieblicher Sozialisation

Betriebliche Sozialisation ist ein organisationstheoretischer Idealtyp, der als solcher den Prozess der Organisationsberatung nicht festlegt, sondern hilft, als Frame das Vorwissen des Beraters zu spezifizieren, und der die Grundlage für Fragestellungen und Sinnkategorisierungen liefert. Normativ ist dieser Frame nur in dem Sinn, als die Grundannahmen offengelegt werden, nicht allerdings im Sinn von etwas Sein-Sollendem, einem anzustrebenden Ideal, wie es bei der klassischen Organisationsberatung (z. B. auf Basis des Balanced-Scorecard-Ansatzes), in der Organisationsentwicklung (mit dem Ziel der Humanisierung) oder in der systemischen Organisationsberatung (mit dem Anstreben einer verbesserten Selbstbeobachtungsfähigkeit) zugrunde gelegt ist. Mit der Vorstellung vom Zustandekommen sozialer Handlungsgrundlagen im Modell der betrieblichen Sozialisation können Handlungen der Organisation oder von Organisationsmitgliedern im Beratungsprozess systematisch verstanden werden.

In der *Anbahnung einer Beratungsbeziehung* ist dieses Verstehen noch stark einzelfallorientiert. Aufgrund der Eindrücke, die der Berater bei der Kontaktaufnahme von der Organisation und den stellvertretend handelnden Agenten hat, schließt er auf den gemeinten Sinn. Zu diesem Zeitpunkt hat der Berater noch keine aus dem Beratungsprozess generierten Informationen, gegebenenfalls „kennt" er zwar die Organisation oder auch einzelne Handelnde aus den Medien bzw. aus beratungsfremden Kontakten, grundsätzlich aber ist davon auszugehen, dass eine organisationsbezogene Hypothesenbildung noch nicht stattgefunden hat. Sollte dies allerdings der Fall sein, z. B. bei Beratungshandeln in Großorganisationen, bei denen man sich aufgrund der starken Präsenz in den Medien unweigerlich Vorstellungen (Alltagshypothesen) zu der Organisation zurechtlegt, so ist dies im Beratungsprozess zu berücksichtigen und deutlich zu machen. Die immer wieder neu zu stellende Frage lautet: Entspringt die vom Berater gewonnene Vorstellung der Datenerhebung im Beratungsprozess oder ist sie Ausfluss einer prozessfremden Hypothesenbildung? Das Vorgehen in der Anbahnungsphase ist anfänglich stark einfühlend, empathisch. Es wird versucht, den gemeinten Sinn auf der Basis gemeinsamer kultureller Prägungen zu verstehen und sich dabei in die Situation des Ratsuchenden hineinzuversetzen. Dies beinhaltet auch die Feststellung der Gründe, warum Rat gesucht wird: Welche Interessen, welches Problemempfinden (gegebenenfalls sogar welcher Leidensdruck) sind in der Organisation vorhanden und was verspricht man sich von der Beratung? Hiermit hängt auch zusammen, aus welchem Grund ein spezieller Beratungsansatz favorisiert wird und warum genau dieser Berater (diese Beratungsfirma) ausgewählt wurde. Bereits in dieser Phase zeigen sich bestimmte Wirklichkeitskonstruktionen, die der Organisationskultur entspringen und anhand derer die Beraterauswahl und das Problemempfinden formuliert werden. In der Alltagssprache spricht man von

7.5 · Beratung mithilfe des Modells betrieblicher Sozialisation

„Betriebsblindheit", in der systemischen Beratung vom „blinden Fleck"; doch sind die einfache Einnahme einer anderen Perspektive, das Treffen anderer Unterscheidungen alleine nicht ausreichend, da die Wirklichkeitskonstruktion einen sozialisatorischen Hintergrund hat, der dadurch nicht aufgehoben werden kann – bzw. nur Unterscheidungen, die mit den Grundannahmen der Organisationskultur kompatibel sind, die Chance haben, in der Organisation verstanden und gegebenenfalls etabliert zu werden. Und auch der Berater orientiert in dieser frühen Phase der Beratungsbeziehung sein Verstehen (des Klientenproblems und der Klientenmotive) am eigenen Vorwissen. Er trifft erste Annahmen über die Sozialisationsprozesse der Organisation und der Menschen, die ihm begegnen. Gegebenenfalls findet im Rahmen der Problemidentifikation, spätestens jedoch bei der Problemstrukturierung eine Realtypenbildung, eine Kategorisierung nahe an der wahrgenommenen Realität, statt.

In der verstehenden Organisationsberatung mithilfe des Modells der betrieblichen Sozialisation geht es somit von Anfang an darum, *sozialisationsbedingte Wirklichkeitskonstruktionen* offenzulegen und damit den Sinnzuschreibungen sowie den daraus resultierenden Handlungsmöglichkeiten in der Organisation auf die Spur zu kommen. Diese Bewusstmachung ist zum einen (aufgrund des Frames) normativ[3] und zum anderen bereits intervenierend, da damit grundlegende Unterscheidungen hinterfragt werden. Gleichzeitig werden die Strukturbedingungen des Handelns aufgezeigt, und Alternativengenerierung im Rahmen der Kompatibilität zur Organisationskultur wird möglich gemacht. Das Interventionspotenzial verstehender Organisationsberatung beschränkt sich somit nicht (wie im Idealtyp systemischer Beratung) auf die Irritation der Organisation, sondern hat die doppelte Wirkung der Bewusstmachung und der Erzeugung von Handlungsalternativen, die dauerhaft gezeigt werden können, weil sie den Handlungsgrundlagen in der Organisation entsprechen. Damit löst die verstehende Organisationsberatung das zentrale Problem bisheriger Beratungsansätze, nämlich die häufige Inkompatibilität von Beratungslösungen zu den organisationalen Wirklichkeitskonstruktionen. Handeln, welches nicht als eigentlich sinnvoll erachtet wird, wird erstens nur unter Zwang gezeigt und ist zweitens zu den Handlungen, denen der kulturgebundene Sinn unterliegt, nicht komplementär und kann damit nicht dauerhaft etabliert werden.

Hierfür wird in der Entscheidungsphase systematisch bloßgelegt, welche *personalen Sozialisationsbedingungen* Sinnkonstruktionen und damit Handlungsstrukturen prägen sowie welche Strukturen organisationaler Wahrnehmung die Wirklichkeitskonstruktion und damit auch die Organisationskultur beeinflussen. Die Datenerhebung dient also der Feststellung des im Einzelfall Gemeinten, darauf aufbauend der Bildung von Realtypen (des durchschnittlich Gemeinten) und, mithilfe von gedanklicher Übersteigerung, des idealtypisch Gemeinten. Es werden organisationsspezifische Idealtypen gebildet, welche die Grundannahmen, die Wirklichkeitskonstruktionen in der Organisation bedingen, hypothetisch aufdecken.

Dieses Vorgehen verstehender Organisationsberatung hat einen doppelten Bezug: die historische Perspektive erfolgter Sozialisationsprozesse und die aktuell-idealtypisch daraus resultierenden Sinn- und Handlungsstrukturen. Sind diese freigelegt, so lassen sich sinnkompatible Handlungsalternativen erzeugen, die eine Möglichkeit der Problemlösung dauerhaft aufzeigen. Die Schritte der Alternativengenerierung und -bewertung sind dabei nur unter intensiver Beteiligung der relevanten Organisationsmitglieder, also derjenigen, die von dem Problem betroffen sind,[4] zu realisieren. Angestrebt wird ja eine Veränderung des Handelns der Beteiligten, somit

---

3 Hierbei handelt es sich um eine triviale Normativität, der sich der Berater nicht entziehen kann, da er eben zur Wissensgenerierung in der spezifischen Organisation auf Vorwissen über Organisationen im Generellen angewiesen ist.

4 Das Schlagwort der Organisationsentwicklung – „Betroffene zu Beteiligten machen" – erhält hierbei eine veränderte Bedeutung, da der (nicht triviale) normative Anspruch der Humanisierung aufgegeben wird.

sind insbesondere deren Sozialisationsbedingungen Gegenstand der Datenerhebung. Durch die Datenerhebung werden aber schon Sinnalternativen angeregt, die bei der Problemlösung zum einen genutzt werden können, zum anderen aber auch den Lösungsraum begrenzen. Die inhaltliche Lösung kann letztlich nur durch die Organisationsmitglieder erfolgen. Der Berater hilft, organisationsspezifische Idealtypen über Sozialisationsbedingungen und Handlungsstrukturen zu konstruieren. Trotzdem kann er auch inhaltliche Anregungen in den Prozess einbringen. Ob diese allerdings Handlungsalternativen sind, müssen die Organisationsmitglieder entscheiden, da sie ja deren Sinnhaftigkeit als Handlungsgrundlage für sich annehmen oder eben boykottieren.

In der *Realisationsphase* hat die verstehende Organisationsberatung die Aufgabe, den Implementierungsprozess zu begleiten. Das bedeutet, dass hierbei durch Wiederholung des Verstehenszyklus die Veränderung des im Einzelfall Gemeinten und letztlich auch der organisationsspezifischen Idealtypen festgestellt wird. Auslöser für das Empfinden eines Beratungsbedarfs beim Klienten ist die Erkenntnis, dass ein Problem (häufiger ein ganzes Bündel von Problemen) nicht durch die Organisation und die Organisationsmitglieder selbst bewältigt werden kann – anders ausgedrückt: dass das Handeln von und in der Organisation nicht mehr den Umweltanforderungen entspricht. Die Implementierung neuer organisationaler Idealtypen ist nur dann sinnvoll und erfolgreich, wenn sich dies in verändertem Handeln ausdrückt. Dieses „neue" Handeln erfolgt aber aufgrund veränderter subjektiver und intersubjektiver Wirklichkeitskonstruktionen. Bei der Aufdeckung von Sinnbezügen, bei der Ableitung von Wirklichkeitskonstruktionen, bei der Konstruktion von organisationalen Idealtypen sowie bei der Generierung und Auswahl von Handlungsalternativen (die zu den Grundannahmen der Organisationskultur kompatibel sind) muss der Berater primär methodische Kompetenz zeigen. Dies gilt auch für die Phase der Realisierung. Es bleibt festzustellen, ob sich veränderte Sinnbezüge herausbilden und ob sich das Handeln der Organisation und der Organisationsmitglieder dementsprechend verändert. Beratung ist ein normatives Interagieren: Ein Problem zu definieren, ist normativ, es zu lösen ebenfalls und den Lösungsfortschritt zu überwachen erst recht. Der Verstehenszyklus von der Datenerhebung bis zur Idealtypenbildung wird in der Realisierungsphase beibehalten, bis ein Zustand (im Handeln, in den Strukturen, in den Sinnzuschreibungen) erreicht ist, der den Vereinbarungen des Beratungsvertrages entspricht, oder bis Berater und Klient übereinkommen, dass das Ziel der Beratung erreicht ist. Am Ende des Beratungsprozesses haben sich (so das Ziel) die Sinnzuschreibungen und Handlungsstrukturen so gewandelt, dass stabile Problemlösungsroutinen und damit veränderte Rollenzuschreibungen etabliert wurden. In Konfliktfällen (z. B. aufgrund personellen Wechsels im Beraterteam oder in der Organisation: „Ausfall des Promotors") kann der Beratungsprozess natürlich auch schon vorzeitig abgebrochen werden. Erfolg wäre dann allerdings eher „zufällig".

7.6 Beratungsprozess als Sozialisationsprozess?

Die Verwendung des *Rollenbegriffs* in Bezug auf das Verhältnis zwischen Organisationsberater und Klient ist weitverbreitet (Carqueville 1991; Elfgen und Klaile 1987; Schein 1993; Steyrer 1991). Die Ausbildung von Rollenerwartung ist dabei an sozialisatorische Prozesse geknüpft, weshalb naheliegt, im Rahmen einer verstehenden Organisationsberatung auch zu untersuchen, inwiefern der Beratungsprozess selbst einen Sozialisationsprozess darstellt. Weder die Organisation noch einzelne Organisationsmitglieder und auch nicht Organisationsberater können sich dem Sozialisationsprozess entziehen. In diesem Sinne ist der Beratungsprozess stets als Ausdruck einer sozialen Beziehung aufzufassen, eingebettet in den weiteren gesellschaftlichen oder engeren organisatorischen Wandlungsprozess und somit von sozialisatorischer Relevanz. In der

7.6 · Beratungsprozess als Sozialisationsprozess?

Beratungsliteratur wird dabei meist nicht zwischen den generalisierten Verhaltenserwartungen, die Berater und Klient aufgrund bisheriger Sozialisationserfahrungen zu Beginn des Beratungsprozesses aneinander haben, und der Spezifizierung durch die Ausgestaltung der Rolle im Zuge der Interaktion getrennt. Berater und Klient werden im Beratungsprozess vom generalisierten anderen zum signifikanten anderen, und nur die Signifikanz lässt eine Änderung der Wirklichkeitskonstruktionen als Beeinflussung sozialer Wandlungsprozesse durch die Beratung möglich werden. Die Ausgestaltung der individuellen Rolle im Beratungsprozess ist vielerlei Einflüssen unterworfen: der anfänglich generalisierten Rollenerwartung an den anderen, der spezifizierten Attribution der eigenen Rolle, der Rollenpluralität und den daraus gegebenenfalls erwachsenden Rollenkonflikten. Im Beratungsprozess treffen gleichzeitig Personen und Organisationen aufeinander – so erfährt der Berater selbst Sozialisationsprozesse als Mitglied einer Beratungsorganisation (z. B. in seiner Karriereentwicklung), was sein Handeln gegenüber dem Klienten mitprägt.

Die *Rollentheorie* verliert aber ihre Aussagekraft als Idealtyp,[5] wenn sie zu statisch auf den Beratungsprozess angewandt wird: Der Berater bleibt nicht dauerhaft Inhalts- oder Prozessberater. Er mag seine Rolle zu Beginn des Beratungsprozesses so definieren, während der Beratung treffen jedoch eigene Rollenzuschreibung und Rollenerwartung der jeweils anderen aufeinander. Die spezifische Rolle wird erst im Prozess ausgehandelt. Dies kann sogar zur Aufgabe der Rolle führen, z. B. wenn ein Manager auf Zeit, der im Zuge eines Beratungsvertrages in einer Organisation tätig wird, als dauerhaftes Mitglied in die Organisation wechselt (wobei sich die personale Sozialisation des Managers/Beraters in den beiden Organisationen überschneidet). Hierbei von Institutionalisierung der Beratung (als gesellschaftlichem Phänomen) zu sprechen, wäre nur dann zutreffend, wenn dies eine generelle Erscheinung von Beratungsbeziehungen wäre. Der Beratungsprozess lässt sich also rollentheoretisch verstehen, fraglich bleibt allerdings, ob der Beratungsprozess selbst als Sozialisationsprozess aufgefasst werden kann. Mit Sozialisation ist die Entwicklung von Identität in Auseinandersetzung mit der Gesellschaft gemeint, wobei die Gesellschaft, die Kultur dem Einzelnen in Form von signifikanten anderen begegnet. Im Beratungsprozess werden Klient und Berater für den jeweils anderen signifikant. In der Beratungsinteraktion werden Werte und Normen ausgetauscht, die Wirklichkeitskonstruktionen werden beeinflusst. In der verstehenden Organisationsberatung ist die Beeinflussung der Wirklichkeitskonstruktionen des Klienten beabsichtigt und gezielt, es findet aber auch eine Beeinflussung der Wirklichkeitskonstruktion des Beraters und der Beratungsorganisation statt. Ein Beispiel hierfür ist die Übernahme individueller Beratungserfahrungen in Datenbanken der Beratungsorganisation, die dann anderen Beratern bei Projekten zur Verfügung stehen. Ein anderes Beispiel findet sich im Problem möglicher Instrumentalisierung von Beratungsleistung zu Legitimationszwecken.

Beratung ist kein geschlossenes System, während des Beratungsprozesses finden vielerlei Interaktionen mit sozialen Subjekten statt, die in den Beratungsprozess nicht direkt involviert sind. Die Organisation unterliegt auch während der Beratung der organisationalen Sozialisation, der Berater wird zwar für eine begrenzte Zeitspanne zum signifikanten anderen, doch bedingt diese Beziehung keine Ausschließlichkeit. Der Beratungsprozess ist somit für Berater und Klient als Teil umfassenderer Sozialisationsprozesse zu verstehen, hat aber nur eine partielle Wirkung und erfährt auch zeitliche Beschränkung. Speziell die zeitliche Begrenzung legt es nahe, die Wirkung von Berater und Klienten in ihrer Signifikantwerdung rollentheoretisch zu betrachten und somit als Teil umfassenderer Sozialisationsprozesse, nicht jedoch den Beratungsprozess als eigenständigen Sozialisationsprozess (wie die personale Sozialisation) aufzufassen.

---

5   Die Rollentheorie wird hier als untergeordneter Idealtyp zur Sozialisationstheorie aufgefasst; es handelt sich um die Hilfskonstruktion einer Hilfskonstruktion, um den Verstehensprozess in der Organisationsberatung verstehen zu können.

7.7 Konsequenz für den dritten Handlungsmodus

Verstehen als Grundlage der Organisationsberatung ist zuerst einmal ein wissenschaftstheoretisch fundierter Ansatz, um wertende von nicht wertenden Aussagen zu trennen, um Beratungshandeln über die Kurzfristigkeit einzelner Beratungsmoden (Kieser 1996) hinaus zu systematisieren und den Beratungsprozess damit transparenter zu machen. Organisationsberatung erscheint als Verstehensprozess, der sich der spezifischen Perspektive sozialisatorischer Prozesse in Organisationen als Frame bedient und durch methodologische Offenheit gekennzeichnet ist. Mithilfe des Ansatzes der betrieblichen Sozialisation lassen sich Veränderungsprozesse in Organisationen unter Berücksichtigung der aktuellen und historischen sozialen Eingebundenheit der beteiligten Akteure in Beratungsprozessen gestalten, wobei die Kompatibilität einzelner Beratungsansätze und -moden, die selbst als Idealtypen zu verstehen sind, systematisch zu thematisieren ist. Im Rahmen verstehender Organisationsberatung ist der Ansatz der betrieblichen Sozialisation ein übergeordneter Idealtyp, um das Vorwissen des Beraters über Organisationen offenzulegen. Als wissenschaftlicher Idealtyp wird betriebliche Sozialisation zur Grundlage des systematischen Abgleichs und der Veränderung von Sinnkonstruktionen, die dem Handeln der beteiligten Akteure in einer Organisation zugrunde liegen. Hierbei lassen sich weitere Idealtypen integrieren (z. B. Qualitätsmanagement, Balanced Scorecard), doch auch diese bleiben so lange Gedankenexperimente, bis sie im Zuge der Implementierung in die Sinnkonstruktionen der Organisation eingebaut sind. Verstehen ist der Beratung immanent, und der Idealtyp der betrieblichen Sozialisation ist aus soziologischer Sicht in besonderem Maß dazu geeignet, dies im Beratungsprozess bewusst zu machen und zu unterstützen.

Die Forderungen, die an eine Theorie der Organisationsberatung zu stellen sind (Elbe 2001), werden durch das vorliegende Konzept verstehender Organisationsberatung erfüllt:

1. Das Konzept der betrieblichen Sozialisation entspricht den Grundsätzen soziologischer Erklärung. Das soziale Handeln von Menschen in Organisationen und von Organisationen selbst wird aufgrund des Sich-in-Beziehung-Setzens zu anderen Subjekten in der betrieblichen Sozialisation erklärt. Vor diesem Hintergrund lässt sich auch interessengeleitetes, zweckrationales Handeln verstehen.
2. Das jeder Beratung immanente Verstehen wird durch die Zugrundelegung des verstehenden Ansatzes systematisiert.
3. Mit der Wahl des verstehenden Ansatzes und der Sozialisationstheorie als idealtypischer Grundlage wird die wertinterpretative Basis offengelegt.
4. Die Konstruktion des Organisationsbegriffes wurde entlang subjektiver und intersubjektiver Wirklichkeitskonstruktionen vorgenommen, die Organisation wird als abstraktes, eigenständig handelndes, soziales Gebilde angesehen, das selbst der Sozialisation unterliegt und auf dieser Basis auch beraten wird.

Vor diesem Hintergrund ist *verstehende Organisationsberatung* eine theoretische Rahmung für das Beratungshandeln. Erst wenn das Beratungshandeln auf der Mikroebene in seinem Ablauf und seinen Sinnzuschreibungen, in seinen Erfolgskonstruktionen und seinem Scheitern verstanden ist, kann Organisationsberatung als sozioökonomisches Phänomen auf der Makroebene beurteilt werden. Damit erhält aber auch die Organisationsentwicklung als beratungsorientierter Ansatz zur Gestaltung von Organisationen ein spezifisch sozialwissenschaftliches Fundament. Es galt, das organisationsspezifische Vorwissen bezüglich Theorie – Gestaltung – Beratung zu explizieren, um auf dieser Grundlage die Menschen bei Weiterentwicklung der Organisationen, in denen sie sich engagieren (als Mitarbeiter, Vereinsmitglieder oder auch Schüler), zu unterstützen. Damit wurden die drei Handlungsmodi des Organisierens verdeutlicht und das Vorwissen zur Organisation sowohl hinsichtlich der Inhalte, als auch in Bezug auf die Gestaltungsparameter und die Vorgehensweisen zur Veränderung expliziert. Es liegt es an der Praxis der Organisationsberatung, mit ihren Angeboten der Temporalität der Organisation gerecht zu werden und den Verstehensprozess im dritten Handlungsmodus zur Anwendung zu bringen. Das bedeutet, dass verstehende Organisationsberatung einen *organisationskulturspezifischen* Ausgleich zwischen den verschieden Perspektiven der Temporalität (Prozess, Struktur, Institution) zu finden und zu realisieren hilft.

7.8 Fragen

1. Was sehen Sie als den Kern einer verstehenden Methodologie für die Organisationsberatung?
2. Skizzieren Sie das sachlogisch-chronologische Prozessmodell der Beratungsbeziehung.
3. Beschreiben Sie das soziale Handeln von Organisationen unter Einfluss von sozialisatorischen Prozessen.
4. Welche Funktion kann verstehende Organisationsberatung in Hinblick auf die Temporalität der Organisation erfüllen?

Literatur

Bentner A, Beck C (Hrsg) (1997) Organisationskultur erforschen und verändern: Ein Methodenrepertoire zur qualitativen Analyse und praktischen Beratung. Campus, Frankfurt a. M

Berger P, Luckmann T (1997) Die gesellschaftliche Konstruktion der Wirklichkeit: Eine Theorie der Wissenssoziologie. Unveränderter Abdruck der 5. Aufl. Fischer, Frankfurt a. M

Carqueville P (1991) Rollentheoretische Analyse der Berater/Klienten-Beziehung. In: Hofmann M (Hrsg) Theorie und Praxis der Unternehmensberatung: Bestandsaufnahme und Entwicklungsperspektiven. Physica, Heidelberg, S 247–280

Dewe B (1996) Beratende Rekonstruktion. Zu einer Theorie unmittelbarer Kommunikation zwischen Soziologen und Praktikern. In: v. Alemann H, Vogel A (Hrsg) Soziologische Beratung. Praxisfelder und Perspektiven. IX. Tagung für angewandte Soziologie. Leske + Budrich, Opladen, S 38–55

Elbe M (1997) Betriebliche Sozialisation: Grundlagen der Gestaltung personaler und organisationaler Anpassungsprozesse. Pro Universitate, Sinzheim

Elbe M (2001) Organisationsberatung: Kritik und Perspektiven aus soziologisch-verstehender Sicht. In: Wüthrich H, Winter W, Philipp A (Hrsg) Grenzen des ökonomischen Denkens. Auf den Spuren einer dominanten Logik. Gabler, Wiesbaden, S 551–580

Elfgen R, Klaile B (1987) Unternehmensberatung: Angebot, Nachfrage, Zusammenarbeit. Poeschel, Stuttgart

Engel F (1997) Dacapo – oder moderne Beratung im Themenpark der Postmoderne. In: Nestmann F (Hrsg) Beratung: Bausteine für eine interdisziplinäre Wissenschaft und Praxis. DgfV, Tübingen, S 179–216

Esser H (2000) Soziologie. Spezielle Grundlagen. Band 5: Institutionen. Campus, Frankfurt a. M

Fink D, Knoblach B (2003) Die großen Management Consultants. Ihre Geschichte, ihre Konzepte, ihre Strategien. Vahlen, München

Franzpötter R (1997) Organisationskultur: Begriffsverständnis und Analyse aus interpretativ-soziologischer Sicht. Nomos, Baden-Baden

Henke H, Karstedt S (1975) Institutionenberatung und Aktionsforschung. Parallelen und Differenzen zur Aktionsforschung. In: Haag F et al (Hrsg) Aktionsforschung. Forschungsstrategien, Forschungsfelder und Forschungspläne. Juventa, München, S 117–136

Kieser A (1996) Moden & Mythen des Organisierens. Die Betriebswirtschaft 1:21–39

Klimecki R, Probst G, Eberl P (1994) Entwicklungsorientiertes Management. Schäffer-Poeschel, Stuttgart

Kobi J, Wüthrich H (1986) Unternehmenskultur verstehen, erfassen und gestalten. Verlag Moderne Industrie, Landsberg

Kühl S, Moldaschl M (2010) Organisation und Intervention. Ansätze für eine sozialwissenschaftliche Fundierung von Organisationsberatung. Hampp, München

Luckmann T (1992) Theorie des sozialen Handelns. de Gruyter, Berlin
Maurer A, Schmid M (Hrsg) (2002) Neuer Institutionalismus. Zur soziologischen Erklärung von Organisation, Moral und Vertrauen. Campus, Frankfurt a. M
Meyer J, Rowan B (1977) Institutionalized organizations: Formal structures as myth and ceremony. Am J Sociol 83:340–363
Minssen H (1998) Soziologie und Organisationsberatung – Notizen zu einem komplizierten Verhältnis. In: Howaldt J, Kopp R (Hrsg) Sozialwissenschaftliche Organisationsberatung: auf der Suche nach einem spezifischen Beratungsverständnis. Edition Sigma, Berlin, S 53–72
Saam N (2007) Organisation und Beratung. Ein Lehrbuch zu Grundlagen und Theorien. Hamburg: LIT-Verlag
Sackmann S (2002) Unternehmenskultur: Analysieren – Entwickeln – Verändern. Luchterhand, Neuwied
Schein E (1993) Organisationsberatung für die neunziger Jahre. In: Fatzer G (Hrsg) Organisationsentwicklung für die Zukunft: ein Handbuch. Edition Humanistische Psychologie, Köln, S 405–420
Schmid M, Maurer A (Hrsg) (2003) Ökonomischer und soziologischer Institutionalismus. Interdisziplinäre Beiträge und Perspektiven der Institutionentheorie und -analyse. Metropolis, Marburg
Schmidt E, Berg H (1995) Beraten mit Kontakt. Gemeinde- und Organisationsberatung in der Kirche. Ein Handbuch. Burckhardthaus-Laetare, Offenbach
Schnelle W (2002) Moderieren von Verständigungsprozessen – Ein Weg soziologisch orientierter Organisationsberatung. Führung + Organisation 5:284–290
Steyrer J (1991) Unternehmensberatung – Stand der deutschsprachigen Theoriebildung und empirischen Forschung. In: Hofmann M (Hrsg) Theorie und Praxis der Unternehmensberatung: Bestandsaufnahme und Entwicklungsperspektiven. Physica, Heidelberg, S 1–44
Weber M (1980) Wirtschaft und Gesellschaft. Grundriß der verstehenden Soziologie, 5. Aufl. Mohr, Tübingen
Weiershäuser S (1996) Mitarbeiterverhalten im Beratungsprozeß: eine ökonomische Betrachtung. Deutscher Universitäts-Verlag, Wiesbaden
Willke H (1987) Strategien zur Intervention in autonome Systeme. In: Baecker D et al (Hrsg) Theorie als Passion. Niklas Luhmann zum 60. Geburtstag. Suhrkamp, Frankfurt a. M., S 333–361

Zum Schluss

8.1 Perspektiven der Temporären Organisation – 156

Literatur – 157

© Springer-Verlag Berlin Heidelberg 2016
M. Elbe, S. Peters *Die temporäre Organisation*,
DOI 10.1007/978-3-662-49401-1_8

8.1 Perspektiven der Temporären Organisation

Mit dem Begriff der *Temporalität als Grundperspektive* für das Verstehen und Erklären, Gestalten und Beraten von Organisationen haben wir hier eine neue Perspektive gewählt, die die Organisationswissenschaft um ein Theorieangebot ergänzt. Hierdurch sollen einerseits die Tendenz der Veränderung des Phänomens Organisation in der informationalen Gesellschaft und Ökonomie aufgegriffen werden, andererseits aber die Traditionen, Theorie- und Gestaltungsangebote der vergleichsweise kurzen, aber sich doch rasch ausdifferenzierenden Geschichte der Organisationswissenschaft aufgegriffen und integriert werden. Einige aktuelle Entwicklungstendenzen unterschiedlicher organisationaler Modeerscheinungen lassen sich jedoch nicht in die Traditionen und Theorie- und Gestaltungsangebote einordnen oder bruchlos fortführen. Aufgrund dieser Einschätzung haben wir zum Schlüssel der Darstellung von Organisationstheorien die drei Perspektiven des Zugangs und Verständnisses der Arbeitsweise und Funktionen von Organisationen zum Grundprinzip dieses Buchs erhoben. Organisationen sind nur zu verstehen, wenn die jeweilige Perspektive des Zugangs nicht nur dargestellt wird, sondern durch den jeweiligen Handlungsmodus die Theoriegehalte an die Praxis herangetragen werden. Dies gilt (zugegebener Maßen) nicht im selben Umfang für alle Erklärungs- und Gestaltungsvorschläge, da der von uns gewählte Zugang selbst einer perspektivischen Gebundenheit unterliegt. Im Handlungsmodus hat die Perspektive jeweils Zugang zur Funktionalität, zur Instrumentalität und zur Institutionalität. Organisationen sind somit ‚temporär' im dreifachen Sinn: Ihr Grundmodus ist die Temporalität (im phänomenologischen Sinn), trotz relativer Stabilität unterliegen sie einem Innovationsdruck (Theorie des sozialen Wandels) und schließlich nehmen die temporären Organisationsformen (Projektorganisation) zu.

Temporalität bedingt einen grundsätzlich *phänomenologisch-verstehenden Zugang*, der sich in Theorie und Praxis zeigt. Diese Grundperspektive hat uns durch das gesamte Buch begleitet, die verstehende Methodologie hat aber insbesondere im siebten Kapitel (zur Verstehenden Organisationsberatung) nochmal den Zusammenhang zwischen Theorie und Praxis besonders deutlich gemacht. Ohne eine verstehende Fundierung bleibt Organisationstheorie defizitär, Gestaltung und Beratung aber müssten scheitern. Problemkonstellationen, individuelle Ziele, Sinnkonstruktionen und Handlungsgründe müssen im Alltag verstanden werden, sonst ist jede darauf zielende Intervention (sozial und ökonomisch) ineffizient. Wichtig ist für eine Perspektive auf die Organisation aus temporaler Sicht, dass traditionelle Wissenselemente eingebunden werden, da diese ja Teil der Alltagskonstruktion der Menschen hinsichtlich des Phänomens geworden sind. Vor diesem Hintergrund war die Grundfrage der Organisation anders zu stellen, als sie in den meisten Büchern zum Thema gestellt wird. Die Frage nach dem Zweck einer Organisation ist nur in einem spezifischen Zeitfenster sinnvoll zu beantworten und dann muss eigentlich gefragt werden: Wollen wir kooperieren? Nicht der Zweck sondern die Kooperationsbereitschaft bedingt die Bereitschaft sich in eine Organisation einzubringen. Es tauchen aber Folgeprobleme auf: Wie soll hiermit verbundene Arbeitsteilung koordiniert werden, welche Werte wollen wir unserer Kooperation zugrunde legen? Und daraus wiederum: Wie verteilen wir die Kooperationsgewinne? Letzteres haben wir in diesem Text kaum behandelt, obwohl dies ein wichtiger Aspekt von Organisation und Organisationskultur ist. Diese Perspektive wird aber traditionell eher in den Bereichen der Arbeitssoziologie oder politischen Ökonomie behandelt.

Wir haben uns bei unseren Überlegungen auf den *Darstellungs- und Handlungsmodus* der Organisation konzentriert, das Theoretisieren über, Gestalten von und Beraten der Organisation. Hierzu haben wir jeweils intensiv Bedingungen, Interventionsansätze und Handlungsfolgen diskutiert und sind dabei immer wieder auf die heutige Ausformung speziell in temporären Organisationsformen eingegangen. Speziell durch die Betonung der Prozess- und Projektperspektive im Gestaltungsteil dieses Buches haben wir aktuelle Entwicklungstendenzen zur temporären Organisation aufgegriffen. Die Bedeutung dieser Entwicklung soll hier noch einmal illustriert werden: Pop-up Organisationen verändern (vielfach noch im Subkultur-Bereich) die Verhältnisse zwischen Food- und Non-Food-Konsum einerseits und Arbeitsort (speziell in Bereich der bildenden Künste) andererseits. Die Organisation wird zum Event, dem es aufgrund der Spontanität und gleitender Übergänge von anderen sozialen Interaktionsformen am Projektcharakter mangelt. Die Reichweite der Beteiligten geht von der Punk- und Hausbesetzerszene (Havlicek 2015) bis hin zu Bürogemeinschaften und Spitzengastronomie.

> „Heute wird nicht mehr besetzt. Man sucht stattdessen nach einem Raum, um dort zu arbeiten. Architekturstudierende brauchen etwa Platz für ihre Modelle, Kunst braucht Fläche, um auszustellen oder zu arbeiten, vielen Start-ups sind Büro- oder Verkaufsflächen auf dem freien Markt (noch) zu teuer. Dafür nimmt man eben kurzfristige Lösungen in Kauf." (Havlicek 2015, S. 2)

Auch wenn das noch nicht der Mainstream der Organisationsgesellschaft ist (und auf absehbare Zeit wohl auch nicht wird): Das Phänomen der Organisation unterliegt dem Wandel durch die Zeit und ist im Inneren (mit seinen drei Perspektiven *Funktionalität, Instrumentalität* und *Institutionalität*), wie auch im Äußeren (in der Entscheidung über Kooperation oder Nicht-Kooperation und damit verbundenen Absicherungsmechanismen) durch Temporalität geprägt. Für den Handlungsmodus des Theoretisierens gilt dabei, dass frühe(re)Perspektiven durch gesellschaftlichen Wandel wieder Beiträge liefern können, die für lange Zeit keine Relevanz zu haben schienen. Aber: Eine 1:1 Übernahmen von Theorien, deren Entwicklungskontext schon länger zurückliegt scheint nicht sinnvoll, da die Kontexte (unter denen sie entstanden sind und die sie beschreiben) historisch und das heißt „einmalig" waren. Theoretisieren bedeutet, die gesellschaftlichen und ökonomischen Beiträge immer wieder neu zu hinterfragen, Gestalten meint in konkreten Situation Kooperations-Strukturen und -prozesse in der Relativität ihrer Existenz aus Sicht der sozialen und ökonomischen Effizienz zu verändern, Beraten zielt darauf ab, solche Veränderungsprozesse mit (inhaltlicher und methodischer) Expertise zu unterstützen. Eben hieraus begründet sich die zugrunde gelegte Perspektive der Temporalität, den Wechsel zwischen verschiedenen Perspektiven aus zeitlich und inhaltlicher Sicht verständlich zu machen – genauer: *dem Verstehen eine Heuristik an die Hand zu geben.*

Literatur

Havlicek T (2015) Pop-up Bitch. In: the gap online. Coverstory vom 01.07.2015. http://www.thegap.at/rubriken/stories/artikel/pop-up-bitch/ vom 22.10.2015

Serviceteil

Literaturverzeichnis – 160

© Springer-Verlag Berlin Heidelberg 2016
M. Elbe, S. Peters *Die temporäre Organisation*,
DOI 10.1007/978-3-662-49401-1

Literaturverzeichnis

Abraham M, Büschges G (2009) Einführung in die Organisationssoziologie, 4. Aufl. VS, Wiesbaden

Ahlemann F, Eckl C (Hrsg) (2010) Strategisches Projektmanagement. Springer, Berlin

Allmendinger J, Hackman J, Lehman E. (1996) Life and Work in Symphony Orchestras. Music Quart 80(2):194–219

Altmann N, Böhle F (Hrsg) (2010) Nach dem „Kurzen Traum". Neue Orientierungen in der Arbeitsforschung. Edition Sigma, Berlin

Anheiner H, Priller E, Seibel W, Zimmer A (Hrsg) (1998) Der Dritte Sektor in Deutschland. Organisationen zwischen Staat und Markt im gesellschaftlichen Wandel, 2. Aufl. Edition Sigma, Berlin

Baecker D (1997) Einfache Komplexität. In: Ahlemeyer H, Königswieser R (Hrsg) Komplexität managen. Strategien, Konzepte und Fallbeispiele. Gabler, Wiesbaden, S 21–50

Baecker D (2003) Organisation und Management. Suhrkamp, Frankfurt a. M.

Bauman Z (2008) Flüchtige Zeiten. Leben in der Ungewissheit. Hamburg: Edition HIS

Baurmann M (2000) Der Markt der Tugend: Recht und Moral in der liberalen Gesellschaft. Eine soziologische Untersuchung, 2. Aufl. Mohr Siebeck, Tübingen

Bea F, Göbel E (2002) Organisation. UTB, Stuttgart

Bea F, Scheurer S, Hesselmann S (2011) Projektmanagement. UTB, Stuttgart

Becker J (2005) Prozessmanagement. Ein Leitfaden zur prozessorientierten Organisationsgestaltung. Springer, Berlin

Becker M (2010) Personalwirtschaft. Lehrbuch für Studium und Praxis. Schäffer-Poeschel, Stuttgart

Becker, Langosch I (1995) Produktivität und Menschlichkeit. Organisationsentwicklung und ihre Anwendung in der Praxis, 4. Aufl. Enke, Stuttgart

Bentner A, Beck C (Hrsg) (1997) Organisationskultur erforschen und verändern: Ein Methodenrepertoire zur qualitativen Analyse und praktischen Beratung. Campus, Frankfurt a. M.

Berger P, Luckmann T (1997) Die gesellschaftliche Konstruktion der Wirklichkeit: Eine Theorie der Wissenssoziologie. Unveränderter Abdruck der 5. Aufl. Fischer, Frankfurt a. M.

Berger U, Bernhard-Mehlich I (2006) Die Verhaltenswissenschaftliche Entscheidungstheorie. In: Kieser A, Ebers M (Hrsg) Organisationstheorien, 6. Aufl. Kohlhammer, Stuttgart, S 169–214

Bergmann G, Garrecht M (2008) Organisation und Projektmanagement. Physica, Berlin

Bickel C (1991) Ferdinand Tönnies. Soziologie als skeptische Aufklärung zwischen Historismus und Rationalismus. Westdeutscher, Opladen

Biedermann C (2000) Was heißt Freiwillige managen? Grundzüge des Freiwilligen-Managements. In: Nährlich S, Zimmer A (Hrsg) Management in Nonprofit-Organisationen. Eine praxisorientierte Einführung. Leske + Budrich, Opladen, S 107–128

Bien U (2002) Sein oder Sollen – Wie sind Normen und Moral zu erklären? In: Ötsch W, Panther S (Hrsg) Ökonomik und Sozialwissenschaften. Ansichten eines in Bewegung geratenen Verhältnisses. Metropolis, Marburg, S 53–80

Blanc L (1899) Organisation der Arbeit, 9. Aufl. Prager, Berlin

Bleicher K (1991) Organisation: Strategien, Strukturen, Kulturen, 2. Aufl. Gabler, Wiesbaden

Bode W (1965) Die Darstellung der Organisationslehren von Johann Plenge und Heinrich Nicklisch und die Betrachtung dieser Lehren im Hinblick auf die Organisationslehre der Unternehmung. Inaugural-Dissertation an der Wirtschaftshochschule Mannheim, Mannheim

Bogdanow A (1926) Allgemeine Organisationslehre. Tektologie. Organisation Verlagsgesellschaft, Berlin

Böhle F (2011) Management der Ungewissheit – ein blinder Fleck bei der Förderung von Innovationen. In: Jeschke S, Isenhardt I, Hees F, Trantow S (Hrsg) Enabling Innovation. Innovationsfähigkeit - deutsche und internationale Perspektiven. Springer, Berlin, S 17–30

Böhle F (2013) Handlungsfähigkeit mit Ungewissheit – Neue Herausforderungen und Ansätze für den Umgang mit Ungewissheit. In: Jeschke S, Jakobs E.-M, Dröge A (Hrsg) Exploring Uncertainty: Ungewissheit und Unsicherheit im interdisziplinären Diskurs. Wiesbaden, S 281–293

Böhle F, Bolte A (2002) Die Entdeckung des Informellen. Der schwierige Umgang mit Kooperation im Arbeitsalltag. Campus, Frankfurt a. M.

Böhle F, Bolte A, Huchler N, Neumer J, Porschen-Hueck S, Sauer S (Hrsg) (2014) Vertrauen und Vertrauenswürdigkeit: Arbeitsgestaltung und Arbeitspolitik jenseits formeller Regulierung. Springer, Heidelberg

Böhle F, Bürgermeister M, Porschen S (Hrsg) (2012) Innovationen durch Management des Informellen. Künstlerisch, erfahrungsgeleitet, spielerisch. Springer Gabler, Wiesbaden

Böhle F, Busch S (Hrsg) (2012) Management von Ungewissheit. Neue Ansätze jenseits von Kontrolle und Ohnmacht. Transcript, Bielefeld

Boltanski L, Chiapello E (2003) Der neue Geist des Kapitalismus. UVK-Verlagsgesellschaft, Konstanz

Bolte A, Porschen S (2006) Die Organisation des Informellen. Modelle zur Organisation von Kooperation im Arbeitsalltag. VS, Wiesbaden

Bourdieu P (1976) Entwurf einer Theorie der Praxis auf der ethnologischen Grundlage der kabylischen Gesellschaft. Suhrkamp, Frankfurt a. M.

Bresse C, Uhlmann M (2002) Integration von Erfahrungswissen, in: Herrmann S (Hrsg) Wissensintegration und -koordination: Schlüsselkompetenzen wissensintensiver Dienstleistungsunternehmen. Ein Zwischenbericht aus dem Verbundprojekt SIAM „Strategien, Instrumente und Arbeitsorganisatorische Gestaltungsmodelle zur

Literaturverzeichnis

Förderung der Dienstleistungskompetenz in Unternehmen". Stuttgart: Fraunhofer-IRB-Verlag

Briefs G (1918) Über das Organisationsproblem. Germania, Berlin

Bröckling U (2007) Das unternehmerische Selbst. Soziologie einer Subjektivierungsform. Suhrkamp, Frankfurt a. M.

Buchanan J (1999) Moral und Gemeinschaft in der offenen Ordnung des Marktes. In: Vanberg V (Hrsg) Freiheit, Wettbewerb und Wirtschaftsordnung. Hommage zum 100. Geburtstag von Friedrich A. von Hayek. Haufe, Freiburg, S 13–36

Bürgermeister M (2008) Change und Planung: Zu einem Balanced-Change Management. Hampp, München

Butte W (1822) Über das organisirende Prinzip im Staate, und den Standpunkt der Kunst des Organisirens in dem heutigen Europa. Der Kunst des Staats-Organismus Erster Theil. Enslin, Berlin

Calmes A (1906) Der Fabrikbetrieb: die Buchhaltung, die Selbstkostenberechnung und die Organisation industrieller Betriebe. Fehr, St. Gallen

Carqueville P (1991) Rollentheoretische Analyse der Berater/Klienten-Beziehung. In: Hofmann M (Hrsg) Theorie und Praxis der Unternehmensberatung: Bestandsaufnahme und Entwicklungsperspektiven. Physica, Heidelberg, S 247–280

Carrard A (1949) Praktische Einführung in Probleme der Arbeitspsychologie. Rascher, Zürich

Chandler A (1973) Strategy and structure. Chapters in the history of the industrial enterprise, 3. Aufl. MIT Press, Cambridge/Mas

Coleman J (1991) Grundlagen der Sozialtheorie. Band 1: Handlungen und Handlungssysteme. Oldenbourg, München

Coleman J (1992) Grundlagen der Sozialtheorie. Band 2: Körperschaften und die moderne Gesellschaft. Oldenbourg, München

Crozier M, Friedberg E (1979) Macht und Organisation. Die Zwänge kollektiven Handelns. Athenäum, Königstein

Dewe B (1996) Beratende Rekonstruktion. Zu einer Theorie unmittelbarer Kommunikation zwischen Soziologen und Praktikern. In: v. Alemann H, Vogel A (Hrsg) Soziologische Beratung. Praxisfelder und Perspektiven. IX. Tagung für angewandte Soziologie. Leske + Budrich, Opladen, S 38–55

Dienel H-L (2009) Public participation procedures in Germany: An Overview. In: Liu P, Traub-Merz S (Hrsg) Public participation in Local Decision-Making: China and Germany. Shanghai Academy of Social Sciences Press, Shanghai, S 139–154

Dienel H-L, Vergne A, Franzl K, Fuhrmann R, Lietzmann H (Hrsg) (2014) Die Qualität von Bürgerbeteiligungsverfahren. Evaluation und Sicherung von Standards am Beispiel von Planungszellen und Bürgergutachten. Oecom, München

Dilthey W (1927) Gesammelte Schriften. VII. Band: Der Aufbau der geschichtlichen Welt in den Geisteswissenschaften. Teubner, Leipzig

DiMaggio P, Powell W (1983) The iron cage revisited: Institutional isomorphism and collective rationality in organizational fields. Am Sociol Rev 48:147–160

Duchek S, Klaußner S (2013) Temporärer Umgang mit Unerwartetem: Die Analyse einer gebrochenen ICERadsatzwelle durch die Bundesanstalt für Materialforschung und -prüfung. In: Koch J, Sydow J (Hrsg) Organisation von Temporalität und Temporärem. Managementforschung 23. Springer Gabler, Wiesbaden, S 49–82

Eisen A (2001) Das Prinzip Kooperation: Genossenschaften als Teil des Dritten Sektors? In: Priller E, Zimmer A (Hrsg) Der Dritte Sektor international: Mehr Markt – weniger Staat? Edition Sigma, Berlin, S 277–291

Elbe M (1997) Betriebliche Sozialisation: Grundlagen der Gestaltung personaler und organisationaler Anpassungsprozesse. Pro Universitate, Sinzheim

Elbe M (2001) Organisationsberatung: Kritik und Perspektiven aus soziologisch-verstehender Sicht. In: Wüthrich H, Winter W, Philipp A (Hrsg) Grenzen des ökonomischen Denkens. Auf den Spuren einer dominanten Logik. Gabler, Wiesbaden, S 551–580

Elbe M (2002) Wissen und Methode: Grundlagen der verstehenden Organisationswissenschaft. Leske + Budrich, Opladen

Elbe M (2007) Werte verwerten? Zum Spannungsverhältnis zwischen Führung und Ökonomisierung am Beispiel der Balanced Scorecard. In: Richter G (Hrsg) Die ökonomische Modernisierung der Bundeswehr. Sachstand, Konzeptionen und Perspektiven. VS Verlag für Sozialwissenschaften, Wiesbaden, S 33–50

Elbe M (2011) Lebensstil, Lebensführung und Salutogenese: Zur Erklärung männlichen Gesundheitsverhaltens. In: Bezirksamt Lichtenberg von Berlin (Hrsg) Man(n) wie geht's? Eine neue Perspektive für die Gesundheitsförderung. Lichtenberger Männergesundheitsbericht 2011. Berlin, S 101–108

Elbe M (2011) Ungewissheit im institutionellen Wandel. Individuelle Ressourcen als Potenzial. In: Jeschke S, Isenhardt I, Hees F, Trantow S (Hrsg) (2011) Enabling Innovation. Innovationsfähigkeit - deutsche und internationale Perspektiven. Springer, Berlin, S 87–98

Elbe M (2012) Management der Ungewissheit: Zukünftige Zumutungen der Führung. In: Grote S et al (Hrsg) Die Zukunft der Führung. Springer Gabler, Berlin, S 173–189

Elbe M (2014) Demographie und Diversity: Herausforderungen für ein gesundheitsorientiertes Management. In: Zinner J, Elbe M, Lange D (Hrsg) Handbuch Gesundheitscoaching. Kompendium für Praxis und Lehre. Top Sportmarketing, Berlin, S 13–26

Elbe M (2014) Führen mit Zielen und Zielvereinbarungen in militärischen Organisationen. In: Kern E-V, Richter G (Hrsg) Streitkräftemanagement. Neue Planungs- Und Steuerungsinstrumente der Bundeswehr. Springer Gabler, Wiesbaden, S 11–30

Elbe M (2015) Katz, Daniel & Kahn, Robert L. (1966) The Social Psychology of Organizations. New York, London, Sydney:

John Wiley & Sons. Seiten: IX; 498 In: Kühl, S. (Hrsg.): Schlüsselwerke der Organisationsforschung. Springer VS-Verlag, Berlin, S 371–374

Elbe M (2015) Organisationsdiagnose: Methoden · Fallstudien · Reflexionen. Schneider Verlag Hohengehren, Baltmannsweiler

Elbe M, Saam N (2008) „Mönche aus Wien, bitte lüftets eure Geheimnisse." Über die Abweichung der Beratungspraxis von den Idealtypen der Organisationsberatung. Gruppendynamik und Organisationsberatung. Zeitschrift für angewandte Sozialpsychologie 3(2008):326–350

Elfgen R, Klaile B (1987) Unternehmensberatung: Angebot, Nachfrage, Zusammenarbeit. Poeschel, Stuttgart

Elgass P, Kremar H (1993) Computergestützte Geschäftsprozessplanung. Inform Manage 1(93):42–49

Endruweit G (1981) Organisationssoziologie. de Gruyter, Berlin

Engel F (1997) Dacapo – oder moderne Beratung im Themenpark der Postmoderne. In: Nestmann F (Hrsg) Beratung: Bausteine für eine interdisziplinäre Wissenschaft und Praxis. DgfV, Tübingen, S 179–216

Erdmann R (1921) Grundlagen einer Organisationslehre. Gloeckner, Leipzig

Esser H (1993) Soziologie. Allgemeine Grundlagen. Campus, Frankfurt a. M.

Esser H (2000) Soziologie. Spezielle Grundlagen. Band 5: Institutionen. Campus, Frankfurt a. M.

Etzioni A (1961) A comparative analysis of complex organizations. Free Press, New York

Eulenburg F (1952) Das Geheimnis der Organisation. Ein Versuch über Arten und Formen, Bedingungen und Voraussetzungen, Zwecke, Folgen und Grenzen der Organisation. Hrsg. von Georg Jahn. Duncker & Humblot, Berlin

Fayol H (1929) Allgemeine und industrielle Verwaltung. Oldenbourg, München

Ferstl O, Sinz E (1993) Geschäftsprozessmodellierung. Wirtschaftsinformatik 6:589–592

Fink D, Knoblach B (2003) Die großen Management Consultants. Ihre Geschichte, ihre Konzepte, ihre Strategien. Vahlen, München

Franzpötter R (1997) Organisationskultur: Begriffsverständnis und Analyse aus interpretativ-soziologischer Sicht. Nomos, Baden-Baden

Gadatsch A (2002) Management von Geschäftsprozessen – Methoden und Werkzeuge für die IT-Praxis. Vieweg Verlagsgesellschaft, Wiesbaden

Gaitanides M (1994) Prozeßmanagement, Konzepte, Umsetzung und Erfahrungen des Reengineering. Hanser, München

Gansch C (2014) Vom Solo zur Sinfonie: Was Unternehmen von Orchestern lernen können. Campus, Frankfurt

Goffman E (1973) Asyle. Über die soziale Situation psychiatrischer Patienten und anderer Insassen. Suhrkamp, Frankfurt a. M.

Gutenberg E (1951) Grundlagen der Betriebswirtschaftslehre. Band 1: Die Produktion. Springer, Berlin

Habler T, Bürgermeister M (2010) Erfahrungsgeleitetes Projektmanagement im Kontext produktionsnaher Dienstleistungen. In: Heidling E, Böhle F, Habler T (Hrsg) Produktion mit Dienstleistung. Integration als Zukunftschance. Hampp, München/Mering, S 203–205

Hagen S (2009) Projektmanagement in der öffentlichen Verwaltung. Spezifika, Problemfelder, Zukunftspotenziale. Gabler, Wiesbaden

Hammer M, Champy J (2003) Business Reengineering: die Radikalkur für das Unternehmen. Campus, Frankfurt a. M.

Hanisch R (2013) Das Ende des Projektmanagements. Wie die Digital Natives die Führung übernehmen. Linde Verlag, Wien

Hasse R, Krücken G (1999) Neo-Institutionalismus. Transcript, Bielefled

Hauschildt J, Salomo S (2007) Innovationsmanagement, 4. Aufl. Vahlen, München

Havlicek T (2015) Pop-up Bitch. In: the gap online. Coverstory vom 01.07.2015. http://www.thegap.at/rubriken/stories/artikel/pop-up-bitch/ vom 22.10.2015

Hayek F v (1969) Arten der Ordnung. In: ders.: Freiburger Studien. Gesammelte Aufsätze. Mohr, Tübingen, S 32–46

Hegel G (1987) Phänomenologie des Geistes. Reclam, Stuttgart

Heidling E (2012) Management des Informellen durch Situatives Projektmanagement. In: Böhle F, Bürgermeister M, Porschen S (Hrsg) Innovation durch Management des Informellen. Springer, Berlin, S 69–114

Heinrich H (2015) Systemisches Projektmanagement. Oldenbourg, München

Heinze R, Keupp H (1997) Gesellschaftliche Bedeutung von Tätigkeiten außerhalb der Erwerbsarbeit. Gutachten für die »Kommission für Zukunftsfragen« der Freistaaten Bayern und Sachsen. Bochum/München. http://www.ipp-muenchen.de/texte/gutachten-zukunftskommission.pdf vom 22.4.2003

Heitbaum H (1951) Psychologie im Betrieb. Bund, Köln

Helfrich S, Heinrich-Böll-Stiftung (Hrsg) (2012) Commons. Für eine neue Politik jenseits von Markt und Staat. Transcript, Bielefeld

Henke H, Karstedt S (1975) Institutionenberatung und Aktionsforschung. Parallelen und Differenzen zur Aktionsforschung. In: Haag F et al (Hrsg) Aktionsforschung. Forschungsstrategien, Forschungsfelder und Forschungspläne. Juventa, München, S 117–136

Hess, C. & Ostrom, E. (2003): Artifacts, Facilities, and Content: Information as a Common-Pool Resource. In: Law and Contemporary Problems, Vol. 66, S 111–145.

Hettlage R (1990) Die anthropologische Konzeption des Genossenschaftswesens. Theorie und Praxis. – Welche Chance hat der „homo cooperativicus"? In: Laurinkari J, Brazda J (Hrsg) Genossenschaftswesen. Hand- und Lehrbuch. Oldenbourg, München/Wien, S 27–49

Hirsch H (1972) Die Idee der Gemeinwirtschaft im Werke von Hans Ritschl. In: Rittig G, Ortlieb H-D (Hrsg) Gemeinwirtschaft im Wandel der Gesellschaft. Festschrift für Hans Ritschl zu seinem 75. Geburtstag am 19. Dezember 1972. A. V. G., Berlin, S 5–31

Literaturverzeichnis

Hirschman A (1974) Abwanderung und Widerspruch. Reaktionen auf Leistungsabfall bei Unternehmungen, Organisationen und Staaten. Mohr (Siebeck), Tübingen

Hirzel M, Kühn F, Gaida I (2008) Prozessmanagement in Der Praxis: Wertschöpfungsketten Planen, Optimieren und erfolgreich steuern, 2. Aufl. Gabler, Wiesbaden

Hoffmann R, Bogedan C (Hrsg) (2015) Arbeit der Zukunft: Möglichkeiten nutzen - Grenzen setzen. Campus, Frankfurt a. M.

Hohmann P (1999) Geschäftsprozesse und integrierte Anwendungssysteme – Prozessorientierung als Erfolgskonzept. Fortis, Köln

Holst E, Seifert H (2012) Arbeitszeitpolitische Kontroversen im Spiegel der Arbeitszeitwünsche. WSI Mitt 2(2012):141–149

Hörmann (Norikus) F (1901) Die Organisation der Gesellschaft in Vergangenheit und Gegenwart: Eine Darlegung der sozialen Organisationsformen und Organisationsfragen. Roth, Stuttgart

Hundt S (1982) Theorie- und wirtschaftsgeschichtliche Überlegungen zum Paradigma der gemeinwirtschaftlichen Wirtschaftlichkeit in der älteren deutschen BWL. In: Fischer-Winkelmann W (Hrsg) Diskussionsbeiträge für die Tagung der Kommission Wissenschaftstheorie im Verband der Hochschullehrer für Betriebswirtschaft e. V. „Paradigmenwechsel in der Betriebswirtschaftslehre?" Institut für Controlling, Fakultät für Wirtschafts- und Organisationswissenschaften, Hochschule der Bundeswehr München. HSBw, München, S 140–165

Howaldt J, Schwarz M (2011) Soziale Innovation – Gesellschaftliche Herausforderung und zukünftige Forschungsfelder. In: Jeschke S, Isenhardt I, Hees F, Trantow S (Hrsg) Enabling Innovation. Innovationsfähigkeit – deutsche und internationale Perspektiven, Berlin: Springer, S 217–238

Jeschke S, Isenhardt I, Hees F, Trantow S (Hrsg) (2011) Enabling Innovation. Innovationsfähigkeit – Deutsche und internationale Perspektiven. Springer, Berlin

Jeschke S, Kobbelt L, Dröge A (Hrsg) (2014) Exploring Virtuality. Virtualität im interdisziplinären Diskurs. Springer, Wiesbaden

Kalkowski P, Mickler O (2009) Antinomien des Projektmanagements. Sigma, Berlin

Kant I (1995) Kritik der Urteilskraft. Werke, Bd 4. Könemann, Köln

Kathan D, Letmathe P (Hrsg) (2010) Wertschöpfungsmanagement im Mittelstand. Gabler, Wiesbaden

Katz D, Kahn R (1966) The social psychology of organizations. John Wiley & Sons, New York

Kestner F (1912) Der Organisationszwang: Eine Untersuchung über die Kämpfe zwischen Kartellen und Außenseitern. Heymanns, Berlin

Kieser A (1996) Moden & Mythen des Organisierens. Die Betriebswirtschaft 1:21–39

Kieser A (2014) Der Situative Ansatz. In: Kieser A, Ebers M (Hrsg) Organisationstheorien, 7. Aufl. Kohlhammer, Stuttgart, S 215–246

Kieser A, Ebers M (2014) (Hrsg.) Organisationstheorien. 7. Aufl. Kohlhammer, Stuttgart

Kieser A, Walgenbach P (2010) Organisation, 6. Aufl. Schäffer-Poeschel, Stuttgart

Kieser A, Woywode M (1999) Evolutionstheoretische Ansätze. In: Kieser A (Hrsg) Organisationstheorien, 3. Aufl. Kohlhammer, Stuttgart, S 253–285

Kirsch W (1996) Wegweiser zur Konstruktion einer evolutionären Theorie strategischer Führung. Barbara Kirsch, München

Klein F (1913) Das Organisationswesen der Gegenwart. Ein Grundriß. Vahlen, Berlin

Klimecki R, Probst G, Eberl P (1994) Entwicklungsorientiertes Management. Schäffer-Poeschel, Stuttgart

Kobi J, Wüthrich H (1986) Unternehmenskultur verstehen, erfassen und gestalten. Verlag Moderne Industrie, Landsberg

Koch J, Sydow J (Hrsg) (2013) Organisation von Temporalität und Temporärem. Managementforschung 23. Springer Gabler, Wiesbaden

König E, Volmer G (2008) Handbuch Systemische Organisationsberatung. Dt. Studienverlag, Weinheim

Kraus G, Becker-Kolle C, Fischer T (2006) Handbuch change management. Cornelsen, Berlin

Krell G (1994) Vergemeinschaftende Personalpolitik: Normative Personallehren, Werksgemeinschaften, NS-Betriebsgemeinschaft, Betriebliche Partnerschaft, Unternehmenskultur. Hampp, München

Kühl S (2011) Organisationen. Eine sehr kurze Einführung. VS Verlag, Wiesbaden

Kühl S (2015) Die fast unvermeidliche Trivialisierung der Systemtheorie in der Praxis. Von der Gefahr des systemischen Ansatzes sich in Beliebigkeit zu verlieren. Gruppendynamik und Organisationsberatung 03-04(2015):327–339

Kühl S, Moldaschl M (2010) Organisation und Intervention. Ansätze für eine sozialwissenschaftliche Fundierung von Organisationsberatung. Hampp, München

Kuhn T (1999) Die Struktur wissenschaftlicher Revolution, 15. Aufl. Suhrkamp, Frankfurt a. M.

Kuster J, Huber E, Lippmann R, Schmid A, Schneider E, Witschi U, Wüst R (2011) Handbuch Projektmanagement, 3. Aufl. Springer, Heidelberg

Lang K, Rattay G (2005) Leben in Projekten. Projektorientierte Karriere- und Laufbahnmodelle. Linde, Wien

Laufenberg H, Wolffheim F (1913) Demokratie und Organisation: Grundlinie proletarischer Politik. Laufenberg, Hamburg

Laux H, Liermann F (1997) Grundlagen der Organisation – Die Steuerung von Entscheidungen als Grundproblem der Betriebswirtschaftslehre, 4. Aufl. Springer, Frankfurt a. M.

Lewin K (1968) Die Lösung sozialer Konflikte. Ausgewählte Abhandlungen über Gruppendynamik, 3. Aufl. Christian-Verlag, Bad Nauheim

Lewin K (1982) Feldtheorie. Huber, Bern

Likert R (1971) The principle of supportive relationships. In: Pugh D (Hrsg) Organization theory. Penguin, London, S 279–304

Linhardt H (1954) Grundlagen der Betriebsorganisation. Girardet, Essen

Linhardt H (1965) Zur gegenwärtigen Problematik und literarischen Bearbeitung der Organisation und der Propaganda. In: Plenge, Johann: Organisations- und Propagandalehre. Eingeleitet von Hans Linhardt. Duncker & Humblot, Berlin, S 5–57

Lippitt G, Lippitt R (1984) Beratung als Prozess. Was Berater und ihre Klienten wissen sollten. Bratt-Inst. für Neues Lernen, Goch

Luckmann T (1992) Theorie des sozialen Handelns. de Gruyter, Berlin

Luhmann N (1964) Funktion und Folgen formaler Organisation. Duncker & Humblot, Berlin

Luhmann N (1991) Zweckbegriff und Systemrationalität: über die Funktion von Zwecken in sozialen Systemen, 5. Aufl. Suhrkamp, Frankfurt a. M.

Luhmann N (1994) Soziale Systeme: Grundriss einer allgemeinen Theorie, 5. Aufl. Suhrkamp, Frankfurt a. M.

Luhmann N (2000) Organisation und Entscheidung. Westdeutscher Verlag, Opladen

Lundin R, Söderholm A (1995) A theory of the temporary organization. Scand J Manage 11(4):437–455

Madauss B. J (2000) Handbuch Projektmanagement. Mit Handlungsanleitungen für Industriebetriebe, Unternehmensberater und Behörden. Schäffer-Poeschel, Stuttgart

Marr R, Elbe M (2002) Organisation. In: Specht D, MöRle M (Hrsg) Gabler-Lexikon Technologiemanagement. Management von Innovationen und neuen Technologien im Unternehmen. Gabler, Wiesbaden, S 198–201

Marr R, Fliaster A (2003) Jenseits der »Ich AG« Der neue psychologische Vertrag der Führungskräfte in Deutschland. Hampp, München

Marx K (1961) Das Kapital. Kritik der politischen Ökonomie. Dritter Band. Der Gesamtprozess der kapitalistischen Produktion, 8. Aufl. Dietz, Berlin

Maurer A (2004) Herrschaftssoziologie. Eine Einführung. Campus, Frankfurt a. M.

Maurer A, Schmid M (Hrsg) (2002) Neuer Institutionalismus. Zur soziologischen Erklärung von Organisation, Moral und Vertrauen. Campus, Frankfurt a. M.

Mayer T, Gleich R, Wald A (2008) Advanced project management. GPM, Berlin

Mayntz R (1963) Soziologie der Organisation. Rowohlt, Reinbek bei Hamburg

Mayntz R, Ziegler R (1977) Soziologie der Organisation. In: König R (Hrsg) Handbuch der empirischen Sozialforschung. Band 9: Organisation, Militär, 2. Aufl. Enke, Stuttgart, S 1–141

Meyer J, Rowan B (1977) Institutionalized organizations: Formal structures as myth and ceremony. Am J Sociol 83:340–363

Minssen H (1998) Soziologie und Organisationsberatung – Notizen zu einem komplizierten Verhältnis. In: Howaldt J, Kopp R (Hrsg) Sozialwissenschaftliche Organisationsberatung: auf der Suche nach einem spezifischen Beratungsverständnis. Edition Sigma, Berlin, S 53–72

Moldaschl M, Stehr N (Hrsg) (2010) Wissensökonomie und Innovation. Beiträge zur Ökonomie der Wissensgesellschaft. Metropolis, Marburg

Müller F, Elbe M, Sievi Y (2006) „Ich habe mir einfach einen kleinen Dienstplan für das Studium gemacht" – Zur alltäglichen Lebensführung studierender Offiziere. In: Hagen U v. (Hrsg) Armee in der Demokratie. Zum Verhältnis von zivilen und militärischen Prinzipien. VS Verlag für Sozialwissenschaften, Wiesbaden, S 189–217

Müller T (2014) Arbeit am Wissen – Wissen als Beruf. Berl Debatte 4(2014)

Müller-Jentsch W (2005) Das Kunstsystem und seine Organisation oder Die fragile Autonomie der Kunst. In: Jäger W, Schimank U (Hrsg) Organisationsgesellschaft. Facetten und Perspektiven. VS Verlag für Sozialwissenschaften, Wiesbaden, S 186–219

Münkler H, Fischer K (2002) Einleitung: Rhetorik des Gemeinwohls und Probleme des Gemeinsinns. In: dies. (Hrsg) Gemeinwohl und Gemeinsinn. Akademie, Berlin, S 9–17

Münsterberg H (1912) Psychologie und Wirtschaftsleben: Ein Beitrag zur angewandten Experimental-Psychologie. Barth, Leipzig

Münsterberg H (1914) Grundzüge der Psychotechnik. Barth, Leipzig

Nausner P (2006) Projektmanagement. Die Entwicklung und Produktion des Neuen in Form von Projekten. UTB, Wien

Neuberger O (1991) Personalentwicklung. Enke, Stuttgart

Neuberger O (2006) Mikropolitik und Moral in Organisationen. Herausforderung der Ordnung, 2. Aufl. Lucius & Lucius, Stuttgart

Nicklisch H (1920) Der Weg aufwärts! Organisation. Versuch einer Grundlegung. Poeschel, Stuttgart

Nonaka I, Takeuchi H (1997) Die Organisation des Wissens. Wie japanische Unternehmen eine brachliegende Ressource nutzbar machen. Frankfurt a. M.: Campus

O. V. (2002) Organisation im Schäffer-Poeschel-Verlag. http://www.schaeffer-poeschel.de/jubilaeum/1941.htm vom 13.9.2002

Oesterreich B, Weiss C (2003) Objektorientierte Geschäftsprozessmodellierung mit der UML. Dpunkt.verlag, Heidelberg

Oesterreich B, Weiss C (2007) APM - Agiles Projektmanagement: Erfolgreiches Timeboxing für IT-Projekte. Dpunkt.verlag, Heidelberg

Oppenheimer F (1998) Gemeingut und Privateigentum. In: ders.: Gesammelte Schriften. Band 3: Schriften zur Marktwirtschaft. Akademie, Berlin, S 45–66

Ortmann G, Sydow J, Türk K (1997) (Hrsg.) Theorien der Organisation. Die Rückkehr der Gesellschaft. Westdeutscher, Opladen

Osterloh M, Frost J (1996) Prozeßmanagement als Kernkompetenz. Wie Sie Business Reengineering strategisch nutzen können. Gabler, Wiesbaden

Ostrom E (1999) Die Verfassung der Allmende: Jenseits von Staat und Markt. Mohr Siebeck, Tübingen

Ostwald W (1910) Die Organisation der Welt: Vortrag gehalten im Bernoullianum zu Basel am 1. September 1910. Ido, Basel

Ould M (1995) Business processes – Modelling and analysis for reengineering and improvement. Praxis plc, Bath

Literaturverzeichnis

Peters S (2011) Neue Formen von Projektorganisation und Projektmanagement. In: Jeschke S, Isenhardt I, Hees F, Trantow S (Hrsg) (2011) Enabling Innovation. Innovationsfähigkeit - deutsche und internationale Perspektiven. Springer, Berlin, S 53–64

Peters S (2012) Projektorganisation und Projektmanagement unter den Bedingungen zunehmender Komplexität. In: Böhle F, Busch S (Hrsg) Management von Ungewissheit. Transcript verlag, Bielefeld, S 137–175

Peters S, Dengler S (2010) Wissenspromotion als Element von Wissensarbeit. In: Moldaschl M, Stehr N (Hrsg) Wissensökonomie und Innovation. Beiträge zur Ökonomie der Wissensgesellschaft. Metropolis, Marburg, S 563–588

Peters S, Spengler T, Spilopoulou M (2010) Wissensmanagement kleiner und mittelständischer Unternehmen in Zeiten demografischen Wandels. In: Kathan D, Letmathe P (Hrsg) Wertschöpfungsmanagement im Mittelstand. Gabler, Wiesbaden, S 43–69

Peters S, v. Garrel J (2014) Arbeitszeit in Projekten – eine empirische Untersuchung, Gesellschaft für Projektmanagement. GPM, Nürnberg

Peters S, v. Garrel J (2013a) Modellierung von Planungsprozessen. DISC, TU Kaiserslautern

Peters S, v. Garrel J (Hrsg) (2013) Arbeits-Zeitsouveränität für Führungskräfte von Morgen. Hampp, München

Peters S, v. Garrel J, Düben A, Dienel H-L (2015) Wissensarbeit zwischen Freiheit und Selbstausbeutung. Der Umgang mit Arbeitszeit in Projekten. GPM, Nürnberg

Petersen D (2011) Den Wandel verändern: Change-Management anders gesehen. Gabler, Wiesbaden

Petersen D, Witschi U (2014) Wandel durch Vernetzung. Das Praxisbuch für nachhaltiges Change- Management. Wiesbaden: Springer

Pfadenhauer M (2003) Professionalität. Eine wissenssoziologische Rekonstruktion institutionalisierter Kompetenzdarstellungskompetenz. VS, Opladen

Pfeiffer D (1976) Organisationssoziologie. Eine Einführung. Kohlhammer, Stuttgart

Picot A, Dietl H, Franck E (2008) Organisation: Eine ökonomische Perspektive, 5. Aufl. Schäffer Poeschel, Stuttgart

Picot A, Dietl H, Franck E, Fiedler M, Royer S (2012) Organisation. Theorie und Praxis aus ökonomischer Sicht. Schäffer-Poeschel, Stuttgart

Pinnow D (2012) Führung. Worauf es wirklich ankommt, 6. Aufl. Springer Gabler, Wiesbaden

Pleister C (2001a) Einführung: Genossenschaften – Erprobtes Kooperationsmodell von heute für morgen. In: ders. (Hrsg) Genossenschaften zwischen Idee und Markt. Ein Unternehmenskonzept für die Zukunft? Campus, Frankfurt a. M./New York, S 11–25

Pleister C (Hrsg) (2001b) Genossenschaften zwischen Idee und Markt. Ein Unternehmenskonzept für die Zukunft? Campus, Frankfurt a. M./New York

Plenge J (1965) Drei Vorlesungen über die allgemeine Organisationslehre. In: Plenge J (Hrsg) Organisations- und Propagandalehre. Eingeleitet von Hans Linhardt. Duncker & Humblot, Berlin, S 59–117

Pohlmann M, Markova H (2011) Soziologie der Organisation. Eine Einführung. UKV, Konstanz

Porschen S (2008) Austausch impliziten Erfahrungswissens. Neue Perspektiven für das Wissensmanagement. Wiesbaden: VS- Verlag

Priller E, Zimmer A (Hrsg) (2001) Der Dritte Sektor international: mehr Markt – weniger Staat? Edition Sigma, Berlin

Püttner G (1972) Gemeinwirtschaft und Mitbestimmung. In: Rittig G, Ortlieb H-D (Hrsg) Gemeinwirtschaft im Wandel der Gesellschaft. Festschrift für Hans Ritschl zu seinem 75. Geburtstag am 19. Dezember 1972. A. V. G., Berlin, S 181–188

Rahmen-Zurek K (2000) Internet – Ökonomie und Genossenschaftswesen – eine organisationstheoretische Betrachtung. In: Theurl T (Hrsg) Internet – Chancen für Genossenschaften. Beiträge des Oberseminars zum Genossenschaftswesen im Sommersemester 2000. Institut für Genossenschaftswesen der Westfälischen Wilhelms-Universität. Regensberg, Münster, S 5–46

Reichwald R, Piller F (2009) Interaktive Wertschöpfung: Open Innovation, Individualisierung und neue Formen der Arbeitsteilung. Springer Gabler, Wiesbaden

Richter G (2002) Privatisierung und Funktionswandel der Freien Wohlfahrtspflege. Strategien in nationalen und europäischen Sozialmärkten. Nomos, Baden-Baden

Richter G (2003) Innere Kündigung - Über Verträge, die brechen können, ohne dass sie je zustande gekommen sind -. Personal 9(2003):56–59

Rieteke R, Wagner R (2014) Theory meets Pracis, Gesellschaft für Projektmanagement. GPM-Verlag, Nürnberg

Ritschl H (1931) Gemeinwirtschaft und kapitalistische Marktwirtschaft. Zur Erkenntnis der dualistischen Wirtschaftsordnung. Mohr, Tübingen

Robbins S (2001) Organisation der Unternehmung, 9. Aufl. Pearson Studium, München

Rosenstiel Lv (2000) Grundlagen der Organisationspsychologie, 4. Aufl. Schäffer-Poeschel, Stuttgart

Rosselet C (2012) Andersherum zur Lösung: Die Organisationsaufstellung als Verfahren der intuitiven Entscheidungsfindung. Versus, Zürich

Rosselet C, Senoner G (2010) Management Macht Sinn: Organisationsaufstellungen in Managementkontexten. Carl-Auer, Heidelberg

Saam N (2007) Organisation und Beratung. Ein Lehrbuch zu Grundlagen und Theorien. Hamburg

Sackmann S (2002) Unternehmenskultur: Analysieren – Entwickeln – Verändern. Luchterhand, Neuwied

Saynisch M (2008) Management im Zeitalter hoher Komplexität und radikaler Veränderungen. Das Projektmanagement. In: Mayer T (Hrsg) Advanced Project Management. Herausforderungen – Praxiserfahrungen – Perspektiven. Unter Mitarbeit von A. Wald, R. Gleich & R. Wagner. Lit, Berlin/Münster, S 233–256

Scheer A-W (1998) Vom Geschäftsprozess zum Anwendungssystem, 3. Aufl. Springer, Berlin

Schein E (1984) Coming to a New Awareness of Organizational Culture. In: Sloan Management Review, 25:2, S 3–16

Schein E (1993) Organisationsberatung für die neunziger Jahre. In: Fatzer G (Hrsg) Organisationsentwicklung für die Zukunft: ein Handbuch. Edition Humanistische Psychologie, Köln, S 405–420

Schein E (2000) Prozessberatung für die Organisation der Zukunft. Edition Humanistische Psychologie, Köln

Schenk M, Schlick C (Hrsg) (2009) Industrielle Dienstleistungen und Internationalisierung. Gabler, Wiesbaden

Schiersmann C, Thiel H-U (2011) Organisationsentwicklung – Prinzipien und Strategien von Veränderungsprozessen. VS, Wiesbaden

Schmelzer H, Sesselmann W (2013) Geschäftsprozessmanagement in der Praxis. Kunden zufrieden stellen, Produktivität steigern, Wert erhöhen. 8. Aufl. München: Hanser

Schmid H (2013) Barrieren im Wissenstransfer: Ursachen und deren Überwindung. Springer Gabler, Wiesbaden

Schmid M (1998) Soziales Handeln und strukturelle Selektion. Beiträge zur Theorie sozialer Systeme. Westdeutscher, Opladen

Schmid M, Maurer A (Hrsg) (2003) Ökonomischer und soziologischer Institutionalismus. Interdisziplinäre Beiträge und Perspektiven der Institutionentheorie und -analyse. Metropolis, Marburg

Schmidt E, Berg H (1995) Beraten mit Kontakt. Gemeinde- und Organisationsberatung in der Kirche. Ein Handbuch. Burckhardthaus-Laetare, Offenbach

Schmidt G (2009) Organisation und Business Analysis – Methoden und Techniken, 14. Aufl. Schmidt, Wettenberg

Schnauffer H-G, Stieler-Lorenz B, Peters S (Hrsg) (2004) Wissen vernetzen. Wissensmanagement in der Produktentwicklung. Springer, Berlin

Schnelle W (2002) Moderieren von Verständigungsprozessen – Ein Weg soziologisch orientierter Organisationsberatung. Führung + Organisation 5:284–290

Scholz R (1993) Geschäftsprozessoptimierung – crossfunktionale Rationalisierung oder strukturelle Reorganisation. Bergisch Gladbach

Schreyögg G (Hrsg) (2000) Funktionswandel im Management. Wege jenseits der Ordnung. Duncker & Humblot, Berlin

Schücking W (1909) Die Organisation der Welt. Körner, Leipzig

Schulte-Zurhausen M (2002) Organisation. Vahlen, München

Schwarz M, Ferchhoff W, Volbrecht R (Hrsg) (2014) Professionalität: Wissen – Kontext. Sozialwissenschaftliche Analysen und pädagogische Reflexionen zur Struktur bildenden und beratenden Handelns. Klinkardt, Bad Heilbrunn

Scott W (1986) Grundlagen der Organisationstheorie. Campus, Frankfurt a. M.

Senge P (2011) Die fünfte Disziplin: Kunst und Praxis der lernenden Organisation, 11. Aufl. Klett-Cotta Verlag, Stuttgart

Siemens AG (1992) Organisationsplanung. Leitfaden für die innerbetriebliche Durchführung von Organisationsänderungen, 8. Aufl. Siemens, Berlin

Sievers B (Hrsg) (1977) Organisationsentwicklung als Problem. Klett-Cotta, Stuttgart

Simon H (1993) Homo rationalis: die Vernunft im menschlichen Leben. Campus, Frankfurt a. M.

Smith A (1999) Der Wohlstand der Nationen. Eine Untersuchung seiner Natur und seiner Ursachen, 8. Aufl. DTB, München

Söderlund J (2002) On the development of project management research. Schools of thought and critique. Int J Project Manage 8(1):22–31

Srubar I (2008) Die pragmatische Lebenswelttheorie. In: Raab J, Pfadenhauer M, Stegmaier P, Dreher J, Schnettler B (Hrsg) Phänomenologie und Soziologie: Theoretische Positionen, aktuelle Problemfelder und empirische Umsetzung. VS Verlag, Wiesbaden, S 41–52

Stadelbacher S (2012) Bewältigung von Ungewissheit durch Selbstorganisation – Ansätze, Perspektiven und offene Fragen. In: Böhle F, Busch S (Hrsg) Management von Ungewissheit. Transcript, Bielefeld, S 93–134

Stahlknecht P, Hasenkamp U (2012) Einführung in die Wirtschaftsinformatik, 12. Aufl. Springer, Berlin

Staiger M (2008) Wissensmanagement in kleinen und mittelständischen Unternehmen. Systematische Gestaltung einer wissensorientierten Organisationsstruktur und -kultur. Hampp, München

Staud J (2006) Geschäftsprozessanalyse: Ereignisgesteuerte Prozessketten und objektorientierte Geschäftsmodellierung für Betriebswirtschaftliche Standardsoftware. Springer, Heidelberg

Steinmann H, Schreyögg G (2005) Management. Grundlagen der Unternehmensführung. Konzepte – Funktionen – Fallstudien. Gabler, Wiesbaden

Steyrer J (1991) Unternehmensberatung – Stand der deutschsprachigen Theoriebildung und empirischen Forschung. In: Hofmann M (Hrsg) Theorie und Praxis der Unternehmensberatung: Bestandsaufnahme und Entwicklungsperspektiven. Physica, Heidelberg, S 1–44

Stölting E (1986) Akademische Soziologie in der Weimarer Republik. Duncker & Humblot, Berlin

Strasser H (1993) Unternehmensberatung aus der Sicht des Kunden. Eine resultatorientierte Gestaltung der Beratungsbeziehung und des Beratungsprozesses. Diss. Univ. Zürich. Schulthess Polygraphischer Verlag, Zürich

Strieder J (1971) Studien zur Geschichte kapitalistischer Organisationsformen. Monopole, Kartelle und Aktiengesellschaften im Mittelalter und zu Beginn der Neuzeit. Nachdruck der 2. Aufl. Franklin, New York

Stürzl W (1996) Business Reengineering in der Praxis: Durch umfassende Veränderung im Unternehmen einen Spitzenplatz im Wettbewerb erreichen. Junfermann, Paderborn

Taylor F (1913) Die Grundsätze wissenschaftlicher Betriebsführung (The Principles of Scientific Management). Oldenbourg, München

TerMeulen J (1917) Der Gedanke der internationalen Organisation in seiner Entwicklung. Nijhoff, Haag

Thiemeyer T (1972) Marktwirtschaft und Gemeinwirtschaft. Versuch einer dogmengeschichtlichen Ortsbestimmung von Hans Ritschls Theorie der Gemeinwirtschaft. In: Rittig G, Ortlieb H-D (Hrsg) Gemeinwirtschaft im Wandel der

Literaturverzeichnis

Gesellschaft. Festschrift für Hans Ritschl zu seinem 75. Geburtstag am 19. Dezember 1972. A. V. G., Berlin, S 33–52

Thyssen D (2011) Projektorientiertes Management als Organisationsprinzip. Hampp, München

Tönnies F (1979) Gemeinschaft und Gesellschaft: Grundbegriffe der reinen Soziologie. Neudruck der 8. Aufl. Wissenschaftliche Buchgesellschaft, Darmstadt

Tönnies F (1998) Gemeinschaft und Gemeinwirtschaft. In: ders.: Gesamtausgabe. Band 22: 1932–1936. Geist der Neuzeit. Schriften. Rezensionen. Hrsg. von Lars Clausen. de Gruyter, Berlin, S 404–415

Tuckman B (1965) Developmental sequence in small groups. Psychol Bull 63:384–399

Türk K (1978) Soziologie der Organisation. Eine Einführung. Enke, Stuttgart

Türk K (1995) „Die Organisation der Welt": Herrschaft durch Organisation in der modernen Gesellschaft. Westdeutscher Verlag, Opladen

Türk K (Hrsg) (2000) Hauptwerke der Organisationstheorie. Westdeutscher Verlag, Wiesbaden

Türk K, Lemke T, Bruch M (2002) Organisation in der modernen Gesellschaft. Eine historische Einführung. Westdeutscher Verlag, Wiesbaden

Vahs D (2012) Organisation. Ein Lehr- und Managementbuch. 8. Aufl. Stuttgart: Schäffer-Poeschel

Vahs D (2009) Organisation. Ein Lehr- und Managementbuch, 7. Aufl. Schäffer-Poeschel, Stuttgart

Vanberg V (1982) Markt und Organisation. Mohr, Tübingen

v. d. Pfordten O (1917) Organisation. Ihr Wesen und ihre politische Bedeutung. Winter, Heidelberg

v. Garrel J (2012) Wissen binden. Eine Analyse wissens- und innovationsorientierter (Kooperations-)Beziehungen im regionalen Kontext in Struktur und Handlung. Hampp, München

v. Werder A (2005) Führungsorganisation. Grundlagen der Spitzen- und Leitungsorganisation von Unternehmen. Gabler, Wiesbaden

Vogelstein T (1910) Organisationsformen der Eisenindustrie und Textilindustrie in England und Amerika. Duncker & Humblot, Leipzig

Walter-Busch E (1996) Organisationstheorien von Weber bis Weick. Fakultas, Amsterdam

Weber M (1980) Wirtschaft und Gesellschaft. Grundriß der verstehenden Soziologie, 5. Aufl. Mohr, Tübingen

Weick K (1995) Der Prozess des Organisierens. Suhrkamp, Frankfurt a. M.

Weiershäuser S (1996) Mitarbeiterverhalten im Beratungsprozeß: eine ökonomische Betrachtung. Deutscher Universitäts-Verlag, Wiesbaden

Weihrich M (2001) Alltägliche Lebensführung und institutionelle Selektion oder: Welche Vorteile hat es, die Alltägliche Lebensführung in die Colemansche Badewanne zu stecken? In: Voß G, Weihrich M (Hrsg) tagaus – tagein. Neue Beiträge zur Soziologie Alltäglicher Lebensführung. Hampp, München, S 219–236

Weßels D (Hrsg) (2014) Zukunft der Wissens- und Projektarbeit. Symposion, Düsseldorf

Wex T (2004) Der Nonprofit-Sektor der Organisationsgesellschaft. DUV, Wiesbaden

Wiesenthal H (2005) Markt, Organisation und Gemeinschaft als „zweitbeste" Verfahren sozialer Koordination. In: Jäger W, Schimank U (Hrsg) Organisationsgesellschaft – Facetten und Perspektiven. VS, Wiesbaden, S 223–264

Wilkesmann U (2010) Die Organisation von Wissensarbeit. Die Dysfunktionalität von Kontrolle und Anreize bei Wissensarbeit. In: Moldaschl M, Stehr N (Hrsg) Wissensökonomie und Innovation. Beiträge zur Ökonomie der Wissensgesellschaft. Metropolis, Marburg, S 481–504

Williamson O (1996) Transaktionskostenökonomik, 2. Aufl. Litt, Hamburg

Willke H (1987) Strategien zur Intervention in autonome Systeme. In: Baecker D et al (Hrsg) Theorie als Passion. Niklas Luhmann zum 60. Geburtstag. Suhrkamp, Frankfurt a. M., S 333–361

Witschi U, Heidling E, Husemann S, Frank J, Peters S (2014) Tension between line and project: Results. In: Rieteke, St. (Hrsg) Theory meets practice in projects. Gesellschaft für Projektmanagement, Nürnberg

Woldt R (1911) Der industrielle Großbetrieb: eine Einführung in die Organisation moderner Fabrikbetriebe. Dietz, Stuttgart

Zintl R (1997) Moral in Organisationen – wieviel und welche Unternehmenskultur verträgt eine freiheitliche Ordnung? In: Hegelsmann R, Kliemt H (Hrsg) Moral und Interesse: Zur interdisziplinären Erneuerung der Moralwissenschaft. Oldenbourg, München, S 133–149

The manufacturer's authorised representative in the EU is Springer Nature Customer Service Centre GmbH, Europaplatz 3, 69115 Heidelberg, Germany. If you have any concerns regarding our products, please contact ProductSafety@springernature.com

Printed and bound by CPI Group (UK) Ltd, Croydon, CR0 4YY

23/03/2026

02076463-0009